地域政策［第2版］

山崎　朗／杉浦勝章／山本匡毅
豆本一茂／田村大樹／岡部遊志［著］

ベーシック＋プラス
Basic Plus

中央経済社

はじめに

2015年，新しい国土形成計画が閣議決定されました。それに先立つ2014年，民間の日本創成会議や政府の経済財政諮問会議・「選択する未来」委員会によって示された，人口減少予測に注目が集まりました。それらの報告書を受けて，同年「まち・ひと・しごと創生法」，いわゆる「地方創生法」が成立しました。2021年には「まち・ひと・しごと創生基本方針2021」が閣議決定され，新たにヒューマン，デジタル，グリーンの視点を重点に据えた地方創生のバージョンアップを図ることが示されました。

少子高齢化，人口減少に伴う地域の課題への関心の高まりとともに，地域政策，地方創生に関する科目を新たに設置する大学も増えています。地域，地域政策，総合政策，地域創生，地域資源創成，地域科学，地域デザイン科学，地域協働といった名称をつけた新学部や新研究科も増えています。

地域政策に関するテキストは，これまでに多数出版されていますが，近年の新しい動向や政策を取り込んだ最新のテキストは，出版されていません。都市のコンパクト化，地域イノベーション，産業クラスター，地域のグローバル化，本社機能の地方移転，テレワーク，ワーケーションといった，地域の新しい政策課題を本格的に取り上げたテキストはありません。貿易黒字国から貿易赤字国へ，TPPの基本合意などの経済環境の変化は，地域政策の考え方を「地域間格差の是正」から，「地域企業や農林水産業の生産性向上」，「地域の競争力，イノベーション力の強化」へとシフトさせています。

▶本書の構成

本書は，これまでの地域問題と地域政策をサーベイしつつ，最新のデータを提示して，新しい地域政策関連の法律，政策，計画だけでなく，「新しい公共」と呼ばれている住民，NPO，社会的企業，民間企業の活動の役割と課題をわかりやすく解説しています。

経済学部の地域政策論のテキストとしてだけではなく，経営学部，商学部，社会学部，地域政策学部，総合政策学部，地域創生学部，地理学科などの地域政策関連科目のテキストや副読本としても使用できるような章構成，内容にするために，執筆者で検討を行いました。

そのためには，個別の地域政策を論じる前に，地域システムを変化させていくメカニズムを学習しておくほうが，より理解を深めると考え，これまでの地域政策論のテキストと異なり，前半部分には，空間克服論，立地論，都市システム論等を配置しました。また，数式をできるだけ使わずに，エッセンスを理解できるよう配慮しています。すでに立地論や都市システム論を勉強している人は，第5章まではさっと目を通して，第6章から学習してもらってもかまいません。

このテキストは，経済学，経営学，地理学を学んでいない学生でも，自学自習できるテキストを目指しています。演習やサブゼミでの議論のための話題提供，さらに深く学習するための参考文献，そして，最新の統計と基本的な統計処理法を網羅しています。現時点でのベストの地域政策論の入門テキストになったと自負しています。

第15章では，EUの地域政策を取り上げました。これまでの地域政策論，地域システムの講義のコメントに，海外の地域政策についても取り上げてほしいという要望が多かったためです。

なお，第2版の刊行に向けて，統計データを最新のものに修正し，新しい経済動向や政策を追記しました。ただし，新型コロナウイルスの影響を考慮して，2019年以前の統計を使用した箇所もあります。

▶本書の使い方

地域経済，地域政策，国土計画を学ぶ「初歩の初歩」，「最初の1冊」として，本書を活用していただければと思います。もちろん，ゼミ論文や卒業論文を書く際のテーマ設定，統計収集・統計処理，参考文献収集にも大いに役に立ちます。

また，地域政策に関わっているシンクタンク，地方自治体，政府関係者にとっても，地域政策の考え方，手法や課題の整理に役立つと確信しています。

本書の具体的なケーススタディとして，山﨑朗編著［2015］『地域創生のデザイン』（中央経済社）を出版しています。こちらもゼミの副読本やレポートの課題用テキストとして活用していただければ，望外の喜びです。

本書の参考文献には，できるだけ最近出版された本，白書，雑誌やHPを取り上げています。初学者の入手しやすさも考慮し，古典，専門書は掲載されていません。しかし，多くの古典と地域政策に関連するたくさんの著作のうえに，本書は成立しています。多くの先学の学恩に感謝いたします。

最後に，本書を「ベーシック＋（プラス）」シリーズの１冊に加えてくださった，中央経済社経営編集部編集長の市田由紀子氏に心よりお礼を申し上げます。

2022年11月

著者一同

第Ⅱ部　地域政策の展開

第 I 部

地域システムの形成原理

第1章

地域システム変動のメカニズム

第2章

産業立地

第3章

都市システム

第4章

人口移動と地域

第5章

情報技術と地域システム

第1章 地域システム変動のメカニズム

Learning Points

▶空間は，経済活動にとっての「障壁」です。人間は，技術革新によって，自動車，船，航空機，ロケット，スマートフォン，ドローンのような工業製品と，インターネットというしくみを作り出しました。

▶経済発展は，それらの製品，技術，サービスと道路，港湾，空港，光ファイバーなどのインフラストラクチャーとを組み合わせて，空間という「障壁」を乗り越えようとしてきた歴史と捉えることもできます。

▶経済発展に伴う新産業，新サービスの生産・供給のための拠点形成という「正の立地」は，土地利用の転換を通じて，地域システムをゆっくりと変化させていきます。近年は，廃業，倒産，工場閉鎖という「負の立地」の力が強くなっています。

Key Words

空間障壁　空間克服　産業構造　インフラストラクチャー　交通・通信

1 空間障壁

1.1 経済活動と空間の関係

地域政策（regional policy）について学習する前に，空間（space）と経済（economy）の関係について考えてみましょう。空間は，面積（area），体積（volume），距離（distance），場所（place，location），位置（position）に分解して考えることができます。

まず，空間的に（地理的に）離れた，海で隔てられた2国間の商品の移動と受け渡し，すなわち貿易を例にして説明します。この場合の空間は，距離です。

貿易では，FOB条件（Free on Board：本船甲板渡し条件）とCIF条件

（Cost, Insurance and Freight：運賃・保険料込み条件）という2つの異なる取引条件を使用します。Insuranceは，海上輸送のための保険料，Freightは運賃（この場合は船賃）です。

FOB条件では，輸出業者は，工場（plant, factory）や倉庫（warehouse）から，輸出港に停泊している本船（vessel）に貨物を積むまでの陸上の輸送費と保険料を負担します。

CIF条件は，輸送業者がさらに輸入国の港までの船賃と海上輸送の保険料も負担します。

つまり，CIF－FOBが，この場合の海上輸送にかかる輸送費と保険料になります。

1.2 人，モノ，情報，資本の移動

人，モノ，情報，資本を空間的に移動させるには，コスト（移動費・輸送費＋通信費＋保管料＋損害保険料）と移動・輸送時間を要します。

製品を工場外部に搬出することを，出荷（shipment）といいます。shipには，「船」という意味だけでなく，動詞で「輸送する，船に積む，出荷する」という意味もあります。

「船舶」という正式な意味では，shipではなく，vesselを使います。いまだに損害保険会社につけられている「海上火災」という名前は，海上輸送における損害保険の重要性からきています。

工場は，統計上は「**事業所**（establishment）」と呼ばれます。工場から出荷された製品（完成品，部品，部材，材料など）の総額は，出荷額（value of shipment, shipment value）です。経済センサス（旧・工業統計表）という統計では，**製造品出荷額等**という名目で記載されています。

1.3 移動時間の節約

移動・輸送時間もコストです。年収の高い企業の役員は，安いからといっ

て，青春18きっぷを使って出張することはありません。航空機，新幹線，社用車で，海外の大企業の役員であれば，プライベートジェット機，社用機で移動します。移動費用はかかっても，移動時間を節約できるからです。

所得・賃金の上昇に伴って，人々は移動時間というコストを削減しようとするようになります。貧しい時代・社会と豊かな時代・社会では，必要とされる交通・通信手段，道路，空港などの**インフラストラクチャー**（infrastructure：**社会資本**，以下インフラと略記）や，鉄道会社，航空会社，船会社，通信会社の提供するサービスの質と量が異なるのです。

1.3.1 インフラの階層性

地域内に，空港，港湾，新幹線の駅，高速道路のインターチェンジがあるかどうかは，地域の発展を左右します。もちろん，いいことばかりとは限りません。新幹線の駅ができたため，人口流出が加速することもあります。在来線が廃止され，不便になることもあります。

新幹線の駅といっても「のぞみ」の停まる駅と，「こだま」しか停まらない駅という，「駅間格差」も存在します。新幹線の線路は通過していても，新幹線の駅のない地域もあります。

空港や港湾にも，このような「格差」は存在します。都市や地域の階層性の基礎は，インフラの階層性によって形成されています。

国際ハブ空港や，国際コンテナ戦略港湾を，全国各地に建設するわけにはいきません。政府や国土交通省は，「意図的に」地域間格差が拡大するように，インフラを整備，配置せざるをえないのです。

通勤，通学，旅行の際に，移動ルート，移動時間，移動費用は，とても重要な要素です。それらは，地域の発展を考える際にも，重要です。「こんな田舎なのに……」という場合，地図でよく確認してみると，県庁所在都市，空港，高速道路のインターチェンジや新幹線の駅に比較的近いというケースも少なくありません。

1.3.2 費用対効果

製品のようなモノについては，輸送中は在庫になりますので，輸送中の時間コストは，商品の劣化・破損を別にすると，移動・保管期間にかかる金利負担に置き換えられます。

人の移動にかかる時間コストの算出には，移動する人の時給を使用します。そのため，人の移動時間を節約する道路建設の**費用対効果**（**B/C**）の数値は，モノを移動させる港湾のB/Cよりも，高くなるという傾向がみられます。

B（benefit：便益）は，インフラ建設から得られる長期的な便益（そのほとんどは，移動時間の削減効果です），C（cost：費用）は，インフラ建設コストと50年間の維持・管理費用（割引率を用いて，現在価値に換算したもの）です。1を下回るB/C（C > B）の公共事業は，災害復旧などの例外を除き，実施できません。

1.4 空間克服コスト

輸送・移動にかかる直接的な輸送費と輸送・移動に必要な時間コストの総計を，「**空間克服コスト**」と呼ぶことにしましょう。**1.1**項の貿易の例でいえば，輸出港から輸入港まで商品を移動させる空間克服コストは，CIF－FOB＋α（時間コスト）です。

「空間克服コスト」の圧縮は，地域発展のカギとなります。

1.4.1 空間克服とは

ドラえもんの「どこでもドア」があれば，輸送費や保険料・金利を払う必要はありません。ドアを開ければ，貿易相手国の倉庫や工場なのですから。

テレポーテーションの超能力があれば，バスや鉄道に乗る必要も，自動車やバイク，社用機を購入する必要もなく，瞬時に無費用（特別なエネルギーを必要しないとすれば）で，空間移動できます。

その場合，通勤手当も不要になります。おそらく，自動車メーカー，鉄道会社，造船企業，船会社，航空機メーカー，航空会社，損害保険会社，土木会社の多くは，倒産するでしょう。それでも乗馬のように，趣味として自動車，船，飛行機に乗る人はいると思いますが。

空間の広がり（面積）や距離は，資本主義の発展，地域の発展にとっての障害です。この「**空間障壁**（spatial barrier）」を低減させる，あるいは乗り越える行動や活動を「**空間克服**（taming of space）」と呼ぶことにします。

1.4.2 距離の暴虐と距離の死

ジェフリー・ブレイニーは，オーストラリアの歴史を記述するのに，「距離の暴虐」という刺激的な言葉を使用しました。*The Tyranny of Distance: How Distance Shaped Australia's History* です。邦訳は，『距離の暴虐―オーストラリアはいかに歴史をつくったか』（[1980] 長坂寿久・小林宏訳，サイマル出版）です。イギリス本土から遠く離れ，また国土の広いオーストラリア開発をテーマにしています。

それに対して，フランシス・ケアンクロスは，1997年に，*The Death of Distance*（邦訳は，『国境なき世界』（[2000] 藤田美砂子訳，トッパン））という本を書いています。直訳すれば，「距離の死」です。インターネットの普及した社会をテーマにしています。

「暴虐」，「死」という言葉遣いの問題は別として，両書とも，「空間障壁」と「空間克服」をテーマにしているのです。

1.4.3 一点経済

ミクロ経済学の教科書を読んでいて，不思議に思った人もいるでしょう。皆さんが最も興味を持っているインターネット，リニアモーターカー，新幹線，航空機，自動車，バイク，携帯電話，スマートフォン，ドローン，フェイスブック，LINE，メタバースといったテーマは，取り上げられていないからです。教科書では，コメ，小麦，トウモロコシやワインなど，現在のGDP（Gross Domestic Product：国内総生産）に占める比重が小さくなった商品を用いて，市場メカニズムを説明していたはずです。

その理由は，空間を理論的に取り扱うのが，難しいからです。ミクロ経済学の市場メカニズムの説明では，**一点経済**を前提とします。一点経済は，空間のない「仮想世界」です。すべての生産者と消費者は，輸送費，移動費，通信費の不要な，一点上に存在していると想定します。

実は，どんなに小さい「点」でも，「点」はやはり空間です。ですから，一点経済ではなく，正確には，「無空間経済」といわねばなりません。無空間なのですから，輸送費，通信費，海上保険料，移動時間等の「空間克服コスト」は，発生しないのです（第5章を参照）。

一点経済（無空間経済）は，需要と供給という，市場メカニズムだけを取り出すための理論的な工夫です。

1.4.4 距離の多様性

しかし，現実世界には，空間が存在しています。そして，さまざまな距離や位置関係があります。さまざまな距離とは，メートルやヤードで測定する「**物理的距離**（physical distance）」，移動時間で測定する「**時間距離**（time distance）」などです。心理学では,「心理的距離」という用語も使用されます。

一般道を使って，乗用車で1, 000km離れた地点に行くには，平均時速40kmとすると，25時間かかります。高速道路を使って平均時速100kmとすれば，10時間です。時速1, 000kmのジェット機では，1時間強で到着できます。「1時間強」となるのは，離陸と着陸時には，飛行速度を落とすうえに，上昇と下降という上下運動が必要だからです。空港までのアクセス時間と空港での手続きの時間は，考慮していません。

また，2地点間の直線距離は短くても，現実世界には山，谷，川，海などがあるため，実際の「道路距離」，「鉄道距離」は，直線距離よりも長くなります。船や飛行機は,海や空を比較的直線に近いルート(「海上輸送距離」,「航空距離」）を移動できるという優位性を持っています。

1.4.5 モビリティ

モビリティ（mobility：可動性）水準の低さと貧困は，密接に関連しています。アフリカ諸国の経済発展の遅れもモビリティ水準の低さと関連しています。モビリティ水準の高さは，豊かさの象徴です。年間の総移動距離から，その人の所得や地位を類推することもできます。豊かになればなるほど，時間コストを節約するため，高速移動手段を使用するようになります。

地域のモビリティ水準を引き上げることは，地域政策の重要な柱です。那覇空港に２本目の滑走路を建設したのも，北海道新幹線を建設しているのも，沖縄県や北海道のモビリティ水準を引き上げるためです。

ただし，インフラ整備が概成した現在では，インフラ整備よりも，むしろ整備されたインフラの活用や利用料金の引き下げが課題になっています。

Column 濃縮還元ジュース

100%濃縮還元というジュースを飲んだことがあるはずです。「濃縮還元」にはどのような意味があるのでしょうか。

オレンジの世界的な産地は，ブラジルです。ブラジルからオレンジをそのまま輸入，あるいはブラジル国内で100%フレッシュジュースにして，瓶や缶詰めにして輸入することもできます。

しかし，オレンジジュースの90%近くは，水です。オレンジの皮を除き，ジュースの水分をできるだけ除去して，体積で７分の１程度にまで濃縮すれば，輸送量，輸送費を約７分の１に削減できます。

濃縮すると，酸性は強くなり，腐りにくく，凍りにくくなる（化学で勉強した「凝固点降下」です）という特性も生まれます。濃縮ジュースは，－10℃に冷却しながら（液体のまま），船で運ばれてきます。その濃縮ジュースに日本国内の水を加えて，元の濃度に戻せば（還元），100%濃縮還元ジュースの完成です。

濃縮還元は，「空間克服コスト」を圧縮するための，技術的解決法です。同じような原理は，牛乳から脱脂粉乳，チーズ，バターを製造する，漁港近くで魚を缶詰に加工する，木材を製材にする際にも使用されています。小さく，軽く，腐りにくくなることで，遠隔地の市場まで輸送しやすくなるのです。生の原料（牛乳）を輸出するのではなく，加工品（チーズ，バター，脱脂粉乳）を輸出するほうが，より広い市場を獲得できますし，加工することで地域に付加価値がもたらされます。

インターネットの世界でも，デジタル情報を圧縮して送り，再び解凍するという方法を取っています。デジタル情報の「濃縮還元」です。

2 産業構造と地域再編

2.1 経済発展に伴う産業構造の高度化

経済発展に伴って，国の経済規模を示すGDPは増加します。GDPの増加は，国の経済構造，すなわち**産業構造**（就業構造）を変化させます。

ペティとクラーク（Petty, W. & Clark, C.G.）は，経済発展の初期段階では，農業・林業・水産業などの第1次産業の就業者比率は低下し，鉱業・工業・建設業などの第2次産業の就業者比率は上昇するという経験法則を見つけました（ペティ＝クラークの法則）。さらなる経済発展段階に入ると，第2次産業の雇用者比率も低下し，増加するのは，サービス業を中心とした第3次産業のみとなります（**図表1－1**を参照）。

先進国クラブであるOECD（Organisation for Economic Co-operation and Development：経済協力開発機構）の38の加盟国では，第1次産業，第2次産業の就業者比率は低下し，第3次産業の比率のみ上昇しています。

図表1－1 ▶▶▶産業別就業者数の推移

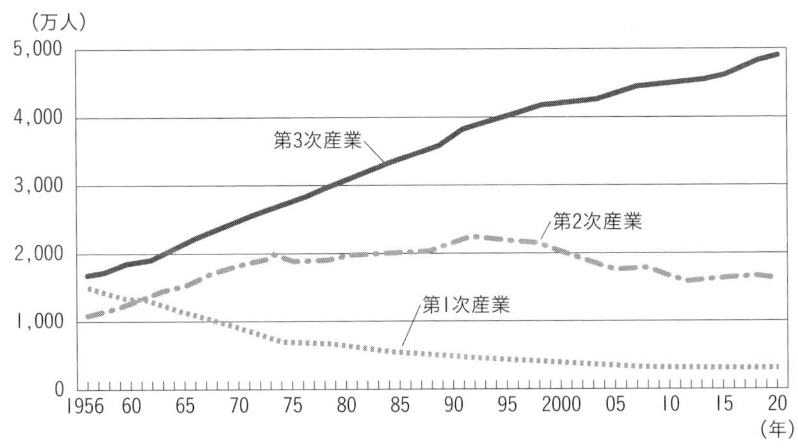

出所：矢野恒太記念会編［2022］，47頁。

1920年（大正9年），日本における第1次産業就業者比率は，53.8%でした。この比率は，2018年には3.5%にまで低下しています。それでもイギリス1.1%，アメリカ1.4%，ドイツ1.2%と比較すると，日本の第1次産業就業者比率は，OECD諸国の中では高い水準にあります。

日本の第3次産業就業者比率は，1920年の23.7%から，2018年の72.1%にまで上昇しています。

日本の第2次産業就業者比率のピークは，1975年の34.1%でした。1973年10月に勃発した第4次中東戦争は，原油価格を約4倍に急騰させ，第1次石油危機を引き起こしました。産業構造の観点からいえば，日本の経済発展の第1段階は，1975年に終了したといえます。第2次産業就業者比率は，2018年には24.4%にまで低下しています。

実は，日本の合計特殊出生率は，1975年に戦後初めて2.0を下回りました。1975年は，少子化元年でもあります。

2.1.1 脱工業化？

ただし，第2次産業就業者比率の低下を，「**脱工業化**」と呼ぶのは適切ではありません。第3次産業は，コンピュータ，タブレット，スマートフォン，医療機器，医薬品，自動改札機，コーヒーメーカーなどの先端工業製品を活用する，高度なサービス業にシフトしています。

コンピュータを活用した新幹線や航空機の運行管理，ソフトウェアやゲームの開発，コンビニのPOSシステム，高度な医療診断など，新しい工業製品の登場によって，新しい企業・事業・サービス（アマゾン，マイクロソフト，メタ，ネットフリックス，インターネット証券会社など）は生まれています。

2.2 土地利用の変化

このような産業構造の変化は，**土地利用**（land use）の転換と人口の地域間移動や都市への人口・企業の集中をもたらします。

土地利用の転換とは，それまで**農用地**（畑や田）や森林として使用していた土地を，工場用地，オフィス用地，住宅，道路，空港などの用地に転換することです。国土交通省は，「**国土利用**」という用語を使用しています。

地域政策のカギは，「産業構造転換に伴う土地利用転換への対応にある」といっても過言ではありません。国土交通省『土地白書』によると，2019年の日本の国土の66.2％は森林です。農地は11.6％，宅地は5.2％，道路は3.7％で，工業用地は0.4％です。江戸時代にはこれらの土地の多くは，畑，田，森林，海でした。

2015年の国土利用計画では，農地は2025年に11.6％と予測されていましたが，減少の速度が速く，2019年に11.6％になりました（詳しくは，第7章を参照）。

2.3 第3次産業の特性

第3次産業は，農作物や工業製品と異なり，①在庫を持ちにくいこと（生産と消費の同時性），②輸送しにくい（インターネット，電話で完結する教育，金融，コンサルタントサービスを除く）という点に特色があります。

皆さんがお世話になる病院，学校，レストランをイメージしてみてください。生産と消費の同時性は，サービスの供給と需要において，時間と空間を一致させる必要があるということです。歯医者さんで治療を受けるためには，予約した日時（時間）に歯科医院（地点）に行かねばなりません。

これらのサービスの特性は，サービス産業を，人口の多い（別の言い方をすると消費者の多い）都市に集中させる要因になります。発展途上国を含めて都市化，都市への人口集中が進んでいる理由の1つは，経済のサービス化にあります。

2.3.1 対事業所サービス業

ここでは皆さんが理解しやすいように，例として消費者にサービスを供給する**対消費者サービス業**を取り上げました。

サービスには，**対事業所サービス業**もあります。対事業所サービスは，企業の経済活動を補佐するためのサービス（印刷，会計，法務，広告，清掃，人材派遣，輸送等）です。大都市を形成している基本要因は，小売，飲食，医療，福祉，教育のような対消費者サービス業の集積とともに，企業の本社，支店（中枢管理機能）の集積と対事業所サービス業の集積にあります。

2.4 産業構造からみた未来予測

ここまで産業構造の歴史的変化と他の先進国との比較を行いました。産業構造の変化は，**地域システム**（地域構造，国土構造とも呼ばれます）の変化を引き起こす主要な要因であることを学習しました。それでは，産業構造という観点から，将来の日本の姿を予想してみましょう。

日本の第１次産業就業者比率が，他の先進国並みに低下していくとすると，農山村からの人口流出要因となるでしょう。サービス経済化のさらなる進展は，都市への人口集中を促進します。

農山村や地方の小都市の人口を維持することがいかに難しいことなのか，産業構造に伴う土地利用転換という観点から理解できたと思います。

国際競争力の高い農業の実現，すなわち耕作地の面積拡大，労働生産性上昇，新しい技術の導入は，農業従事者数を減少させ，農業就業者比率を低下させます。農林業の活性化（国際競争力強化や生産性上昇）は，農業従事者数の増加や農山村の人口増加にはつながらないのです。

しかも，人口減少によって，地域内，国内の農林水産品に対する需要は，毎年減少し続けます。したがって，６次産業化や農作物の地産地消では，地域経済を維持できません。地域振興の柱は，第３次産業の振興やサテライトオフィス，テレワーカー，インバウンド，国際会議，ワーケーションの誘致です。

3 資本vs労働者

3.1 C（資本）＞L（労働力）

労働者のいる地域に生産拠点を立地する（新しく建設する），逆に職場のある地域に労働者が移動する，という2つの異なる地域間移動があります。資本が動くのか，労働者が移動するのかという違いです。現実には，いつの時代でも，この2つのベクトルは同時に発生します。そのどちらが強いのかによって，地域システムや地域間人口移動は異なってきます。

1976年前後には，戦後初めて，3大都市圏から地方圏への人口流出が起こりました（**地方の時代**）。地方での高速道路，新幹線，空港，港湾などのインフラ整備を背景とした，工場の地方立地（資本の移動）がありました（山﨑朗［1992］『ネットワーク型配置と分散政策』大明堂，43-46頁）。

資本といいましたが，大企業，中小企業，ベンチャー企業，私的企業，公的企業，業種や製品，使用する技術や輸送手段，企業戦略の違いによって，どこを経済活動の拠点に定めるのかという立地行動は，異なります。企業や業種などによって異なる立地行動を説明するのは，立地論の役目です。

ここではピケティ風に，資本をCとし，労働力をLとして，「C＞Lという傾向がある」，と指摘するにとどめておきます。労働力は，資本，すなわち生産手段（建物・設備・機械のような固定資本）のある地点に牽引されやすいという意味です。

その理由は，交通条件に優れた地点は限られている（港湾，空港，高速道路，鉄道，新幹線），集積のメカニズムによって，特定地域への投資は継続する（集積利益の発生，累積的好循環），そしてすでに指摘したように，サービス業は，都市に集まるためです。低賃金を求めて海外立地した工場の多くも，交通条件の優れた首都近郊に立地しています。

ただし，地方の居住・交通環境の整備された日本では，定住志向も強まっており，Lの力も高まっています。住みたくなる魅力的な地域づくりは，人材の誘致に有効です。

3.2 地理的不平等

D・M・スミス（『不平等の地理学—みどりこきはいずこ』（[1985] 竹内啓一監訳，古今書院））がいうように，地域間格差という用語よりも，「地理的不平等」という用語を使用するほうが適切です。同じ所得税，法人税を納めていても，住んでいる地域，事業を行っている地域によって，利用できるインフラの質と量，医療・福祉・教育などのサービスの水準に地域差が存在するからです。

地域間格差，地理的不平等の是正は，地域政策発動の根拠となります。しかし，階層的なインフラ整備やサービス経済化の進展，第1次，第2次産業の雇用者比率の低下という経済発展のメカニズムがあるため，地域間格差や地理的不平等を完全に消滅させることは，不可能です。特に，市町村単位での「地理的平等」の実現は，困難です。

3.2.1 1人当たり行政投資額の地域間格差

国，地方自治体の行った投資的事業（道路，港湾，学校，公営住宅等）の年間総額を**行政投資額**といいます。1人当たり行政投資額は，人口の少ない地方の市町村，県ほど多くなります。

2019年度の都道府県別行政投資額によると，1人当たり行政投資額全国第1位は，岩手県で55.1万円，2位は福井県で48.6万円でした。岩手県は全国平均を100とした場合，268という高い水準になります。公共投資における，地方優遇という批判の根拠にも使われています。

しかし，可住地面積1平方キロ当たりでは，全国第1位は東京都で，21億4,599万円でした。全国平均を100とすると，1,036という水準になります。岩手県は，全国平均よりも低く92です。

最下位の北海道（6,609万円）を1とすると，1位の東京都（21億4,599万円）との**極差指数**（第6章を参照）は，32.47になります。可住地面積とは，林野面積と主要湖沼面積を引いた面積で，日本の国土の32.1％を占めています。

人口1人当たりという指標だけで，地域間格差を測ることは適切ではありません。行政投資額は，3年前の統計になりますが，総務省のHP（行政投資実績）で確認できます。

4 産業配置

4.1 産業構造の空間的投影

産業配置は，産業構造の空間的側面です。産業構造を国土上に配置したものです。新しい産業が生まれ，古い産業は衰退し，成長産業は生産，雇用を拡大し，衰退産業は生産を縮小し，雇用を減少させます。

このような産業構造の高度化は，絶え間なく続き，それに伴って，地域システムは，ゆっくりと変化します。

現在の所得の地理的分布，人口分布を規定しているのは，現在の産業配置です。現在の産業配置や人口分布を変化させるのは，新産業，成長産業，旧産業，衰退産業における新規立地，設備投資，減価償却，設備廃棄（工場の閉鎖や企業の倒産となる場合を含む）の動向です。産業配置は，生産資本の空間的な配置で，ストック概念です。このストックの量と配置を変化させていくのは，民間企業の設備投資（設備廃棄も含む）行動です。

政策的に地域システムを改造するためには，新規立地や設備投資行動に対して，影響を与えるしかありません。なぜなら，既存のオフィスビル，工場，空港，道路を移動させることは，事実上不可能だからです。この点については，第6章でさらに検討しましょう。

4.2 有形固定資産

産業配置は，全産業のある時点での資本の地理的配置状況を指しています。統計的には，**有形固定資産**の空間的な配置として捉えられます。有形固定資産は，国富の一部を構成しています。国富については，内閣府がHPで公表しています。

産業配置に追加されるプラスのストックを，①既存の工場やオフィスに追加的に投資されるケースと，②新しい用地に工場やオフィスを建設して，そこに設備投資が行われるケース（新規立地：new location）に分けることができます。

4.3 負の立地

新しい工場や事業所の建設を，立地と呼びます。それに対して，工場や事業所の閉鎖についての適切な学術用語は，まだありません。ここでは「負の立地」と呼ぶことにします。

日本経済の成熟化，少子高齢化，人口減少，工場の海外展開に伴って，日本の事業所数は，減少傾向にあります。事業所に関する統計調査によると，日本の事業所数は，1991年の675万事業所をピークとして，減少傾向にあります。2006年には591万事業所，2011年には577万事業所，2016年には558万事業所になりました。

どの地域の工場（工場も事業所です）やサービス業の事業所が閉鎖されているのか，「負の立地」のメカニズムについても調べなければなりません。

地域政策の新しい課題は，新しい企業や工場を誘致するだけではなく，地域にある既存の事業所を，いかに地域に根付かせるかにあります。そのためには，新しい製品やサービスの開発を支援するための地域的なしくみ（産官学連携）や立地条件の改善などが必要です。また，テレワークの時代には，企業誘致だけでなく，人材の誘致や人材の育成も地域振興の課題となっています。

Working 調べてみよう

1. 国土交通省は, 2011 年 5 月に「国際バルク戦略港湾」を全国で 11 港選びました。①「バルク」とはどのような貨物でしょうか。②なぜ, この 11 港を選んだのでしょうか。③どのような港湾を整備するのでしょうか。④そして, 11 港を重点整備することで, 地域の経済に今後どのような影響を与えると考えられますか。インターネットを使って調べてみましょう。

2. 東京駅または羽田空港を起点として, JR 在来線, 新幹線, 航空機を利用するとして, 東京駅または羽田空港から最も遠い県庁所在都市（県庁を終着点とします）はどこでしょうか。到着した地方の新幹線の駅または空港からは, 標準的な移動手段を選択するものとします（鉄道, モノレール, 高速バス等）。

▶▶▶さらに学びたい人のために

●ジェイン・ジェイコブス著, 中村達也訳［2012］『発展する地域　衰退する地域』筑摩書房。

Cities and the Wealth of Nations の新しい翻訳本です。1986 年に『都市の経済学』（TBS ブリタニカ）として出版されています。特におもしろいのは,「輸入置換」という考え方と, 首都の衰退を分析するための「衰退の取引」という切り口です。

参考文献

● NHK スペシャル取材班［2017］『縮小ニッポンの衝撃』講談社。
●国土交通省編［2022］『国土交通白書 2022』勝美印刷。
●竹内敦彦・小田宏信［2014］『日本経済地理読本（第 9 版）』東洋経済新報社。
●日本政策投資銀行地域企画部編［2022］『地域ハンドブック』日本政策投資銀行。
●矢野恒太記念会編［2022］『日本のすがた 2022』矢野恒太記念会。
●山﨑朗・玉田洋編著［2000］『IT 革命とモバイルの経済学』東洋経済新報社。

第2章 産業立地

Learning Points

▶企業は，利益が最大となる地点に，工場や店舗，事務所を立地させます。産業立地論は，どの地点が企業にとって最大の利益をもたらすのかを明らかにします。利益最大となる地点は，輸送費，労働費，集積利益をもとに求められます。

▶近年，産業集積に関する議論が活発化しています。産業集積の形成促進によって，地域の事業環境を改善し，イノベーションを促進するという政策が重要になっています。

Key Words

産業立地論　輸送費　労働費　集積の利益　イノベーション

1 産業立地論の考え方

1.1 需要と供給の空間的範囲

経済学では，場所を問わず，需要と供給の量によって，その財の価格と生産量は決まると考えます。しかし，同じ財であっても，場所によって異なる価格で販売されているという経験をしたことはないでしょうか。

山の頂上の自動販売機の飲料は，街中の飲料よりも高い価格に設定されています。山の頂上は街中と空間的に離れているため，山の頂上の需要と供給だけを考慮して，価格を決めているためです。現実世界では，需要と供給に空間的な範囲が存在しているのです。

需要と供給に空間的な範囲が存在しているため，生産や販売をどこで行うかによって，売上や費用は変化します。当然，場所によって利益も変化します。**産業立地論**（Industrial location theory）は，どこで生産や販売を行えば利益が最大化するのかを考えます。

1.2 アイスクリーム屋の立地問題

海水浴場のアイスクリーム屋の店舗立地について考えてみましょう。これは，ホテリング（Hotelling, H.）の立地競争モデルをもとにしています。

海水浴場は，三方を崖に囲まれており，直線的な形状をしています。海水浴客（顧客）は均等に分布しています。

顧客がアイスクリームを入手するには，店舗まで移動しなければなりません。つまり，移動費用が発生します。海水浴客のいる場所が店舗から遠いほど，移動費用は大きくなります。顧客は，アイスクリームを入手することによって得られる効用と，移動と購入にかかる費用の合計を比較して，効用のほうが大きければ買いに行き，費用のほうが大きければ買うのをあきらめます。

より多くの顧客に買いに来てもらうための最適立地は，顧客の分布の中心，すなわち海水浴場の中心に立地することです。海水浴場の端に立地すると，店舗までの距離が遠くなって移動費用が大きくなり，買いに行くのをあきらめる顧客が増えてしまうためです（**図表 2－1**）。

次に，1店舗のみが海水浴場の中心に立地している状況で，ライバル店舗が参入する場合を考えてみましょう。販売しているアイスクリームの品質と価格は同じものとします。

すでに立地している店舗から離れた場所に立地した場合，顧客は移動費用の小さい店舗，すなわちより近い店舗を選択します。したがって，2つの店舗の中心を境界として，顧客の選択する店舗は分かれます（**図表 2－2**）。

このときそれぞれの店舗がより多くの顧客を得るための最適な戦略は，相手の店舗に近づいていくことです。店舗の移動費用がかからないとすると，最終的には，海水浴場の中心に2つの店舗が並んで立地する状態が，お互いにとっての最適立地となります。この状態から少しでも動いてしまうと，相

図表 2－1 ▶▶▶店舗立地と移動費用の関係

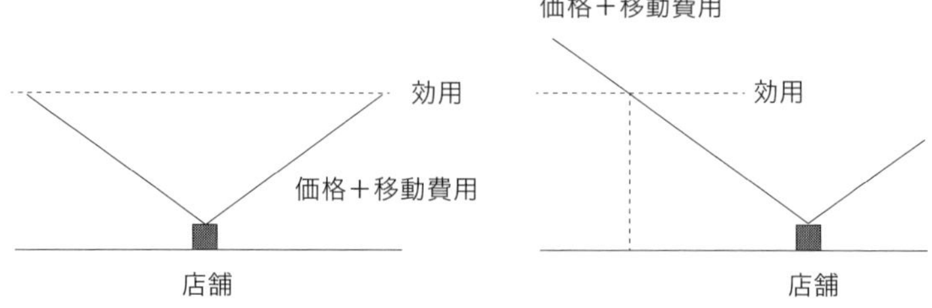

出所：筆者作成。

図表 2－2 ▶▶▶競合店舗の立地と均衡状態

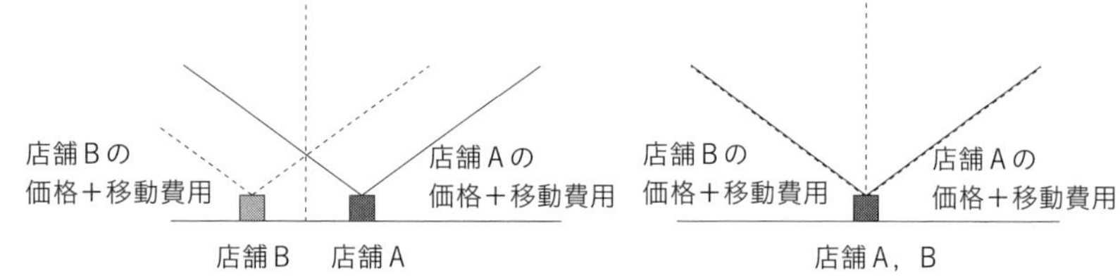

出所：筆者作成。

手に一部の顧客を奪われてしまいます。このような状態を，経済学では**均衡**と呼びます。

以上のように，産業立地論では，収入や費用を考慮して，利益を最大とする立地を決定します。

1.3 社会的に最適な立地

上記の状態は，個々の店舗にとっては最適な立地ですが，顧客にとっては最適な立地ではありません。顧客にとっての最適な立地は，顧客に近い場所に店舗が立地している状況です。しかし，この状態では，2店舗とも海水浴場の中心に立地しており，海水浴場の端にいる顧客にとっては不便な状態です。すべての顧客にとっての最適な立地，すなわち社会的に最適な立地は，顧客の移動費用の合計が最小となる立地です。これは，市場に均等に店舗が立地している状態です（図表 2－3）。海水浴場の端にいる顧客の移動費用

図表 2－3 ▶▶▶社会的に最適な立地

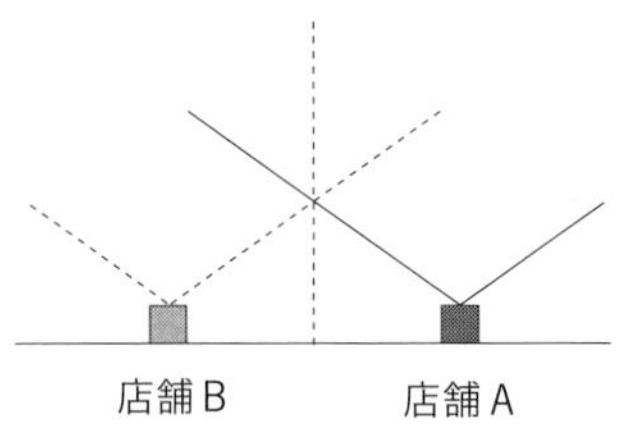

出所：筆者作成。

を下げることによって，需要が増加する（あきらめていた顧客が買いに行く）可能性もあります。

社会的に最適な立地を実現するためには，3つの方法があります。1つは店舗間の話し合いによって，立地を決める方法です。市場を半分に分割し，それぞれの中心に店舗を立地することで合意できれば，互いの利益を損なわずに社会的に最適な立地を実現できます。

1つの企業が両方の店舗を経営することによっても，可能となります。ただしこれらの場合，談合や独占による価格の上昇といった顧客の不利益につながることもあります。

最後に，政策による誘導です。国や自治体が補助金を出して，望ましい立地へ誘導する，あるいは望ましくない立地を規制することで，社会的に最適な立地を実現できます。ただし，最適な立地により得られる社会的な利益が，補助金や規制による不利益を上回っているかどうか，慎重な検討を要します。

2 工業立地論

2.1 輸送費の最小化

工業立地論は，工場をどこに立地させれば利益が最大化するかを考えます。ウェーバー（Weber, A.）の理論をもとに，木材から家具を生産する工場の立地について考えてみましょう。

市場から得られる収入は，どこに工場を立地しても同じとします。木材を購入する場所（原料地）と家具を販売する場所（消費地）は，決まっているものとします。この条件の下では，利益最大となる地点は，費用最小となる地点になります。

原料地から木材を工場へ輸送し，工場で木材を家具に加工し，家具を消費地へ輸送します。この過程で発生する費用は，**輸送費**（transportation cost），**労働費**（labor cost），加工費ですが，立地によって変化するのは輸送費と労働費です。まず，輸送費の最小化について考えます。

工場の輸送費は，木材の輸送費と家具の輸送費に分割できます。輸送費は，「輸送重量」×「輸送距離」によって求められます。つまり，輸送する重量を軽くし，輸送距離を短くすることで，輸送費は小さくなります。

工場を原料地の近くに立地させると，木材の輸送距離は短くなります。しかし，家具の輸送距離は長くなります。消費地の近くに立地させると，その逆になります。

木材と家具のいずれが軽いかを考えれば，輸送費の安い立地点を求められます。

2.1.1 原料地立地

木材から家具を生産する場合，木材の皮を剥ぎ，木材を削るといった工程を経るため，木材の重量よりも家具の重量のほうが軽くなります。つまり，同じ距離を輸送する場合，木材を輸送するほうが，家具を輸送するよりも輸送費は高くなります。

以上より，木材を輸送する距離を短くし，家具を輸送する距離を長くすることで，全体の輸送費は安くなります。したがって，原料地に家具工場は立地します。

日本で有数の家具産地である北海道旭川市や岐阜県高山市は，周辺の豊富な森林資源が立地要因となっています。

2.1.2 原料指数

家具生産における木材のように，原料から製品を生産する際に重量が軽くなる原料を，**重量減損原料**と呼びます。これに対して，電子部品や自動車部品のように，重量が変わらない原料を**純粋原料**と呼びます。純粋原料のみを利用する場合は，原料地と消費地の間では，輸送費は同じです。

上記の例では，木材の入手できる場所（原料地）を限定しました。このように，原料の入手できる地点が限定されている原料を**局地原料**と呼びます。逆にどこでも入手可能な原料を**遍在原料**と呼びます。

これらの原料の特徴から，**原料指数**を用いることによって，工場の立地を決定することができます。原料指数は，製品の重量に対する局地原料の重量の比率です。原料指数が1より大きい場合，工場は原料地に立地し，1より小さい場合には，工場は消費地に立地します。原料指数が1の場合には，輸送費からは立地点を決められません。2種類以上の原料を使用する場合は，幾何学的手法で立地点を求めます。

2.2 労働費の最小化

次に労働費（人件費）を加えて考えてみましょう。前項で輸送費最小となる立地を求めました。しかし，その地点の労働費が安いとは限りません。労働費は，場所によって異なるからです。労働力（人間）は，原料や製品といった財，資本や情報とは異なり，住み慣れた土地から移動しにくいという特質を持っているため，労働費の地域差は簡単には解消されません。

それでは，輸送費の最小となる地点と労働費が最小となる地点のどちらに立地すると，利益を最大化できるでしょうか。

輸送費の最小となる地点から，労働費の安い地点へと工場を移動させると，輸送費は増加します。輸送費の増加分と労働費の減少分を比較して，減少分のほうが大きければ，輸送費と労働費の合計は減少します。したがって，労働費の安い地点へと工場を立地させることが最適な選択となります。

エアコンやテレビのような家電製品では，日本向け製品を日本国内ではなく，アジアで生産するようになっています。その理由は，労働費の節約>輸送費の増加となっているからです。

2.3 集積の利益

最後に，**集積の利益**（advantages of agglomeration）について検討してみましょう。集積の利益とは，同種の産業が同じ地域に立地することによって発生する利益です。集積の利益には，工業用水道の共同利用による生産コストの低下，集積地点での部品産業の集積，保守や点検を行う関連産業の立地などがあげられます。

集積の利益の大きさによっては，輸送費や労働費が高くても，集積地点に立地する可能性があります。輸送費や労働費の安い地点ではなく，集積地点に立地するかどうかは，労働費の場合と同じように考えられます。

集積地点に立地することによる輸送費と労働費の上昇分と，集積の利益とを比較して，集積の利益のほうが大きければ，集積地点の立地を選択することになります。

もちろん集積によって，地代の上昇や労働費の高騰といった「集積の不利益」が発生することもあります。「集積の不利益」は，集積の利益から差し引いて考えなければなりません。

集積の利益の新しい側面については，第**4**節で詳しく述べます。

3 商業立地論

3.1 中心地理論

商業立地論は，商業における店舗の立地を考えます。ここでは，クリスタラー（Christaller, W.）による**中心地理論**について取り上げてみます。

中心地理論は，都市の規模や分布について考察するための理論ですが，中心的な財の供給についての考察を，店舗の立地の理論として捉えることができます。

消費者（人口）は均等に分布しており，各店舗が供給する財の品質，価格は同一であるとします。アイスクリーム屋の例では，直線の市場でしたが，ここでの市場は平面です。

3.1.1 財の到達範囲

まず，地域の消費者すべてに財を供給するための店舗の立地を考えます。費用を極小化するためには，最小の数の店舗で供給しなければなりません。

消費者は，財を購入するために店舗まで移動します。実際に購入に行くかどうかは，その財から得られる効用と，店舗までの移動と財の購入にかかる費用の合計との比較によって決まります。移動してもよいという最大距離を，**財の到達範囲**と呼びます。

3.1.2 財A

財Aの到達範囲を21kmとしましょう。店舗から半径21km圏内の消費者は，その店舗から財Aを購入します。店舗からの距離が21kmよりも遠い消費者は，その店舗には行きませんので，この消費者にも財Aを供給するためには，別の店舗を立地させる必要があります。

半径21kmの円ですべての平面を埋め尽くすことができれば，最も効率的な店舗の配置となります。しかし，円では平面を埋め尽くせません。

円に最も近い正多角形で，平面を埋め尽くせるのは，正六角形です。したがって，中心から頂点までの距離が21kmの正六角形で平面を埋め尽くし，その中心に店舗を配置すると，財Aを供給するための最適な立地システムの完成です。

3.1.3 財B

次に，到達範囲が20kmの財Bについて考えます。財Aの店舗配置では，

図表 2－4 ▶▶▶ 供給原理に基づく店舗立地

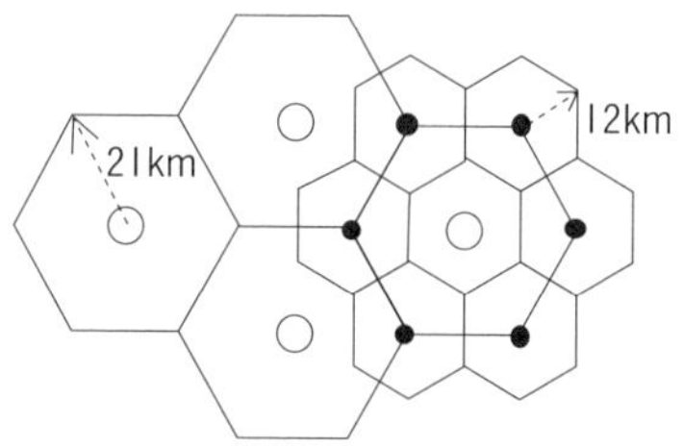

出所：クリスタラー［1969］をもとに筆者作成。

店舗からの距離が20kmから21kmのところにいる消費者に対して，財Bは供給できません。そこで新たな店舗を配置する必要が出てきます。財Bを供給できない地域の中心，すなわち既存の店舗から最も離れた地点は，正六角形の頂点です。ここに財Bを供給する店舗を立地させます（**図表 2－4**）。

このようにして配置された財Bの店舗は，到達範囲が12kmまでの財をすべて供給できます。そして到達範囲が11kmの財については，同様の作業を繰り返して，新たな店舗を立地させます。

結果として，多数の財を供給する少数の店舗と，一部の財だけを供給する多数の店舗が立地します。大都市では多くの財を入手できるのに対して，小都市では一部の財に限定されるという現実の状況を説明できます。

3.2 交通条件による立地

3.2.1 ロードサイド型立地

最近では，大型ショッピングセンターが郊外の幹線道路沿いに立地する事例も増えました（**ロードサイド型立地**）。そうした場所は，必ずしも人口の多い場所とは限りませんが，自動車で行くのに便利であり，土地が確保しやすいという理由で立地選択されています。

交通網が整備されると，それまでは店舗が立地できなかった場所に，大きな店舗の立地する可能性が生じます。

3.2.2 ドミナント戦略

コンビニなどのチェーンストアは，出店を決めた地域に大量に出店し，それ以外の地域には出店しないという戦略をとることがあります。その理由は，ライバル企業の出店を困難にし，市場を支配しようとするためです。ドミナント戦略と呼ばれています。

もう1つの理由は，商品の配送の効率性を上げるためです。コンビニの多くは，配送センターから各店舗へ商品を配送しています。弁当などの食料品は，1日に何度も配送しなければなりません。そのため，配送センターと各店舗との配送ルートが効率的になるように，店舗の立地を決めることもあるのです。

3.3 重力モデル

ここまでは，店舗は同じという前提条件でしたが，現実には大きな店舗も小さな店舗もあり，消費者を引きつける力は異なります。消費者を引きつける力を検討するには，**重力モデル**を使用します。重力モデルは，その名のとおり，物理学における重力の法則を店舗立地に適用したものです。

店舗の集客力は，店舗の魅力（売り場面積などで表されます）と地区の人口に比例し，店舗と地区の距離の2乗に反比例すると考えます。数式で示すと，以下のようになります。

$$\text{店舗の集客力} = \frac{\text{売り場面積} \times \text{地区の人口}}{(\text{店舗と地区の距離})^2}$$

重力モデルを利用して，2つの店舗間の商圏がどのように分割されるかを考えてみましょう。計算を簡単にするため，店舗Aと店舗Bの間には均等に人口が分布しているものとします。また両店舗の間の距離は10km，店舗Aの売り場面積は4，900㎡，店舗Bは900㎡とします。

店舗Aに近づくほど店舗Aの集客力が高まり，店舗Bに近づくほど店舗

Bの集客力が高まりますので，商圏が分割される地点は，店舗Aと店舗Bの集客力が等しくなる地点です。この地点から店舗Aまでの距離を x km として，それぞれの集客力を数式で示すと，以下のようになります。

$$店舗Aの集客力=\frac{4,900\times 地区の人口}{x^2}$$

$$店舗Bの集客力=\frac{900\times 地区の人口}{(10-x)^2}$$

それぞれの集客力が等しくなるような x は，7と17.5です。ここでは店舗Aと店舗Bの間の距離を考えていますので，x は7となります。したがって，店舗Aから7km以内に位置する消費者は，店舗Aへ行き，それ以上離れている消費者は，店舗Bへ行くことになります。

4 地域イノベーションシステム

4.1 産業集積とイノベーション

従来の産業集積論は，費用の低減という集積の利益を求めて形成されると考えていました。現代の産業集積論は，**イノベーション**（innovation）の創出という産業集積の新たな機能に着目するようになっています。

イノベーションは「技術革新」と訳されますが，新しい製品や技術開発だけでなく，それらの利用によって，社会に変革をもたらすこともイノベーションに含まれます。地域にとっては，イノベーションが発生しやすい環境を整備し，地域の発展を促進することが新しい目標となっています。

地域において，どのような環境を整備すれば，イノベーションは発生しやすくなるのでしょうか。

イノベーションは，知識の創造です。知識を創造するためには，情報の入手が重要です。イノベーション創出にとって重要な情報は，顧客，生産現場，取引企業内に存在しています。したがって，イノベーションにとって重要な情報が大量に存在しているのは，産業集積地と大都市です。イノベーションを促進し，地域経済を発展させるため，産業集積を形成する政策が各地で実施されています。

4.2 集積の利益の現代的な意義

4.2.1 ジャストインタイム

新しいタイプの集積の利益も現れています。その第1は，在庫費用の節約です。日本の製造業では，トヨタ自動車によって導入された**ジャストインタイム**（just in time）と呼ばれる生産方式が広く取り入れられています。

ジャストインタイムは，必要なときに必要な部品が届くため，在庫を多く持つ必要がないという効率的な生産システムです。この実現には，製品を生産する企業に，部品生産企業（サプライヤー）が頻繁に部品を搬入しなければなりません。したがって，輸送費用を抑えるため，サプライヤーは，近接して立地するようになります。結果として，製品を生産する企業の周辺に，サプライヤーの集積が形成されるのです。

サプライヤーの集積は，製品を生産する他の企業にとっても集積の利益をもたらします。そのため，製品を生産する企業も集積します。つまり，在庫費用と輸送費の節約を目的として，産業集積が形成されるのです。

4.2.2 研究開発機能の集積

第2は，研究開発者の移動費用の節約です。携帯電話やパソコンなどに代表されるように，現代の工業製品のライフサイクルは，短くなっています。新しい製品モデルを頻繁に開発しなければなりません。こうした製品は，技術が高度化しており，企業単独では，開発は難しくなっています。したがって，多くの企業が研究開発に参加する必要があり，企業間の濃密な連携が必要です。

インターネット，スマートフォンなどの普及によって，離れていてもコミュニケーションすることは，以前と比較すると格段に容易になりました。それでも，重要な打ち合わせでは，直接会うこと（face to face）が今でも重要とされています。頻繁な打ち合わせが必要とされる研究開発の場合には，研究所を近接して立地することが，研究開発者の移動費用の節約につながるため，研究開発機能の集積が形成されます。

日本企業の研究開発機能の多くは，東京都をはじめとする関東地方に立地しています。これは，大都市のほうが情報の入手が容易ということに加えて，研究開発機能の集積がさらなる研究開発機能の立地を呼ぶという状況になっているためです。また，大学，大学院も首都圏に集中立地しており，人材確保や大学との共同研究の容易さという点も集積要因になっていると考えられます。

4.2.3 探索費用の節約

第3に，取引相手の探索費用の節約です。企業が新たな取引相手を探す場合，産業集積地から探したほうが，求めている企業を見つけ出す可能性は高くなります。同業種の企業の多数立地は，競争を激化させますが，一方で取引相手の選択肢に入れられる可能性も高くなります。

産業集積の外部経済について指摘したマーシャル（Marshall, A.）は，集積の利益として，地域労働市場の発達と技術の波及をあげています。高い技術を持った技術者が移動しやすく，地域内の企業に技術が波及することで，選択肢となる企業はますます増えていきます。

新潟県の燕市は，スプーンなどの洋食器の生産地として有名です。金属の表面加工を得意とする企業が多数立地し，地場産業の産業集積地を形成しています。高度な表面加工技術を求めている企業にとっては，燕市に立地している企業を探せば，求めている技術を保有する企業の見つかる可能性が高くなります。つまり，取引相手を探索する効率性が高まるわけです。

4.3 地域イノベーションシステム

産業集積の新しい機能についての理解が深まるにつれて，地域イノベーションシステムについての議論も活発化しています。地域イノベーションシステムとは，イノベーションを生み出す企業だけではなく，顧客や取引企業，大学などの研究機関，行政，さらには文化や環境までを含めた，イノベーションを生み出す地域全体の体系（システム）を指しています。

4.3.1 柔軟な専門化

柔軟な専門化とは，大量生産大量消費を特徴としたフォーディズムの時代とは異なり，専門的な技術を持つ地域内の中小企業の集団が，生産する製品ごとに異なる組み合わせの協力関係を形成し，多品種少量生産に適した生産システムを構築していることを指します。

柔軟な専門化を実現するには，地域内企業の固有技術について，相互に理解しておかなければなりません。信頼関係の構築も重要です。このような関係性は，企業間だけでなく，支援する自治体や研究機関にも及んでいる必要があります。

アメリカのIT産業が集積したシリコンバレーや，イタリア中部の皮革，繊維，家具産業などが集積した第3のイタリアと呼ばれる地域は，優れた地域イノベーションシステムを有する地域として注目を集めてきました。

4.3.2 日本の事例

日本では，金属加工業を中心に集積している東京都大田区や東大阪市周辺が有名です。しかし近年では，アジアとの競争や後継者不足などから企業数を減らしつつあり，対策が求められています（第10章を参照)。

日本の地域政策では，地域の発展のために，大企業の工場を誘致する政策を重視してきました。しかし，誘致した工場の撤退や，新規の工場立地件数の減少が進んでおり，産業立地政策の効果は，低下しています。

そのため，地域イノベーションシステムの強化という視点を重視した，産業クラスター政策や知的クラスター政策が実施されるようになりました（第12章を参照）。

Working　調べてみよう

1. 日本で最初の近代的な製鉄所は，1901年に北九州市の八幡地区に設立されました。鉄鋼の原料である鉄鉱石と石炭の当時の生産地を調べて，なぜ八幡地区に立地したのか工業立地論の観点から考えてみましょう。

2. 皆さんの住んでいる地域では，どのような産業集積を育成する政策が実施されているか調べてみましょう。

Training　解いてみよう

重力モデルの例で，両店舗の間の距離は10km，店舗Aの売り場面積は9,000㎡，店舗Bは4,000㎡の場合，店舗Aの商圏は何kmまでとなるか，計算してみましょう。

▶▶▶さらに学びたい人のために

●富田和暁［2006］『地域と産業―経済地理学の基礎（新版）』原書房。

本章で取り上げた工業立地論と中心地理論に加えて，農業とオフィスの立地論についてもわかりやすく解説されています。また，現実の立地と理論との対比もされており，立地論の理解が深まります。

参考文献

●ヴァルター・クリスタラー著，江波譲爾［1969］『都市の立地と発展』大明堂。
●鈴木洋太郎［2009］『産業立地論』原書房。
●藤本隆宏［2013］『現場主義の競争戦略―次代への日本産業論』新潮社。
●柳井雅人編［2004］『経済空間論―立地システムと地域経済』原書房。
●山本健兒［2005］『経済地理学入門（新版）』原書房。
●一般財団法人日本立地センター　ホームページ
https://www.jilc.or.jp/
●内閣府［2011］『地域の経済2011―震災からの復興，地域の再生』。
https://www5.cao.go.jp/j-j/cr/cr11/cr11.html

第3章 都市システム

Learning Points

- 都市は，住宅，工場，オフィス，インフラの集中した場ですが，多様な人々やモノを結びつける場としての役割を担っています。
- 都市システムの分析方法には，都市の立地・階層性の分析と，都市間の相互依存関係の分析という２つの分析方法があります。
- 産業構造の高度化，情報通信技術の発展，経済のグローバル化によって，世界や日本の都市システムは，大きく変化しています。

Key Words

都市システム　都市の階層性　中枢管理機能　グローバル・シティ　創造都市

1 都市システム

1.1 都市の定義

都市（City）という言葉を聞いて，皆さんは何をイメージしますか。立ち並ぶ高層ビルや高速道路，密集した住宅や商店でしょうか。田園地帯にまばらに住宅のある場所を都市と考える人は，いないでしょう。

農業は，通常，広い農地を必要とします。農業を基幹産業とする地域では，人は密集して居住できません。都市は，①多数の人々が集まり，②住民の多くは農業ではなく，工業や商業に従事し，③住居や建物が密集している場所です。

都市成立には，さまざまな経緯があり，その性格もさまざまです。工業都市や商業都市，官庁や国家機関が集まった政治・行政都市もあれば，教育・研究機関の集まった教育・研究都市，寺院や神社を中心に発展した宗教都市もあります。歴史学者である増田四郎は，都市の多様性を踏まえて，「都市という概念はひとつの基準ではとうてい規定することはできない」と述べています。

都市成立の経緯や都市の性格は，都市を分類する際に役立ちます。ですが，都市を分類するだけでは，都市と村落を区別する都市の本質的な特徴は，明らかになりません。人々が集まって住んでいるという点では，村落も都市も変わりません。しかし，都市は，単なる大きな村落ではありません。都市社会学者であるアンリ・ルフェーヴル（Lefebvre, H.）は，人や施設が特定の場所に集まっている，歴史的に普遍な物理的な現象としての「**都市**（City）」と，特定の時代・場所に特有の社会的役割・機能としての「**都市的・都会的なもの**（Urban）」を分けて考えるという視点を提示しました。

特定の場所に人や施設が集まっている「都市」は，その規模には違いがあるとはいえ，いつの時代にも，世界各地に存在しています。しかし，どのような機能や役割を「都市的・都会的」であると考えるかは，時代や地域によって異なります。

1.2 都市システムとは

1.2.1 システムとしての都市

都市は，「人々を結びつける場」という重要な機能を持っています。都市社会学者の鈴木榮太郎は，「都市とは，国民社会における社会的交流の**結節機能**をそのうちに蔵していることにより，村落と異なっているところの聚落（しゅうらく）社会である」と述べています。聚落社会とは，村落や都市など人々が集まって生活するところに形成される地域的・社会的なまとまり（地域的社会的統一）のことです。

都市内，都市間を結ぶ鉄道や道路（交通インフラ）は，人，モノ，情報を結びつけます。都市にある商業施設や娯楽施設は，消費者と商品・サービスを結びつける機能（**マッチング機能**）を有しています。そもそも，都市住民の食料確保のために，農業地帯である田園（rural）地域と結びつかないと，都市は存立できません。

都市は，人やモノを結びつける社会システムの一部です。**都市システム**（City-system ／ Urban-system）は，都市と周辺地域，あるいは他都市との関係性です。複数の都市によって形成されるため，「都市群システム（system of cities）」と呼ばれることもあります。

1.2.2 都市システムの構造と機能

都市システムは，2つの観点から分析できます。1つは，都市の空間的な位置（location）や配置，都市の規模・順位といった**階層性**（hierarchy）についての分析です。システムの要素（都市）間の結びつき方（リンケージ），つまり都市システムの**構造**（structure）を明らかにします。

もう1つは，都市システムの動態的な**機能**（function）の解明です。ある都市で経済的・社会的な変化があった場合，都市システムの相互依存関係を通じて，①どのような経済的変化が他都市に波及するのか，②システム全体にどのような変化が生じるのか，③どの都市は成長して，どの都市は衰退するのかを分析します。

この2つの分析方法は，相互補完関係にあります。都市システムの構造は，都市間での相互作用（機能）を規定します。結びつきが強い都市間では，一方の都市の経済的変化は，他都市に大きな影響を与えます。しかし，結びつきの弱い都市間では，相互作用は小さくなります。その結果，各都市間での結びつきの強さは変化し，それに応じて都市の規模順位も変わります。こうして，都市システムの構造は，変化していくのです。

2 都市の階層性と都市システム

2.1 都市の規模と階層性

人口規模の小さな都市の数は多く，人口規模の大きい都市の数は，少なくなります。こうした都市規模と都市数との関係は，昔からよく知られていました。経験則から生まれた**順位・規模規則**（rank-size rule）は，都市の規模・順位とその数の間には一定の法則性があると考えます。

ある国・地域に複数の都市が存在する場合，人口規模第2位の都市の人口は，人口規模第1位の都市の人口の2分の1になり，人口規模第3位の都市の人口は，第1位の都市の3分の1になる傾向があります。人口規模で第n位の都市の人口は，第1位の都市のn分の1となるという経験法則です。つ

図表 3－1 ▶▶▶ 日本の都市人口

順位	市	人口（千人）	順位	市	人口（千人）
1	23区（東京都）	9,116	16	新潟市（新潟県）	779
2	横浜市（神奈川県）	3,658	17	浜松市（静岡県）	774
3	大阪市（大阪府）	2,596	18	熊本市（熊本県）	726
4	名古屋市（愛知県）	2,217	19	相模原市（神奈川県）	703
5	札幌市（北海道）	1,948	20	岡山市（岡山県）	694
6	福岡市（福岡県）	1,525	21	静岡市（静岡県）	683
7	神戸市（兵庫県）	1,478	22	船橋市（千葉県）	626
8	川崎市（神奈川県）	1,476	23	鹿児島市（鹿児島県）	598
9	京都市（京都府）	1,355	24	川口市（埼玉県）	568
10	さいたま市（埼玉県）	1,297	25	八王子市（東京都）	549
11	広島市（広島県）	1,175	26	姫路市（兵庫県）	523
12	仙台市（宮城県）	1,052	27	宇都宮市（栃木県）	512
13	千葉市（千葉県）	946	28	松山市（愛媛県）	506
14	北九州市（福岡県）	931	29	松戸市（千葉県）	481
15	堺市（大阪府）	816	30	西宮市（兵庫県）	477

注：住民基本台帳人口（2021年1月1日現在）。
出所：総務省「住民基本台帳に基づく人口，人口動態，および世帯数」をもとに筆者作成。

まり，「人口×順位＝最大都市の人口」が成り立つ場合，順位・規模規則は成立しています。

順位・規模規則については，世界中で多くの実証研究が行われてきました。世界中の多くの国や地域で，厳密ではないものの，順位・規模規則は成立する，という研究結果が得られています。

しかし，当てはまらない国・地域もあります。その1つは，日本です。**図表3－1**は，日本の都市人口を示した表です。順位・規模規則からみると，東京都は，過大な人口規模になっています。横浜，川崎，さいたま，千葉を東京都市圏とみなすと，東京都市圏は，第2階層の大阪都市圏（神戸，京都，堺含む）の2.6倍の人口です。さらに第3階層である札幌，仙台，広島，福岡とは，8～15倍の差があります。

首都圏一極集中の目立つタイのような発展途上国では，順位・規模規則からの乖離度は，さらに大きくなります。

2.2 中心地理論と小売業の立地

2.2.1 中心地理論

なぜ大都市の数は少なく，小都市の数は多いのでしょうか。また，大都市間の距離は離れているのに，小都市間の距離はあまり離れていないのでしょうか。順位･規模規則は，あくまで現実から導き出された経験則です。「なぜ，そのようになるのか」については，説明できません。

都市の数・規模および都市の分布を規定する法則を解明しようとしたのは，クリスタラー（Christaller, W.）の**中心地理論**（Central Place Theory）です。中心地理論は，都市システムの構造を明らかにする分析法です。

中心地理論は，都市の主たる機能は，1区域の**中心地**となることだと考えます。中心地は，それを取り囲む地域（**補完区域**）に対して，財やサービス（**中心的財**）を供給します（中心地理論については，第2章を参照）。

図表 3－2 ▶▶▶ 中心地点の体系における補完区域

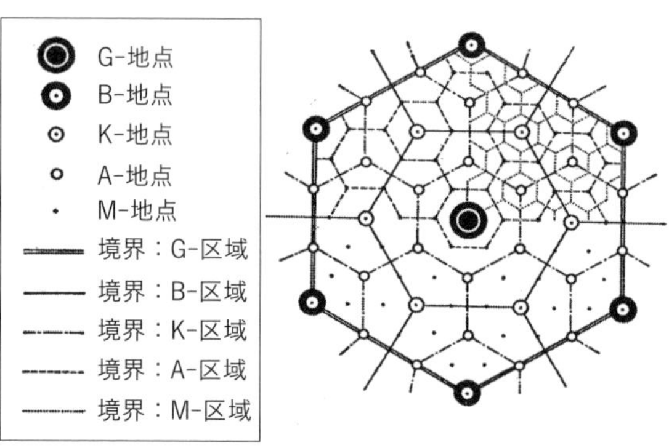

出所：クリスタラー［1969］，87 頁。

2.2.2 中心地の階層性

最小の中心地数で，全地域に財・サービスを供給するケース（**補給原則**）では，中心地は，**図表 3－2** のように，階層的・規則的に配置されます。中心地の数や補完区域の半径，面積，中心地間の距離には，規則性があります。階層が下がるごとに中心地・補完区域の数は 3 倍になり，階層が上がるごとに，中心地間の距離は$\sqrt{3}$倍で増えていきます。

2.2.3 小売業・サービス業の立地と中心地論

中心地理論についても，多くの実証研究が行われました。その結果，中心的財という考え方にほぼ等しい，小売業や消費者サービス業の立地・配置については，多くの場合，中心地理論で説明できるとされています。

しかし，都市は，小売業や消費者サービスだけで成立しているわけではありません。都市にある工業や対事業所サービス業といった業種については，中心地理論で説明できません。また，中心地理論は，ドイツのような均等・均質な平面（平野）を前提としています。そのため，平野が少なく，山間部や半島部，島嶼（とうしょ）部の多い日本のような国土では，中心地理論はうまく適合しません。

3 中枢管理機能と動態的都市システム

3.1 中枢管理機能と都市の成長要因

3.1.1 時代とともに変わる都市の成長要因

都市の成長要因は，時代とともに変化していきます。近代的工業が発達する以前は，政治・行政・文化に携わる都市人口を支えていたのは，都市に食料を供給する周辺地域の農業生産力でした。輸送力に制約のあった時代では，周辺の農業生産力によって，都市の規模は，制約されました。

産業革命以降の都市成長の原動力は，工業です。工業は，農業に比べて多数の従業者を雇用できます。そのため，都市人口は，大幅に増加しました。また，工業の発展は，輸送力を飛躍的に拡大したため，遠隔地から都市への農作物の輸送も可能となりました。

1973年のオイルショックによって，日本の高度成長期は終わりました。それ以降，工場の機械化が進み，工業生産は増加しても，従業者数，つまり都市人口の増加にはつながらなくなりました。都市部での地価，人件費の高騰により，工場は，地方や海外に立地するようになります。

「脱工業化」後も，2020年の国勢調査までは東京特別区，大阪市，名古屋市は人口を増加させていました。また工場数の多くない**地方中枢都市**（札幌市，仙台市，広島市，福岡市）の人口も増えていました。

しかし，人口の社会増は続いているものの自然減が増え，これらの都市でも人口減となる都市も出てきました。2021，2022年の人口推計では名古屋市や札幌市，広島市などはすでに人口減となっています。大阪市はまだ人口が増えていますが，自然減の増加で，まもなく人口減に転じると思われます。

3.1.2 複数立地企業と経済的中枢管理機能

高度成長期以降，都市の成長要因となった機能は，**中枢管理機能**です。中枢管理機能には，①政府機関や政府の出先機関などの「政治的」中枢管理機能，②民間企業の本社，支所（支社・支店・営業所・出張所・事務所等）などの「経済的」中枢管理機能，③大学や各種研究所，報道機関などの「文化的・社会的」中枢管理機能の３つがあります。

この中で最も重要な機能は，経済的中枢管理機能です。資本主義経済の主役は，民間の経済活動だからです。大企業は，複数の事業所を有する**複数立地組織**（multi locational organization）です。

中小企業では，本社と工場を同じ場所に立地しているケースも少なくありません。数千人から数万人の従業員を抱える大企業は，仕事内容や事業所の機能によって，事業所を国内外の最適な場所に分散配置します。工場は，原材料や製品の輸送に適した地域や賃金水準が低く，労働力の確保しやすい地域に立地します。支社や営業所は，顧客の集まっている場所や交通利便性の高い地域に立地します。

3.1.3 日本における経済的中枢管理機能の立地

図表３－３にあるように，大企業の本社は，東京，大阪，名古屋といった大都市に集中しています。高度成長期以降も人口を増加させた地方中枢都市

図表３－３▶▶▶主要都市における経済的中枢管理機能の立地（2020年）

順位	都市	本社	支社	順位	都市	本社	支社
1	東京	1,324	1,460	11	新潟	12	409
2	大阪	307	1,312	12	高松	9	404
3	名古屋	112	1,280	13	金沢	10	403
4	福岡	37	1,111	14	京都	48	384
5	仙台	9	967	15	岡山	12	376
6	広島	17	828	16	神戸	47	370
7	札幌	29	824	17	千葉	12	354
8	横浜	75	587	18	宇都宮	7	297
9	さいたま	17	438	19	熊本	3	284
10	静岡	8	431	20	鹿児島	5	283

注１：上場企業から東洋経済新報社『会社四季報』，『有価証券報告書』，各社のHPより作成。
注２：都市の順位は支所数による。本社は登記上の本社，第２本社は支所とみなして集計。
出所：阿部［2021］をもとに筆者作成。

（札幌市，仙台市，広島市，福岡市をまとめて「**札仙広福**」といいます）には，大企業の本社は，あまりありません。しかし，多くの大企業の支店が集積しています。札仙広福のような支店・支社によって支えられている地域経済を，**支店経済**と呼びます。高度成長以降，地方中枢都市の人口増加率は，他の地方都市よりも高かったということは，都市の成長を促す現代的要因は，工業ではなく，中枢管理機能であったことを示しています。

3.2 都市システムと中枢管理機能

3.2.1 中枢管理機能の立地要因

経済的中枢管理機能の立地は，どのように決められているのでしょうか。創業地に本社を置いている大企業も存在しています。しかし，成長する過程で，東京や大阪に本社を移転する大企業も少なくありません。

企業の本社は，組織を管理し，経営上の中心となる事業所です。本社で行う管理機能とは，市場，技術，政治，政策に関する情報を収集・加工し，それらをもとに，経営上最も重要な意思決定を行い，それを各事業所に伝えることです。そのため，情報の入手性は，本社機能の立地において，決定的に重要になります。

インターネットやテレビを通じて入手できるデジタル情報は，どこでも入手できます。しかし，企業経営に必要な情報は，メディアやネットで公開されている情報ではありません。まだメディアに公開されていない，フェイス・トゥ・フェイス＝対面接触によって，人から人に伝えられる情報です。そのため，企業本社などの中枢管理機能は，対面接触の容易な場所に立地します。

3.2.2 専門情報の入手可能性の空間的偏り

プレッド（Pred, A.）は，先進国における都市の成長・発展には，経済的な**専門情報**（specialized information）の循環と，その利用可能性が決定的な役割を果たしていると考えました。

専門情報の入手可能性には，空間的な偏りがあります。専門情報は，人によって運ばれます。そのため，鉄道や高速道路，航空網などの交通ネットワークの結節点や，企業や行政機関の集積地に専門情報が集まります。交通ネットワークの結節点は，大都市です。企業の本社は，専門情報が集まり，専門情報の入手が容易な大都市に立地するのです。高度人材の採用という点においても，大都市は有利です。

3.2.3 循環的・累積的フィードバック過程

中枢管理機能の集積した大都市は，**循環的・累積的フィードバック過程**（circular and cumulative feedback process）によって，専門情報の循環を局所的に強化し，専門情報を求める本社機能をさらに引き寄せ，成長・発展していきます。

図表 3－4 はこうした大都市における循環的・累積的フィードバック過程を図示しています。内側のループは，管理機能の立地による専門情報循環の増加，それによる管理機能の立地誘因の増加です。外側のループは，管理機能の立地で，対事業所サービスや運輸・通信サービスに対する需要は増加し，これらの関連事業者の新規立地によって，管理機能の立地や専門情報循環の

図表 3－4 ▶▶▶大都市における循環的・累積的フィードバック過程

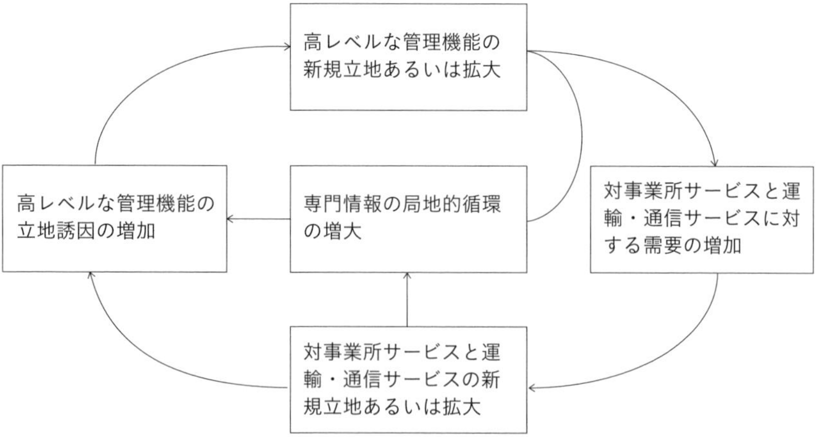

出所：Pred［1977］，p.117.

増加が生じることを示しています。

こうした循環的・累積的フィードバック過程は，都市内だけでなく都市間にも拡張されます。東京にある大企業の本社から生じた専門情報は，まず交通・通信ネットワークで結ばれた大阪や名古屋に伝わり，次に大企業の支店・支社が置かれた札幌，仙台，広島，福岡に伝わります。甲府よりも，距離の遠い大阪や福岡のほうが，より早く大量の専門情報を受け取れるのです。

大都市（東京，名古屋，大阪）と地方中枢都市（札仙広福）は，こうした都市間における専門情報の循環的・累積的フィードバック過程によって，中枢管理機能の集積を強化することで成長してきたのです。

3.2.4 都市システムの動態的機能

プレッドは，先進国において大企業の果たす役割は大きくなっており，都市システムを規定しているのは，企業の空間組織であると指摘しました。中心地理論は，消費の論理に基づいて「下からの」都市システム形成を論じているのに対し，プレッドは，組織の論理に基づいた「上からの」都市システムについて論じていると位置づけられます（田村［2000］）。

プレッドの議論は，システムの動態的変化・機能に注目した分析です。ある都市が循環的・累積的フィードバック過程に乗れるかどうかは，既存の機能集積量と情報通信や交通ネットワークなど，都市システムの空間構造によって規定されます。こうした循環的・累積的過程に乗ることができた都市と，できなかった都市の間には，成長率の格差が生じます。その結果，都市の規模・順位は変化し，都市システムの構造は再編されていくのです。

4 グローバル時代の都市システム

4.1 経済のグローバル化

現在の世界経済を特徴づけているのは，世界規模での経済的取引の広がり，つまり経済のグローバル化です（第14章を参照）。先進国は，国民国家の成立以降，外国との貿易はあっても，基本的には，国内市場を基盤として成長してきました。そのため，先進国の都市システムは，基本的には，国民国家，国民経済を前提として形成されてきました。

先進国の大企業は，1960年代から世界各地に進出し始めます（多国籍企業化）。日本企業も，石油危機以降，海外に進出し始め，1985年のプラザ合意以降の円高を背景にして，製造業を中心とした海外進出は本格化します。冷戦の集結した1990年代以降，ロシアや中国も市場経済へと移行し，先進国の大企業は，競ってこれらの国への海外直接投資（FDI）を増加させました。

現在では日本企業も含め，世界の大企業は，グローバル市場を前提として活動しています。経済のグローバル化によって，これまで国民国家を前提とした先進国の都市システムは，大きな影響を受けることになりました。

4.2 グローバル・シティ

4.2.1 国境を越えた都市システムの形成

サッセン（Sassen, S.）は，1980年代以降，グローバルな経済ネットワークの核（センター）としての機能を担う**グローバル・シティ**（Global City）が出現したと述べています。グローバル・シティの代表は，ニューヨークやロンドン，パリ，東京といった先進国の大都市です。これらの都市は，グローバルなネットワークの中で，国民国家時代とは異なる機能・役割を担い，相互補完関係に基づいて，国境を越えたグローバルな都市システムを形成しています。サッセンは，グローバル・シティが成長する一方で，国内の他都市との間には成長率の格差が生じ，国内における都市の階層性に断絶が生まれてきているとしています。

4.2.2 集積要因としての「場」

情報通信技術の進歩を背景に，生産拠点は世界中に分散化（フラグメンテーション）しています。その結果，新しい集積形態が生まれています。

大規模かつ複雑なグローバル経済空間を**管理・調整・支配する能力**（control capability）が，グローバル・シティに集積したのです。そうした管理・調整・支配能力を支えているのは，高度に専門化された金融業と生産者サービス（対事業所サービス：国際的な広告，会計，法律，IT，エンジニアリング，人材派遣サービスなど）です。

1980～90年代に金融業は，劇的に変化しました。金融の規制緩和と情報通信ネットワークの普及によって，革新的でリスクが高い新しい金融商品が開発されました。情報通信技術によって金融業は容易にグローバル化しましたが，その一方で高度化・複雑化された金融業は高度な専門情報を必要とします。そうした専門情報は，特定の社会的コミュニティの中でしか得られません。

もともと金融業の集積地であったニューヨーク，ロンドン，東京には，専門的な社会的コミュニティである「**場**（place）」が存在しました。そのためグローバル市場を志向する金融業も，これらの都市に集積しました。グローバル志向の生産者サービスも，これらの都市に集積しました。その結果として，グローバル・シティが出現したのです。

4.2.3 グローバル時代の都市成長要因

グローバル・シティ論は，先のプレッドの機能的な都市システムをグローバルな視点で拡張しつつ，さらに，どのような「業種」（金融業と生産者サービス）の専門情報循環が現在の都市成長において，最も重要なのかについて，説明を試みました。金融業と生産者サービスという業種の選定に関しては，研究者の間には疑問を呈する声もあります。しかし，グローバル・シティ論は，グローバル化時代において，「どのような専門情報循環が最も都市成長にとって重要なのか」というプレッドの残した課題について，解答を出したともいえます。

4.3 創造都市—クリエイティブ・クラスと都市—

4.3.1 都市の成長とクリエイティブ・クラス

グローバル化時代になり，地理的な分散と集中が同時に生じています。分散が進む背景には，情報通信技術や航空機などの交通手段（空間克服手段）の発達があります。では，都市への集積要因は，サッセンの指摘した金融業や生産者サービス以外にもあるのでしょうか。

フロリダ（Florida, R.）は，現在の先進経済の競争優位の源泉は，創造性（クリエイティビティ）にあるとします。フロリダは，創造性を生み出す「意義のある新しい形態を創り出す」仕事に従事する人々（科学者，技術者，大学教授，詩人，小説家，芸術家，俳優，デザイナー，金融，法律，医療，企業経営）を**クリエイティブ・クラス**（creative class）と定義しました。フロリダは，アメリカの都市経済を分析するなかで，高い成長率を持つ都市とクリエイティブ・クラスの地理的分布に強い相関があることを見出しています。

4.3.2 創造性を生み出す「場」

クリエイティビティ（創造性）は，すべての人間が持っている能力です。しかし，人々との交流の中で，互いに刺激を与え合うことで，創造性は強化されます。クリエイティブ・クラスが，その能力を十分に発揮するには，互いに刺激を与え合えるような社会的「場」であるコミュニティや，居住環境を必要とします。クリエイティブな「場」がクリエイティブ・クラスを惹きつける，という「正のフィードバック・システム」は，都市の経済成長をもたらすとフロリダは考えています。

4.3.3 都市という「場」の重要性

フロリダの創造都市論は，世界的に大きな反響を呼びました。世界各国で，翻訳され，理論の精緻化や実証研究が進められています。この議論が日本にも適用できるのかという研究も進められています。しかし，頻繁に転職や地域間移動を行うアメリカの労働慣行など，日本と事情が異なる部分もあり，日本にそのまま適用することは難しいようです。

しかし今日の技術やイノベーションが経済成長のカギとなっている経済において，都市という「場」の重要性が一層高まっているという指摘は重要です。

Working　調べてみよう

1. 皆さんの知っている企業，例えば自動車やバイク，家電製品，飲料や菓子を製造している企業の本社所在地を調べてみましょう。

2. 皆さんが住んでいる都市が，鉄道路線や航空路線，高速道路などによって他の都市とどのように結ばれているのか，路線数や頻度（本数，便数）について調べ，どの都市と一番結びつきが強いのか調べてみましょう。

▶▶▶さらに学びたい人のために

●エンリコ・モレッティ著，池村千秋訳［2014］『年収は「住むところ」で決まる―雇用とイノベーションの都市経済学』プレジデント社。

一見刺激的なタイトルですが，移出ベース理論や雇用乗数効果といったオーソドックスな経済理論に基づいて，グローバル経済のもとでイノベーション産業の広がりが，アメリカの都市にどのような変化をもたらしたのかをわかりやすく分析しています。アメリカの都市に関する分析ですが，その内容は，日本の都市の将来についても，示唆に富んでいます。

参考文献

●阿部和俊［2021］「経済的中枢管理機能からみた日本の主要都市と都市システム（2020年）」『地理学報告』第123号。

●サスキア・サッセン著，大井由紀・高橋華生子訳［2008］『グローバル・シティ―ニューヨーク・ロンドン・東京から世界を読む』筑摩書房。

●田村大樹［2000］「第6章　A.プレッド―都市システム論」矢田俊文・松原宏編著『現代経済地理学―その潮流と地域構造論』ミネルヴァ書房。

●リチャード・フロリダ著，井口典夫訳［2014］『新クリエイティブ資本論―才能が経済と都市の主役となる』ダイヤモンド社。

● Pred. A［1977］*City-systems in Advanced Economies*, Hutchinson.

第4章 人口移動と地域

Learning Points

▶日本の人口は，2009年以降，減少局面に入りました。特に，地方圏では，人口の自然減に社会減も加わり人口減少率は高くなっています。

▶世界的にみても，人口は，大都市に集中しています。日本では，首都圏と地方中枢都市に人口は集中するようになっています。農山村への移住も話題になりますが，地方圏への人口回帰は，統計上では顕在化していません。

▶首都圏においても，まもなく人口は減少すると見込まれています。人口減少は，雇用者数の減少を通じて，経済の停滞をもたらします。高齢化問題は，むしろ大都市中心部で問題化するはずです。また，地方圏では過疎化が進み，小学校の統廃合によって，コミュニティの維持は難しくなります。

Key Words

DID　社会増減　I･J･Uターン　スマートシュリンク　フードデザート

1 日本の人口

1.1 人口の分布と変化

日本の人口は，2008年まで一貫して増加してきました。戦後に入り，大都市への人口移動が進んだものの，全国の人口が減ることはありませんでした。しかし国内の人口は，2008年の1億2,800万人を境として，減少局面に転じ，2020年には，1億2,600万人になりました。

2020年には，日本の人口の29.3%を首都圏（1都3県）が占めています。東海3県は9.0%です。近畿（2府4県）は，人口が減少に転じました。近畿の人口シェアは，16.3%にまで低下しています。3大都市圏の合計シェアは，54.6％で，1950 年の 39.9％から 15 ポイント上昇しています。地方圏の人口シェアは，戦後ほぼ一貫して減少しており，1950 年に 10.7％を占めていた東北は 2020 年に 6.8％，同じく 5.0％であった四国は，2.9％の人口シェアになりました。

日本の人口減少の原因は，出生率の低下です。全国の出生率は，2005 年の 1.29 を底として，2020 年には 1.33 になりました。日本の出生率は一時的に回復傾向にあるように見えましたが，再び減少局面に入っています。そもそも人口維持に必要な出生率（**人口置換水準**）は，2.07 です。日本の出生率がこの水準を超えていたのは，1973 年までです。

フランスの 1.88 やイギリスの 1.70（いずれも 2018 年）と比較すると，日本の出生率の低さがわかると思います。40 年以上，低出生率の問題を放置した結果，深刻な人口減少の入り口に立つことになったのです。

出生率が最も高い沖縄県の 2020 年の出生率は，1.83 でした。他方で東京都では 2000 年と比べるとやや回復したものの，2020 年でも出生率は，1.12 にとどまっています。ただし都心 3 区の出生率は意外に高くなっており，例えば港区の合計特殊出生率は 1.34 と，比較的高くなっています。また，非大都市圏ですが，北海道の合計特殊出生率は 1.21 と，低くなっています。

人口問題は，個人の選択を含む問題です。そのため，国が目標水準を設定すること自体に，議論があります。しかし，生産年齢人口が日本経済や地域経済の成長を左右することを考えると，人口政策は重要であるといえます。

1.2 都市部への人口集中

日本の人口は近代化以降，一貫して都市部へ集中してきました。なぜならば，日本の産業構造が高度化し，サービス業へと雇用がシフトしたため，就業場所は都市部へ立地してきたためです。

人口が特定地域に集中しているかどうかを測定する指数として，**人口集中指数**があります。人口集中指数は，次式で計算できます。

$$IC=\frac{(\Sigma|X_i-Y_i|)}{2}$$

X_i：部分地域 i の面積が全域面積中に占める割合

Y_i：部分地域 i の人口が全域人口中に占める割合

人口集中指数は 0 から 1 の間の数値を取ります。指数が 0 に近いほど，人口の地理的分布が分散しています。反対に指数が 1 に近いほど，人口が地理的に集中しています。

図表 4－1 からわかるように，日本の人口は，高度経済成長期から 1975 年にかけて急速に都市へ集中しました。その後，集中の速度はやや低下しましたが，一貫して都市部に人口は集中しました。ところが 2010 年から人口集中の動きは変わり，やや分散化してきています。

都市部への人口集中は，**DID**（人口集中地区：Densely Inhabited District）の増加をもたらしました。DID は，都市化している地域を確定させるために定義された統計地域です。DID の地域を都市地域とみなすこともできます。

DID の人口と面積は，一貫して増加しています。国内人口の 70.0%は，都市地域（DID）に居住しています。DID が設定された 1960 年には DID 居住人口は，43.3%でした。その後の 50 年間で，人口の都市化は急速に進み

図表 4－1 ▶▶▶ 人口集中指数の推移

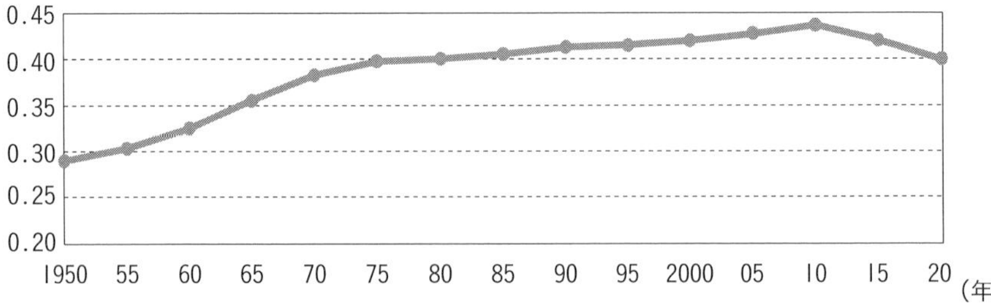

出所：国立社会保障・人口問題研究所「人口統計資料集 2022」をもとに筆者作成。

ました。日本社会は，戦後，農村社会から都市型社会へ転換し，その結果，**過疎**と**過密**の問題を生じさせたのです。過疎・過密問題は，経済発展に伴う現象であり，避けることはできません。

1.3 地域人口の変化

地域の人口変化には，2種類あります。第1は，**自然増減**です。**自然増減**は，次式から計算できます。

自然増減＝出生数－死亡数

出生率の高い地域では，自然増になります。他方で，出生率が低く，かつ高齢化率の高い地域では，自然減となります。2020年10月～2021年9月の期間に自然増となった県は，沖縄県の1県だけでした。これは新型コロナウイルスの影響と考えられ，大都市圏である東京都は -0.27%，神奈川県は -0.01%，千葉県は -0.15%の自然減でした。ただし，人口自然減の大都市圏の3都県も，新型コロナウイルス感染拡大前は自然増の県でしたが，人口の持続的な再生産をしているわけではありません。これら3県の出生率は，1.3以下で，人口置換水準に達していません。つまりポストコロナであっても，自然増へ戻らず，大都市圏でも人口減少が始まることを示唆しています。

人口の**社会増減**は，域外から来る人（転入者数）から域外へ出ていく人（転出者数）を差し引いた数値です。次式から計算できます。

社会増減＝転入者数－転出者数

人口の社会増は，域内に雇用や学校があるため，多くの転入者がある場合に生じます。他方で，社会減はほとんどの地方圏で起きており，短大，専門学校，大学への進学や，高校や大学を卒業した後，就職のために大都市圏に出ていく人が多い場合にみられます。

都道府県レベルの社会増減の状況を見ると，新型コロナウイルスの影響で東京都は社会減に転じましたが，南関東の大都市を抱える都県では，社会増が続いています。2020年10月〜2021年9月期の東京都の社会増減は新型コロナウイルスの影響で-0.05%になりましたが，神奈川県は0.31%，埼玉県は0.32%でした。また地方圏でも地方中枢都市を持つ福岡県は0.12%の社会増でした。

東北地方では，社会減の比率が高くなっています。2020年10月〜2021年9月期の青森県の社会増減は-0.36%で全国1位，福島県は-0.36%も同率で全国1位でした。例えば福島県は，1970年には社会減が-0.98%でした。その後，高速道路や新幹線の整備に伴って，1980年代以降工場が立地し，1990年代には社会減は少なくなり，福島県では1993年に社会増が0.08%でした。近年，工場の閉鎖や海外生産の増加に伴って，再び大幅な社会減に転じています。2011年に東北地方を襲った巨大な地震と津波の影響もあり，2011年に-1.64%の社会減を経験し，その後，社会増に転じることなく，2020年10月〜2021年9月期には社会増減が-0.36%まで拡大しました。

地域人口は，自然増減と社会増減という2つの力で増減します。地方圏では人口が自然減かつ社会減であるために，人口減少が進んでいます。2020年10月〜2021年9月期の秋田県の人口減少率は全国1位の1.52%，青森県は1.35%です。このほかの人口減少も地域の存続可能性に影響を与えかねない水準になっています。

2 人口の地域間移動

2.1 戦後の人口の地域間移動

戦後日本の人口移動は，高度経済成長期に急速に増加しました。ピークの1971年の年間の都道府県間移動者数は，425万人でした。その後，地方圏への工場立地による雇用創出や18歳人口の減少によって，人口の地域間移動は減少局面に入り，都道府県間移動者数は2014年には226万人となり，新型コロナウイルスが流行している最中である2021年でも224万人でした。

移動者数を人口で割った移動率は，1970年の4.11をピークに低下してきました。2010年には1.85となり，2014年には1.80となっています。東北の震災や原子力発電所の事故の影響もあるものの，日本の人口の都道府県間移動率は，歯止めがかかっているように思われます。①分母の日本の人口が減少している，②高度な職業は首都圏に集中し始めており，近畿圏からも人口は流出している，③静岡県や山梨県のように，東京や名古屋に近い県の社会減が増えている（「静岡ショック」と呼ばれています）からです。ところが新型コロナウイルス前までは移動率は徐々に上昇し，2019年には14.3に達しました。しかしながら，新型コロナウイルスの影響で人口移動が減り，2021年には8.6にとどまっています。このように，今後の地域政策の策定に際しては，社会的イベントによる変化を踏まえつつ，人口の地域間移動の動向を注視しなければなりません。

2.2 移動効果指数

地域政策において，人口の地域間移動を注視する理由は，人口移動が地域人口を左右し，地域の経済活動の相対的水準を示す代表的指標だからです。**移動効果指数**は，人口移動が地域人口に影響する度合いを測る指標です。次式から計算できます。

$$EI = \frac{\Sigma |M_{ij} - M_{ji}|}{\Sigma M_{ij}} \times 100$$

M_{ij}：地域 i から地域 j への移動数

M_{ji}：地域 j から地域 i への移動数

移動効果指数は，人口移動の総数の何％が人口分布に影響を与えたかを示しています。この指数は，1960年をピークとして，1995年まで低下してきました。これは，1960年前後は人口移動数，人口移動率が高かったため，人口分布に対して人口移動は強く影響していました。その後は，人口移動数，

図表 4－2 ▶▶▶ 移動効果指数の推移

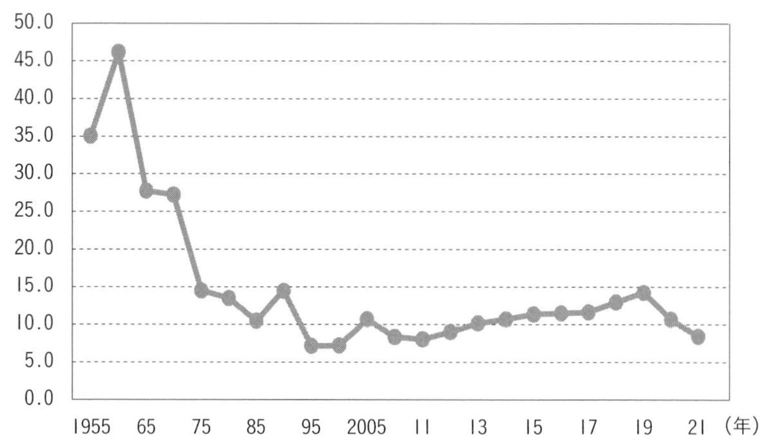

出所：国立社会保障・人口問題研究所「人口統計資料集 2022」，総務省「住民基本台帳調査」をもとに筆者作成。

人口移動率の低下とともに，人口移動の人口分布への影響力は低下しました。ところが，1995 年をボトムとして，2019 年にかけて増減をしながら増加傾向にありました（図表 4－2）。出生数が減少しているため，日本の人口移動が人口分布に与える影響力は高まっていることを示唆しています。

2.3 人口の大都市圏への地域間移動と農村回帰論

人口の大都市圏への地域間移動を概観してみましょう。その代表例として首都圏を取り上げます。ここでは首都圏＝南関東とします。

首都圏の社会増は，2007 年に 15 万 5,150 人のピークを記録しました。その後も，社会増は続いています。確かに，2009 年のリーマンショック直後には 11 万 7,461 人，2011 年の東日本大震災時には 6 万 2,809 人と，首都圏への人口流入は減少しました。それでも 2013 年には，首都圏のすべての都県で社会増となりました。とりわけ東京都は，2014 年に 7 万 3,280 人と，最大の社会増を記録しています。

このことは，地方創生政策の発端となった日本創成会議が指摘したことを裏付けています。すなわち，低出生率の首都圏が社会増となっているため，日本の人口は，日本創成会議が指摘したように，さらなる人口減少をもたらす可能性があります。日本創成会議の地方消滅論を批判する立場からは，東日本大震災後，農村回帰が進んでいるという指摘もあります。しかし，新型コロナウイルスの影響が発生するまでは，首都圏への人口移動を見る限り，首都圏への人口流入に歯止めはかかっていませんでしたし，地方圏からの人口流出も止まっていません。また新型コロナウイルスの影響で農村回帰が進んだように捉える向きもありましたが，実際には神奈川県，千葉県，埼玉県といった東京都近郊の県の社会増が顕著となりました。

農村の基盤産業である農業への就業者は増えているのでしょうか。農林水産省の「新規就農者調査」によると，2006年の8万1,030人から，逓減傾向にあります。確かに，東日本大震災があった2011年には新規就農者が5万8,120人と，若干増えています。しかしながら，2015年に6万5,030人になった後は，再び新規就農者は減少に転じています。

一部の農村への社会増はあるとしても，大都市圏への人口移動と新規就農者の動向からは，農村回帰論者の指摘を裏付けることはできません。地方へ人口移動し，人口が社会増となるためには，大都市圏の人口を地方に移動するインセンティブとして，魅力的な雇用と生活環境を整備しなければなりません。

2.4 I・J・Uターンと地域政策

出身地とは異なる地域への移住を**Iターン**と呼びます。**Jターン**は，非大都市圏出身の人が一度大都市圏へ移住した後，出身地近隣の都市部へ移住することを指します。**Uターン**は，非大都市圏出身の人が一度，大都市圏へ移住したのち，出身地に戻ることです。

多くの非大都市圏自治体は，積極的にI・J・Uターン支援を行っています。しかし，人口が社会増に転じている非大都市圏の自治体は限られています。厚生労働省「人口移動調査（2016年）」の分析によると，「非大都市圏ブロックに住む大都市圏出生者については，かなりの部分が親などのＵターンに伴って非大都市圏に流入した人たちと推測」されるとします。そもそも非大都市圏に居住する大都市圏出生者のサンプルが少ないため断定はできないものの，統計からはＩターンを顕著に見出すことは難しいようです。他方でＵターンは，2006年の調査時の19.9％と比べて，2016年は20.4％であり，ほぼ同水準となっています。

地方圏における人口の社会減の問題は，Ｉ・Ｊ・Ｕターンによる社会増の少なさだけに課題があるのではなく，毎年の社会減に問題があります。地域内に域外へ財やサービスを提供し，稼ぐことができる産業（基盤産業）を育成し，生産や消費の地域内自給率を高め，地域雇用を増やせば，人口の社会減の縮小や人口の社会増に結びつきます。

Column　小学校の統廃合

若年層の人口流出によって人口減少が進み，子供を生む世代が減少し，少子化になると，小学校は統廃合されます。小学校は，コミュニティの中核施設で，小学校区はコミュニティを構成する空間範囲です。

コミュニティの会合，運動会，文化祭など，多くのイベントは地域の小学校で行われ，コミュニティの拠り所となっています。ところが，少子化により複式学級が定着したり，入学者がいない学年が発生すると，学校運営の効率化を目的として，近隣の小学校と統廃合されます。

小学校が統廃合されると，コミュニティの拠り所となる施設・機能は消滅することになります。行政のコミュニティ政策として，廃校となった小学校をコミュニティ施設への改装も行われています。しかし，小学校と比べると，コミュニティの中核という機能は低下します。

子育て世帯は，近隣に学校があることを重視するため，小学校が統廃合されると，学校が立地している地域へ移動する傾向があります。その結果，小学校の統廃合は，行財政の効率化や社会性のある教育効果を実現できるものの，コミュニティ人口の減少を加速させる要因になります。

3 人口減少のインパクト

3.1 人口減少の大都市経済への影響

低出生率の長期継続の結果，大都市圏も人口減少局面に入っています。その要因は，人口の社会増を上回る人口の自然減にあります。つまり，大都市圏は人口を地方圏から吸収しながら，低出生率であるがゆえに，人口維持するのが困難になっているのです。首都圏よりも，中部圏や近畿圏でその傾向が強くなっています。

大都市圏での人口減少は，日本経済のエンジンである大都市経済に負の影響を与えます。人口は経済成長の要素だからです。マクロ経済学の成長理論は，経済成長をさせる要因として，貯蓄率，労働力，技術進歩をあげています。

労働力人口が減少に転じた大都市経済は，経済成長のために別の政策手段を講じて，経済政策を展開しなければなりません。その手段は，貯蓄率の向上と技術進歩の進展です。しかしながら貯蓄率は，若年層の低賃金や，高齢者の生活支出の増加に伴い，低下傾向にあります。また技術進歩は，国や自治体がイノベーション政策を展開し一定の成果を上げているものの，労働力人口の減少を補うことは容易ではありません。

大都市圏での経済成長のためには，外国人労働者を導入することも選択肢にする必要があります。ただし，注意しなければならないのは，宗教，言語，風俗習慣の異なる外国人労働者の導入は，社会的なコストが高いことです。

3.2 人口減少の非大都市圏経済への影響

人口減少は，非大都市圏に打撃を与えています。非大都市圏の自治体は，市町村合併によって財政の効率化を図り，企業誘致を進めながら，地域経済の自立を目指しています。しかしながら，自治体の対応にもかかわらず，人口減少には歯止めはかかっていません。地方の中でも人口密度の低いエリアでの人口減少が顕著となっており，**過疎化**が進展しています。

過疎化は，人口の急激な減少により，円滑な社会生活が困難になった状態です。過疎地域は，地方圏に多く分布しています。過疎地域は，北日本に特に多く，秋田県では2021年には人口の66.7%が過疎地域に居住しています。

非大都市圏で過疎化が進む最大の理由は，雇用の不足と考えられています。ところが，都道府県別の有効求人倍率を見てみると，雇用がないわけではありません。新型コロナウイルスの影響が続く2021年の平均値で，東日本大震災の被災地を除いても，秋田県は1.45倍，鹿児島県は1.25倍と，有効求人倍率は1を超えています。

実は，非大都市圏経済においても，労働力不足が経済成長の足かせになっているのです。1970年以降，高速道路などのインフラ整備に伴って，低賃金労働を求めて地方圏への工場立地が進みました。2000年代に入り，地方圏へ進出した工場の一部は閉鎖され，生産機能は，アジアへシフトしたため，製造業の雇用者数は減少しています。にもかかわらず，地方圏での人手不足感は拡大しているのです。

非大都市圏の経済でも，製造業からサービス業へと雇用構造は変化し始めています。ただし，非大都市圏のサービス産業は，大都市圏と比べて賃金水準は低く，また大都市圏のようなクリエイティブな産業はないため，起業・創業という手段しかなく，大都市圏へ出ていった高学歴の労働者をUターンさせるだけの雇用環境とはなっていないのです。

4 地域システムの再編

4.1 人口減少による大都市圏再編

すでに非大都市圏での人口規模の縮小が進んでいます。このことは，非大都市圏が大都市圏へ供給する人口移動の減少を意味しています。非大都市圏からの人口移動を前提としてきた大都市経済は，今後は同様のシステムで発展することはできなくなります。結果として，外国人労働力の活用や女性の社会進出を進め，大都市圏における労働力率を高めなければ，大都市経済を維持することは難しいのです。

人口減少下では，大都市圏であっても，**スマートシュリンク**（賢い縮小）の発想が必要になります。日本の大都市圏，中でもインフラ投資が進みつつある東京大都市圏ですら，経済力の低下でインフラの維持ができなくなります。結果として，東京大都市圏でもスラム化の可能性があり，その対応への準備が必要なのです。

大都市経済が人口減少下での戦略性が必要になるなかで，足元のコミュニティレベルでは，都区部でも局地的な高齢化が進むことが考えられます。2045年には東京都区部西部に立地する港区で高齢化率が26.0%，渋谷区で29.9%，杉並区では32.9%になることが予測されています。

このような都区部での高齢化の進展は，市場を支える購買力の低下により，小売店の淘汰が始まります。現在は農山漁村地域で深刻化している買い物難民の問題が都区部でも生じうるのです。商店街やスーパーマーケットの撤退は，住民が購入できる財の選択余地を減らし，結果として低栄養化が進み，都区部で**フードデザート**と呼ばれる栄養問題が生じる可能性が高くなります。さらに東京大都市圏の高齢者は，高齢者住宅も不足しているため，十分な福祉サービスを受けられず，行き場を失うことも考えられます。

大都市圏の中心部は，従来，人口移動の受け皿として機能してきました。ところが都区部の人口減少と高齢化の進展に見られるように，大都市圏中心部は問題地域化を進めています。大都市圏中心部も非大都市圏の農山漁村地域と同様に問題地域となってきているのです。かつてのように大都市圏へ集中投資すれば，投資効率が良かった時代は終焉を迎えつつあるのです。

4.2 人口減少による地方都市の再編

非大都市圏ではごく一部を除いて，2040年には人口減少局面に入っています。ただしどの地域も同じ割合で人口が減るわけではありません。

日本創成会議が指摘したように，地方中心都市は，人口を減らしつつ，周辺地域から人口を吸収していきます。地方中心都市では，2015年と2045年を比べると，属する道県に対する人口シェアで札幌市が8.8%増，仙台市が4.6%増，広島市が4.2%増，福岡市が6.2%増となっており，道県の中での人口シェアを軒並み上昇させています。例えば，仙台市は2045年には宮城県の人口の51.0%を占めることが予測されています。つまり，同じ道県の中から人口を吸収し，人口集中をさせていくことが考えられます。

2020年代に入っても進む交通インフラの整備は，地方中心都市への移動を容易にします。つまり，交通インフラは地方中心都市を中核として整備されているため，ストロー効果によって，周辺地域から地方中心都市への人口移動を促進しているのです。

日本創成会議が示したように，地方中心都市に人口のダム機能を持たせることは，一見すると合理的なように見えます。ところが，地方中心都市の合計特殊出生率（2013年～2017年）は，札幌市は1.16，仙台市は1.30，福岡市は1.32と，広島市の1.51を除いて，全国水準の1.43より低くなっています。地方中心都市に人口が集中することは，出生率を見る限り，地方圏の人口減少を加速する要因として作用する可能性があります。

地方圏で進む人口減少社会を踏まえると，地方圏では地方中心都市のような規模の大きな地方都市ではなく，地方中小都市で安定的な定住ができる雇用と生活環境の整備が必要になっています。

4.3 大都市圏における人口減少問題の顕在化

人口減少によって，地域システムの維持が困難になるのは，非大都市圏の農山漁村地域だと考える向きがあります。それは正しくありません。従来は人口の社会増によって経済成長してきた大都市圏は，著しい高齢化と生産年齢人口の減少で，労働力人口が激減します

社会保障・人口問題研究所の「地域別将来人口推計」によると，東京都区

部において2015年と2045年を比べると，高齢化率が30.5%と顕著になる葛飾区の生産年齢人口は，16.5%減少します。また足立区では，生産年齢人口が19.8%減少します。郊外部では，八王子市が同時期に30.8%減少します。このように東京都区部や郊外部ですら，若者を含む労働力人口が激減するのです。

労働力人口の減少によって，20年程度先には，大都市財政は傷んでいる可能性が高くなっています。なぜなら，労働力人口の減少の加速が大都市圏で発生するために，納税額は減少します。また企業は，特に内需に依存した国内企業は，需要の縮小で経営リスクに直面することから，法人税収も減少する可能性があります。

大都市圏は，人口減少による大都市財政の悪化，大都市経済の停滞，若者減少と高齢者の増加による活力低下の問題が同時発生的に襲われます。その意味で，大都市圏も地域システムの再編が不可避なのです。

4.4 新型コロナウイルスによる人口移動の変化と地域システム

これまでも触れてきたように新型コロナウイルスの発生により，都道府県間の人口移動が減少しました。他方で，東京都への人口移動も減少し，外形的には東京一極集中に歯止めが掛かったように見えます。

しかしながら，2021年の東京都における転入超過数は5,433人であり，男性が転出超過であったものの，女性の転入数が多く，結果として転入超過になりました。また東京都近隣の県では，神奈川県が31,844人，埼玉県が27,807人，千葉県が16,615人の転入超過となっており，依然として南関東への人口集中は続いていると考えられます。

別の見方をすれば，東京都への一極集中であった人口構造は，テレワークの普及や，新型コロナウイルスの心配が少ない人口密度の低い地域であるものの，オフィスやビジネスで東京へ行きやすい「トカイナカ」と呼ばれる東京都近隣県へ人口が集中するようになっています。

この背景には定期的に東京のオフィスで仕事をする必要があるものの，都心には住みたくないという需要があります。ケーススタディからは，北関東や北陸などに移住しているものもありますが，統計上では南関東への移住が顕著になっています。結果として，南関東の転入超過が進んでいると推察されます。

NTT や富士通は，2020 年に通勤定期を廃止しました。またヤフーは，2022 年 4 月から月額の交通費を 15 万円の上限とし，航空機利用も認めるようになりました。このように，制度的には東京都や近隣に居住する制約は緩和されつつあります。

一時期，新型コロナウイルスの影響で居住構造が変わるとの報道もありました。しかしながら，かかる制度ができてきていても，実際には現実的な東京都近郊という居住地選択をしています。

ただ，人口集中指数を見ると，全国の人口移動そのものが新型コロナウイルスの影響で抑制されています。今後，新型コロナウイルスの影響が収束した場合，人口移動が高まる可能性があります。この時に，テレワークなどの効果で人口移動が地方へ向かうのか，あるいは再び東京一極集中に向かうのか，注意深く見る必要があります。

Working　調べてみよう

地方圏では人口の社会減が止まりません。1 つの都道府県を取り上げて，①人口の社会増減，②有効求人倍率，③移住支援を，インターネットや統計を使って，調べてみましょう。

Training　解いてみよう

2010 年，2015 年，2020 年の人口集中指数を，本文にある計算式を用いて計算し，計算結果を比べてみましょう。計算に必要な数値についても指示してください。

▶▶▶さらに学びたい人のために

●濱英彦・山口喜一編著［1997］『地域人口分析の基礎』古今書院。

地域の人口は統計が整備されています。そのため，人口移動と地域の関係を把握することは，基礎的な分析手法を学ぶと，格段に容易になります。人口の分析手法を研究している分野が人口論です。本書は，人口論の立場から基礎的な分析手法を丁寧に説明しています。

●大野晃［2005］『山村環境社会学序説』農山漁村文化協会。

限界集落は，地域政策のキーワードになりました。本書は，日本の山村を事例として，集落間格差の観点から，限界集落の構造を丹念に明らかにしています。また山村の環境問題として，森林の保全を認識し，流域共同管理によって解決する方法を提案しています。少し厚い本ですので，興味のある章から読むとよいでしょう。

参考文献

●石川義孝・井上孝・田原裕子編［2011］『地域と人口からみる日本の姿』古今書院。

● NHK スペシャル取材班［2017］『縮小ニッポンの衝撃』講談社現代新書。

●大友篤［2002］『地域人口分析の方法』日本統計協会。

●河合雅司［2017］『未来の年表』講談社現代新書。

●神山典士［2022］『トカイナカに生きる』文春新書。

●小峰隆夫［2010］『人口負荷社会』日経プレミア新書。

第5章 情報技術と地域システム

Learning Points

▶ ICTの発達は，電子商取引を拡大し，マーケティングの方法を変革しています。さらに，私たちの仕事の仕方も大きく変わっています。

▶インターネット，スマートフォン，タブレット，モバイルパソコンは空間克服技術です。その普及は，ビジネスのやり方を変革し，市場を世界化しています。

▶地域固有の資源とICTをいかに結びつけるのかは，ビジネスの課題だけではなく，地域経済再生のカギにもなっています。

Key Words

ICT　デジタル　空間克服　市場の世界化　サイバー空間

1 情報技術

1.1 情報技術の特徴

この10年の間で最も著しい変化がみられたのは，スマートフォンやSNSをはじめとする情報通信環境です。これまでも車や家電は，私たちの暮らしを変えてきました。しかし，**ICT**（Information and Communication Technology）という技術の革新が引き起こしている変化は，新しい財・サービスの普及とは異なる固有の特徴を有しています。

社会を大きく変える技術革新には，それぞれ固有の特徴があります。産業革命を引き起こした蒸気機関は，動力技術の革新でした。蒸気機関は，工業生産の規模と市場の範囲を飛躍的に拡大しました。これは，石炭という化石燃料の使用により，自然エネルギーの制約を解放したという意味もあります。

20世紀を象徴する自動車の技術は，モータリゼーションを引き起こし，世界中の都市の姿を変化させ，人々のライフスタイルも変えました。高価な自動車の生産・販売は，自動車保険，自動車部品，ガソリン・軽油，鉄鋼などの関連産業と巨大市場をつくり出し，自動車が通行するための一般道や高速道路の整備に莫大な公共投資が行われました。これらに向けられた支出は，戦後の経済発展の大きな原動力となりました。

ICTの特徴は，その技術的広がりにあります。確かに，蒸気機関は動力を，自動車は人やモノの移動を大きく変えました。しかし，いずれも特定の領域に限定された革新です。ICTのインパクトは，社会の隅々（子供や老人，アフリカなどの発展途上国，自宅のリビング），あらゆる場面（ビジネス，日常生活，通勤通学中など）にまで，変化の波をもたらします。時折耳にする**IoT**（Internet of Things）とは，あらゆる部品や製品にコンピュータやソフトウェアを組み込み，インターネットで結びつけようというスローガンです。IoTは，この技術の持つ特徴をよく表しています。

ですが，その一方でICTは，これまでのところ，自動車に匹敵するような巨大な市場をつくり出してはいません。携帯端末は，乗用車に比べると安価です。それに通信インフラの整備にかかる費用も，道路の整備にかかる費用と比較すると安上がりです。道路や鉄道建設の遅れた発展途上国でも，ICTの普及は急速に進行しています。これもこの技術の持つ特徴です。

1.2 情報の定義

ICTの革新が社会の隅々まで行き渡るのは，この技術が「情報」に関するものだからです。私たちは，常に外界から情報を取り入れて活動しています。したがって，情報は，人間行動のあらゆる場面に入り込んできます。特に，社会生活を送るためには，人と人とのコミュニケーションを欠かすことはできません。コミュニケーションを支える技術は，社会を大きく変えてきました。話し言葉，文字，そして印刷などの情報技術です。

情報が何かについては，さまざまな定義があります。本章での考察に有益なものとして，「情報とは物質に刻まれたパターンである」という定義があります。

夜寝るとき，何気なく視界に入った天井の板の節の模様が人の顔に見えることがあります。私たちの脳は，節の並びのパターンを無意識のうちに人の顔に見立ててしまうからです。このように，情報の受け手が何らかのパターンを見出せば，それは情報なのです。

情報をパターンとして捉えた場合，次の２つの点が重要です。１つ目は，「物質がなければ情報はない」という点です。物質と情報を別のものとみなす考え方もありますが，それは間違っています。情報は，パターンです。したがって，パターンを刻みつけるための物質的基礎を欠かせません。文字を書く紙，電子回路のスイッチ，それに天井の節。これらがなければ，情報は存在できません。

この点は，もう１つのポイントとも関わっています。逆説的に聞こえるかもしれませんが，「情報は物質に依存しない（物質を選ばない）」というものです。同じパターンを保持していれば，情報は，物質を選びません。推理小説によくあるように，ダイイング・メッセージとして，自分の血で床に犯人の名を書き残すこともできます。

「物質を必要とはするものの，物質を選ばない」という性質を持つ情報は，物質から物質へと渡り歩き，次から次へとコピーを増やします。情報技術のもたらす社会変革の本質は，情報固有のこれらの性質にあるのです。

情報のパターンは，エネルギー・フローにも埋め込めます。空気の振動は波として空間を伝わります。この波のパターンに情報を埋め込めば，私たちは音楽として，音声として，情報を送受信できます。銅線を流れる電気や光ファイバーを流れる光も，エネルギー・フローです。通信技術とは，エネルギー・フローに情報を埋め込む技術なのです。

1.3 コンピュータ・ネットワークの空間的含意

1.3.1 ビーイング・デジタル

MIT メディアラボの創設者であるニコラス・ネグロポンテの著作『ビーイング・デジタル』（[1995] 福岡洋一訳，アスキー）のサブタイトルは，「ビットの時代」でした。物質量が重要であった「アトムの時代」の 20 世紀に対して，21 世紀は，デジタル情報の基本的単位であるビットが重要となるという 1995 年時点での彼の見立ては，現実になりつつあります。

「デジタル」は，「コンピュータ語」のことです。ビーイング・デジタルとは，あらゆる情報は，コンピュータ語化されるという意味です。

かつてのアナログ式の電話と今日のデジタル式の電話を比較しながら，デジタルの意味を考えてみましょう。いずれも，電話機という道具を介在して離れた地点間の会話を実現するという同じ機能を果たします。アナログ式の電話は，発せられた音声を「そのまま」電流というエネルギー・フローに埋め込むのに対し，デジタル式では，音声を一度コンピュータ語（デジタル情報）に変換して，伝送します。デジタル式の電話では，受信機で再度コンピュータ語（デジタル情報）を人間の言葉に変換するという作業が加わります。

デジタル通信には，余計な手間が追加されていると思うかもしれません。しかし，コンピュータ語を用いてやりとりすることで，通信効率は劇的に高まるのです。コンピュータ同士の通信は，人々の会話を取り持つだけではありません。人間不在の通信領域も拡大しています。それが先ほど述べた IoT のビジョンにつながっているのです。

1.3.2 情報機構としての市場

ビットの時代の到来は，私たちの社会に何をもたらしているのでしょうか。デジタル化された情報のやりとりは，情報に関して第 1 章でみた**空間克服**をスムーズにし，情報伝達の速度と密度を高めます。そして，社会において，その影響を最も強く受けるのは市場です。市場は，情報伝達によって成立しているからです。

市場取引は，世界的企業が行う巨額のものから，消費者の日々の買い物までを含んでいます。本質はすべて一緒です。しかし，日々の買い物があまりに身近なため，ちょっとした誤解を引き起こします。それは，市場取引は，商品と現金，つまり物（商品）と物（現金）の交換であると思われる点です。

取引の本質は，所有権の移転です。自らの持つ通貨等の資産と店の所有する商品の交換を両者が認めれば，取引は成立します。この合意が成立するには，現金も，商品も必要ないのです。

電子商取引（EC：Electronic Commerce）が盛んになってきた今日では，取引の本質を理解しやすくなっています。買い手は，購入の意思決定に足る商品情報を，売り手は，販売の意思決定に足る買い手の支払い能力の情報を事前に入手することが必要ですが，取引は，情報のやりとりのみで行えます。もちろん，購入した商品は，取引後きちんと買い手のもとに届かなければなりませんし，後日支払い（決済）も行われなければなりません。

ビットの時代には，世界中に大量のデジタル化された貨幣情報と商品情報が駆けめぐります。市場取引のすそ野は拡大し，市場システム全体の取引仲介能力は，飛躍的に高まりつつあるのです。コロナ禍はこのような取引の潜在力をまざまざと見せつける機会となりました。

1.3.3 「一点市場」の実現

通信技術による情報の移動速度は，1秒間に地球を7周半回ることのできる「光速」です。地球という空間では，時間をかけずに情報を伝達できるのです。その意味で通信は，空間を克服した技術といえます。

デジタル化によって，それまでバラバラに扱われていたテキスト（文書），音声，画像，動画といった種々の形式の情報は，一元的に扱えるようになりました。コンピュータ・ネットワーク上では，すでに情報の「どこでもドア」が実現したのです。**空間障壁**のない市場取引は，現在さらに増加しています。第1章ではフィクションとして示された一点経済ですが，経済活動の一部は「一点市場」として現実のものとなったのです。

2 サイバー空間と市場の世界化

2.1 サイバー空間の出現

情報の「どこでもドア」がもたらす一点市場は，私たちの生活や経済活動を大きく変えつつあります。ネットに接続されたPCやスマートフォンがあれば，いつでも取引に参加できます。コンピュータ・ネットワークの創り上げた一点市場は，新たな経済活動の「場」になっています。ネット上で欲しい商品を見つけ，決済を済ませたとき，その商品の売り手や自分がどこにいるのかについて，特に意識することはありません。

このような場での活動を，近頃では「**サイバー空間**」上にあると認められるようになりました。一方で私たち人間は，地表の特定の地点で生活しています。人間の生活は，現実の空間に縛られています。

では，サイバー空間の出現は，私たちにどのような影響をもたらすのでしょうか。この空間には，アクセスの条件さえ整えば，売り手としても買い手としても地球上のどこからでも参加できます。場所のない空間は，世界中のあらゆる場所を区別なく1つに結びつけています。つまり，サイバー空間上の一点市場は，**世界市場**でもあるわけです。

このようにみると，通信技術という空間克服技術は，デジタル化という進化を経て，**市場の世界化**を推し進めていることがわかります。

2.2 市場の世界化の順番

2.2.1 市場の類型

市場を，金融市場，物財市場，労働市場の3つに区分すると，市場の世界化の道筋をたどることができます。これら3つの市場は，市場の成立に必要な空間克服の「素材（情報，物，人）」が異なっています。

図表 5－1 ▶▶▶空間克服の「素材」に基づく市場の類型

	空間克服の「素材」	世界化のスピード
金融市場	情報	速い
物財市場	情報　＋　物	やや遅い
労働市場	情報　＋　人	非常に遅い

出所：筆者作成。

金融市場での取引は，情報の空間克服のみで完結します。それに対して，物財市場は，情報の移動に物の移動が付随します。労働市場では，情報の移動に加え，就労のための人の移動も必要です（**図表 5－1**）。各市場における空間克服の「素材」の組み合わせは，市場の世界化のスピードに影響を与えています。

2.2.2 金融市場の世界化

情報のやりとりのみで完結する金融市場は，いち早く世界化しました。市場が世界化しつつあることは，アジア金融危機，リーマンショックのような金融危機が起こるたびに，それらが伝わる速さと影響を与える範囲，深刻度が拡大してきていることからも明らかです。

為替や株式といった昔からある市場でさえ，そのしくみや商品の内容を理解するのは簡単ではありません。次々と考え出される新たな取引方法や商品をみれば，金融市場の特徴は，そのしくみの複雑さにあるといえます。

最も複雑なしくみを備えた市場がいち早く世界化したというのは，矛盾しているようにも思えます。しかし，実際に通信されるのは，単純な数値情報なのです。市場参加者は，市況の数字をみて意思決定を行い，いくらでどれだけ買う（もしくは売る）という数字を発注して，取引の成立を待てばいいのです。それゆえ，この市場のみが，世紀末のコンピュータ・ネットワークの普及を待たずして，貧弱な 20 世紀のアナログ回線の下でも，軽々と国境を越えたのです。

2.2.3 物財市場の世界化

物財市場の場合，通信による情報の流れによって取引が成立したとしても，実際に商品が買い手のもとに到着しないと，取引は完結しません。それゆえ，この市場を世界化するには，物流の効率化・世界化が不可欠です。デジタル化した通信技術は，物流の効率化にも寄与しています。

カギを握るのは，**物流と情報流の分離**です。昔は，運ばれる物自身が積み荷の情報を伝えていました。今では，積み荷情報は，通信技術を活用して，あらかじめ物流事業者，取引相手，税関等に知らされるようになりました。

通販で買った商品が現在どこまで運ばれているかを知らせる宅配便のサービスを利用した人もいるでしょう。ビジネス利用の例では，コンビニのシステムが有名です。各店舗の売上情報と連動した配送システムを支えているのは，物流と情報流の分離です。

海運におけるコンテナ化や航空貨物のネットワークの拡充など，物を動かすシステムは，効率化されています。私たちの暮らしのなかに，世界のいたるところで生産された商品が入ってきています。販路を世界に広げる試みを行う，日本の中小企業や農林水産業者も増えてきました。

物財市場の世界化は，完成財のみでみられる現象ではありません。ICTの高度化によって，物財の生産方法も変化しています。部品などの**中間財**の流通の効率化によって，物財生産の国際分業は変化しています。従来は1つの国，1つの地域，あるいは1つの工場で行われていた生産工程は，細分化され，物流で結びつけることができるようになったのです。賃金，地代，税，調達コストの地理的な差異を最大限活用し，効率的な最適生産体制（国際産業立地）を構築した結果，複雑な**国際的な工程間分業**が進展しているのです。

2.2.4 労働市場の世界化

世界化の歩みが最も遅いのは，労働市場です。労働市場には，人の移動が伴うからです。

文化的背景と特定の土地に愛着を持つ人間は，居住地を変えるような移動をなかなか行いません。言語・宗教を含めて，文化体系の異なる外国に職を求める人はなおさら限られています。

しかし，労働市場も世界化しつつあります。経済活動において，外国との結びつきが強まるにつれ，海外に仕事を求める人も傾向としては増加しています。現在は**パンデミック**により人の移動が極端に減っていますが，収束に向かうにつれ回復していくでしょう。また，例外的であったにしても，2020年度の新卒の就職活動がほぼサイバー空間で完結したという実績は，労働市場の世界化を促進することになります。

労働市場の世界化には，地域システムを考える際に重要な点があります。生産拠点は，容易に海外に移転するようになりました。労働集約的な生産は，発展途上国の低賃金に敏感に反応します。日本国内の工場で単純なマニュアル労働に従事している労働者は，知らないうちに，海外の低賃金の労働者との競争にさらされるようになったのです。彼らは地元に居ながらにして，気づけば世界の労働市場での競争に巻き込まれているのです。

3 Web2.0からWeb3.0へ

3.1 Web2.0

すでに論じてきたように，今日の市場の世界化を牽引しているのは，21世紀に登場した新たなICTです。2005年頃，**Web2.0**という言葉が流行りました。1990年代半ばに一般に普及したインターネットが，およそ10年の月日を経て，バージョン・アップを果たしたという意味で用いられました。具体的なバージョン・アップの中身については，誰もが発信者になれるなど，いくつかの目新しい論点がありましたが，それらが体系的に理解されることはなく，しばらくするとあまり聞かれなくなりました。

今から見ると，ICTも他の多くの技術と同様の道筋を歩んでいたのだとわかります。自動車がはじめ「馬なし馬車」と呼ばれたように，新たな技術はまずは既存の物やシステムを代替します。そして，インターネットの商用利用は「店なし小売店」から始まりました。もちろん，各種コストを下げるといったEC固有の有利性があってのことですが，それらはあくまで「実店舗と比べて」ということでした。

技術の普及が進むと，代替物からの卒業が見られます。新技術を用いないとできないことが広がれば，新旧比較の意味はなくなります。Web2.0とはインターネットを前提としたコミュニケーションが社会に定着したことを表現していたのです。実際，この頃から「電子商店街」や「電子掲示板」といった表現を聞くことはほとんどなくなりました。

3.2 Amazonのロングテール

特にECに関連して，「**ロングテール**」という用語がWeb2.0を象徴していました。ロングテールについては**図表5－2**のようなグラフで説明されます。このグラフは，特定の商品グループの販売額を多いほうから順番に並べたものです。例えば，本屋を経営しようとするのであれば，品ぞろえが最重要事項になります。本には文芸書，実用書，コミック，それに雑誌等様々なジャンルがあり，そのそれぞれに無数とも思えるタイトルがあります。実店舗の本屋には売り場という物理的な制約があるため，置いておくだけでもコストの発生する棚に並べるのは図表中の「ヘッド」の部分にあたるいわゆる「売れ筋」が中心となります。

ところがECでは，地代の安い場所に広大な倉庫を設けたり，注文を受けてから取り寄せるということができるので，「テール」の部分の商品を取り扱うことができます。そして，書籍でそれを大々的に行ったのがAmazonでした。“Earth’s biggest bookstore”とのキャッチフレーズを掲げ，実店舗では販売できないような珍しい本で売上を増やすビジネスは「ロングテール」の典型とされました。

Amazonはその後手広く事業展開をして，ECならではの買い物体験を広めてきました。1人ひとりの消費者の購買記録や閲覧記録をもとに，次に買

図表 5－2 ▶▶▶ロングテール

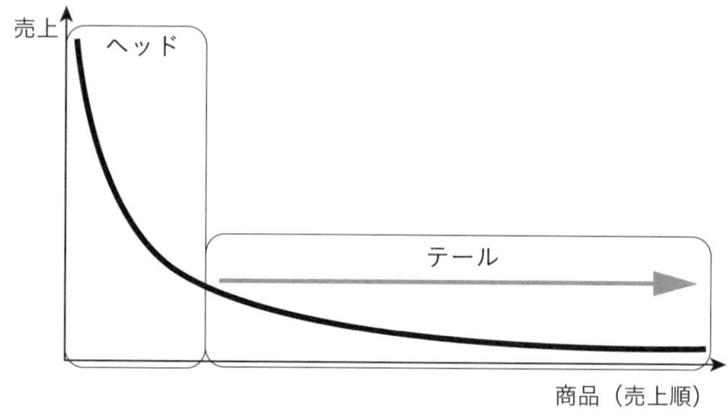

出所：筆者作成。

いそうなものを AI（人工知能）が「お薦め」するリコメンド機能は当初の目新しさを失いました。いつでもどこでも何でも買い物ができるという感覚は今日では日常に溶け込んでいますが，インターネットがなければありえないものです。

3.3 デジタル・プラットフォーマー

こうして，Amazon はサイバー空間上に買い物の場を作り上げたのです。今日，経済活動の多くはサイバー空間上で行われています。サイバー空間といっても物理的には情報端末を通信機器と設備が結びつけているだけです。そこに経済活動の場を構築するためには様々な仕掛けが必要です。サイバー空間は整った物理的な通信環境の上に，人々の情報交換が行われる「社会的な場」が構築されることを必要とします。そして，この社会的な場を提供するのがデジタル・プラットフォーマーです。

社会的に交換される情報は，相手，形式，目的などによってきわめて多様ですので，交換のためのプラットフォームも数多くあります。しかし，Amazon の提供する「市場」もそうですが，プラットフォーマーの「本業」は情報交換ですので，そこでは「ネットワークの経済性」が強く作用します。

動画投稿の分野におけるYouTubeの覇権は，たくさんの動画がたくさんの視聴者を引きつけ，その大勢の視聴者がさらなる動画投稿を呼ぶ，という好循環が続いた結果です。その一方で，同じ動画であってもアニメ作品の配信などであれば，他のプラットフォームと棲み分けています。

デジタル・プラットフォーマーにとってネットワークの経済性の獲得はスピードが命です。好循環を得るために必要なのは，基本的にはソフトウェアのダウンロードであり，物理的な追加投資を必要としません。例えばLINEの登録ユーザー数は，2013年1月18日の1億人から，およそ10カ月後の11月25日に3億人に到達しました（LINE社発表）。

結局Web2.0で起こったことは，デジタル・プラットフォーマーによる，急速に拡大するサイバー空間における場所取り合戦だったといえるでしょう。

3.4 ビッグ・テックとWeb3.0

サイバー空間とともに急成長を果たしたデジタル・プラットフォーマーの中でも，**ビッグ・テック**あるいは**GAFA**と呼ばれる企業は，豊富な資金力を得て強大な影響力を持つようになりました。今や，彼らは「国家」と対峙しその行方を左右するほどの存在になりました。国家は，サイバー空間上の課税や個人情報管理の問題などで，ビッグ・テックをコントロールしようとします。その一方で，サイバー空間にビジネス基盤を持つ彼らは，そもそも国境なきグローバリズムを志向します。資金力を背景としたロビー活動などを通じて，既存の国家運営の在り方に影響を及ぼしています。

サイバー空間上でビッグ・テックが圧倒的な存在感を示すようになり，ある種の寡占状態が定着しつつあります。ICTの分野はこれまで常に新陳代謝を行ってきたという経験があり，このような強者の固定化は一種の閉塞状況として捉えられています。

それゆえ今は，さらなるバージョン・アップが待望されています。最近耳にするようになった**Web3.0**という言葉は，今のところいくつかのキーワードに結びついて下絵が描かれている段階です。キーワードの中には，情報を独占するビッグ・テックに対抗する分散型の「**ブロック・チェーン**」技術やMeta（旧Facebook）が運営している最新の仮想空間である「**メタバース**」などが含まれます。言うまでもなく，Metaはビッグ・テックの一角を占めていますので，下絵の構図が定まっていないことは明らかです。それでも，ICT技術は次のステージに向かいつつあるのです。

4 デジタル社会の地域システム

4.1 アナログ時代の地域システム

日本の地域システムは，これまで100年以上，一貫して**一体的な国民経済**を構築する方向に進んできました。鉄道網や道路網の整備によって，空間克服を進め，国内市場は統一されました。あわせて，出来上がった全国市場に製品を大量供給する生産体制がつくり上げられました。

第2次大戦後，この一体的な国民経済にはさらに磨きがかかります。あたかも「万能製造マシン」のように，国全体の産業システムは機能するようになりました。必要な原材料を投入すれば，どのような製品でも国内で完成できる**フルセット型の産業システム**は，国全体を高度に統合させることで，高い国際競争力を獲得しました。

東京一極集中を特徴とする都市システム（第3章）は，このような全国的な統合をさらに高めるための神経系統の役割を果たしました。

しかし，ICTによる市場の世界化の流れは，これまでの日本の地域システムに大きな変更を迫っています。今やグローバルにみれば，日本市場は，ローカルな市場にすぎません。国内でのフルセット型にこだわる生産体制は，国境を越えた分業の時代となり，むしろ競争力を削ぐ要因になっています。

4.2 地域システムとデジタル化

デジタル化された新しいICT技術によって，アナログ時代の地域システムの特徴である国民経済の一体性は失われつつあります。市場の世界化によって国民経済が相対化されるだけではなく，サイバー空間の浸透により固定的だった地域の階層性に「柔軟性」が加わりました。以前であれば，市町村，都道府県，国という階層は，単なる行政上の区分けではなく，上位階層の中心地にはより高次の経済機会が備わっているという関係を持っていました。町の商店で買えないものが県庁所在地では売っており，最高次の財は東京でしか買えませんでした。ところがAmazonの登場以来，**買い物機会の地域間格差**は一挙に縮まりました。スケールの区別が曖昧になったのはローカルとナショナルの間だけではありません。サイバー空間はグローバルなプラットフォームです。中国の富裕層が自宅から東京の不動産を買うこともできるのです。

経済機会の地域間格差といえば，もう1つ重要なのが就業機会です。そして，これまで消費機会ほど目立った変化は現れませんでした。しかし，世界的なパンデミックによって，事態が急速に進展しました。全世界規模での**テレワーク**導入の社会実験が強行された形になったのです。

考えてみれば，それまで都心のオフィスで使っていたデジタル環境もビッグ・テック提供のサイバー空間対応のものだったのです。その気になれば，自宅にでもどこにでも持ち出すことがでました。加えて，ビデオ会議用に**Zoom**というデジタル・プラットフォームが救世主のように突如現れました。感染症に背中を押されたとはいえ，いわゆるオフィスワークの大部分がオフィス以外でも行うことができることを皆が知ってしまったのです。

4.3 本社移転と都市集積

緊急事態宣言は解かれたとはいえ，**コロナ禍**は終息していません。いずれにしても，ウイルスを運ぶのが人間であるということが脳裏に刻み込まれたのですから，顔を突き合わせて働くオフィスという場が無数に集まる大都市で働く，ということについて再考されることになるはずです。

そもそも東京のような巨大都市の中心部にオフィスを構えるのは，家賃，交通費，そして従業員の移動に伴って発生する機会費用と，非常にコストがかかります。加えて，首都直下地震のリスクなどを踏まえて，**本社機能の地方移転**が話題は繰り返し提供されてきました。しかし，実際には本社機能の東京集中の流れを止めるには，ウイルスの力を借りなければなりませんでした。帝国データバンクの調査によると，2021 年に東京・神奈川・埼玉・千葉の首都圏の 1 都 3 県から本社や本社機能を地方に移転した企業は 351 社で，11 年ぶりに「転出超過」となったそうです。

総合人材サービスのパソナグループが，東京・大手町の本社機能の一部を兵庫県の淡路島に移転すると発表したのは 2020 年の 9 月でした。2021 年末時点で 350 名が移転し，現地採用などを含めると 700 名が淡路島で働いていて，2024 年 5 月には 1,200 名にする予定であり，順調に移転が進んでいます。

NTT は，2022 年 8 月に本社機能の一部を群馬県高崎市と京都府京都市に移転すると発表しました。専ら，首都直下地震対応の復旧拠点との位置づけで，200 名程度と従業員 18 万人規模からすると限られています。ただ，同社は同年 7 月 1 日に，グループ本社従業員の約半数の 3 万人を対象に原則テレワークの勤務制度を導入しています。サイバー空間への移転といえるでしょう。

4.4 東京の行方

東京 2020 オリンピック開催に合わせるように新たなビルが建設されていた東京ですが，新型コロナウイルス感染症のパンデミックによって，見通しが変わってきているようです。国際交流は順調に伸び世界のビジネスセンターを目指し，国内からも高度人材を引き寄せる，という目論見で都市の物理的収容人数を増やしてきました。

しかし，国際的な人の動きが再度活発化するかに関しては，国際情勢や化石燃料に対する批判もあり楽観視できません。これに対し，本社の地方移転の動きはまだ限られたものです。そして，ICT の革新が今後も続いていくことが，最も確実なことだといえるでしょう。今後の技術革新が，単純に仕事のサイバー空間への移転を推し進める方向に進むと考えれば，**東京の行方**に関する論理的帰結は明らかです。つまり，テレワーカーたちが東京に住むかどうかにかかっているのです。

Discussion　議論しよう

1. 成功したとされる地域経済活性化の事例を調べて，それぞれで ICT がどのような役割を果たしているかについて話し合いましょう。

2. スマートフォンや携帯電話がこの世になかったとしたら，現在の皆さんの生活や人間関係がどうなっているかを話し合いましょう。

▶▶▶さらに学びたい人のために

●マット・リドレー著，大田直子訳［2021］『人類とイノベーション―世界は「自由」と「失敗」で進化する』News Picks パブリッシング

パンデミックやヨーロッパでの軍事紛争などはここ数年の出来事です。これらは，政治，経済，そしてひとびとのものの考え方に地殻変動を引き起こしています。新たな発明が社会問題を解決するという楽観的なビジョンはもはや通用しません。社会変化を引き起こすものとして，「イノベーション」について多面的かつ具体的に知ることができます。

参考文献

●井上智洋［2018］『AI 時代の新・ベーシックインカム論』光文社新書。
●神田誠司［2018］『神山進化論―人口減少を可能性に変えるまちづくり』学芸出版社。
●田村大樹［2004］『空間的情報流と地域構造』原書房。
●中村忠之［2015］『ネットビジネス進化論（第 2 版）』中央経済社。
●総務省『情報通信白書』。
http://www.soumu.go.jp/johotsusintokei/whitepaper/index.html

第 II 部

地域政策の展開

第6章 地域政策の論理

Learning Points

- ▶地域政策は，イギリスの古い工業地帯の衰退に伴う，地域間の失業率格差の是正策として開始されました。
- ▶地域をどのように設定するかによって，地域間格差は大きくも小さくもなります。「地域」をどのように設定し，何を指標として「格差」を測定し，どの「格差」を政策の対象とすべきかを考えることが大切です。
- ▶地域政策の現代的課題は，①職業選択と居住地選択の両立の実現，②人口減少下での生活水準の高い地域の形成，③地域経済の政府による財政的，政策的支援からの脱却（稼ぐ力の強化）です。

Key Words

地域政策　地域間格差　居住地選択の自由　地域イノベーション　新しい公共

1 地域政策とは

1.1 政策を定義する

地域政策とは何かを定義することは，簡単ではありません。地域政策という本を書いておきながら，それはないだろうと思われるでしょう。実は，他の政策も厳密に定義することは容易ではないのです。福祉政策，社会政策，環境政策，産業政策，中小企業政策など，どれをとっても学術的に定まった定義はありません。

1.1.1 産業政策とは通産省の行う政策である

著名な財政学者である貝塚啓明は，「産業政策とは通産省の行う政策である」（貝塚啓明［1973］『経済政策の課題』東京大学出版会）と定義し，物議をかもしたことがあります。1973年当時であれば，ほぼ（極めてエスプリの効いた）正解でした。

しかし，産業に関わる政策を実施しているのは，経済産業省だけではありません。農林水産省（農業，林業，水産業，バイオ産業），厚生労働省（医療，医薬品，医療機器），総務省（情報産業，通信産業），国土交通省（建設，物流，海運，空運），環境省（環境産業）も，産業政策を実施しています。

今では，情報，通信，バイオ，医療機器，医薬品，環境機器，インフラのように，経済産業省の管轄外にある産業に注目が集まるようになっています。現在は，「産業政策＝経済産業省の政策」では，正解とはいえません。

1.1.2 with と without

産業政策の成果について，多くの経済学者は，否定的です（小宮隆太郎・奥野正寛・鈴村興太郎編［1984］『日本の産業政策』東京大学出版会）。

フラスコを使った研究室内の化学実験のように，他の条件を一定として，ある触媒を入れた場合（with）と，入れなかった場合（without）を比較できればいいのですが。現実の政策では，with と without を比較できません。歴史に「もしも……」は，ないからです。

政策を実施しなかったほう（without）が，よい成果（当該産業の発展や国際競争力の向上，高い経済成長率）をもたらしたはずだ，と断定することもできません。

1.1.3 逆U字理論

金融政策や税制のように，日本全体を対象にして，一律に実施する政策もあります。消費税を10%に引き上げる場合に，特定の地方だけ8%のままにしておくということは，日本ではありえません（海外では，州によって消費税率は異なります）。所得税の累進課税の制度も全国一律です。

注意しておきたいことは，全国一律で実施された政策であっても，地域に異なる影響を与えるという点です。とはいえ，さすがに日銀による金利引き下げという金融政策を，地域政策に含めるわけにはいきません。しかし，それでも，金利の引き下げは，地価や株価の上昇を通じて，高額所得者や大企業，金融機関の多い大都市に対して，より大きなプラスの効果をもたらし，地域間の所得格差を拡大し，地方から大都市への人口移動を促進します。

逆に，年金の引き上げや農業への補助金，公共事業費の地方への優先配分は，高齢者や農家，建設会社の多い，地方圏への所得移転という側面を有しています。不況期に，大都市圏から地方圏への人口移動が増加するのは，このことと関連しています。

地方交付税制度，累進課税制度，医療・福祉制度，農業保護政策は，所得の地域間格差を縮小させる効果を有しています。ウィリアムソン（Williamson, J. G.）は，経済成長の初期に，地域間の不均等は拡大するものの，その後反転し，地域間の不均等―その代表は，地域間の１人当たり所得格差です―は低下する，と実証的に明らかにしました（**逆U字理論**）。

地域間の不均等の縮小は，地域政策の効果というよりも財政，税制，医療・福祉，農業保護による効果です。先進国に組み込まれた，地域間格差を自動的に縮小する，「ビルト・イン・スタビライザー」機能です。

1.1.4 非空間的政策

非空間的政策は，川島哲郎・鴨澤巌編［1988］『現代世界の地域政策』（大明堂）の中で使用されている造語です。地域問題を考える場合には，地域政策だけに注目するのではなく，地域の経済・社会・生活に影響を与える諸制度や政策（非空間的政策）についても，関心を持たねばなりません。

1.1.5 環境税の地域へのインパクト

CO_2削減のために，環境税という名目で，自動車税・自動車重量税，ガソリン税，高速道路料金を引き上げるとしましょう。もちろん，環境税は，特定地域を対象とした税ではありません。まさに非空間的政策です。しかし，自家用車以外に移動手段のない地方に住んでいる人と，自家用車を保有していない，東京の都心に住んでいる人との間には，異なる影響を与えます。

税負担の地域間格差だけにとどまりません。自動車税，ガソリン税，高速道路料金の引き上げは，通勤・進学する範囲を縮小させ，病院や買い物に行く回数，高速道路利用頻度を減少させます。ただし，沖縄県のガソリン価格には，政府により，特別な配慮がなされています。

1.1.6 通行料の引き下げ

アメリカ，カナダ，ドイツの高速道路は，無料（フリーウェイ）か，日本よりもはるかに安い通行料金を設定しています（モビリティ水準が高い）。

非空間的政策やこれまで地域政策と考えられてこなかった政策を，地域政策として活用する，という逆転の発想も求められています。地域経済の活性化や福祉水準の引き上げのために，交通量の少ない地方の高速道路料金は，無料化する，交通量の少ない地方道の速度規制を緩和するという政策は，十分検討の余地があります。

1.1.7 医療費の抑制

地域的視点を国の政策のために活用したケースもあります。医療費の抑制政策です。厚生労働省は，2015年6月に2035年を目標年度とした「保健医療2035」を公表しました。高知県の1人当たり医療費は，千葉県の1.6倍です。年齢構成を考慮しつつも，地域単位で医療費を抑制し，その結果として全国の医療費を抑制しようとしています。

1.2 政策の構成要素

政策を分解して考えてみましょう。①政策の実施主体（例えば，国土交通省や経済産業省），②政策手段（例えば，設備投資への補助金や政府系金融機関による低利融資），③政策課題や政策目標（経済成長率の上昇，失業率の引き下げ，産業構造の高度化，新規事業数の増加，中小企業の自立化），④政策の評価（政策を実施した効果や政策の副作用についての検証）に分けられます。

政策は，発展段階や政策思想（その当時流行したアイデアや諸外国の政策），政権を担っている政党の理念によって，①政策主体，②政策手段，③政策目標は異なってきます。マイケル・ポーター（Porter, M. E.）によって提唱された「産業クラスター」というアイデアは，世界的流行となりました（第9章，第10章，第12章を参照）。

地域政策は，時代（社会の価値観，産業構造，交通・通信技術，思想やアイデア）とともに変化していく政策です。新しい地域課題に対して，新しい地域政策を考案し，解決策（solution）を提示しなければなりません。

1.3 地域政策発動の契機

歴史的にみると，地域を意識した政策を実施した背景には，①民族問題，②問題地域の発生，③新しい領土の開発問題（**地域開発**：regional development）がありました。中国における西部大開発は，多くの民族を抱える開発の遅れた地域への政府の支援策です。

国内に国民が許容できないほどの**地域間格差**（regional disparity）が存在する場合には，地域問題は，政権，政治体制を揺るがすほどの一大政治課題となります。その反対に，地域間格差の縮小は，地域政策への関心を低下させる要因になります。

1.3.1 問題地域

世界で最も早く工業化に成功したイギリスは，1920年代に局地的な失業問題に直面しました。「当時英国の主要輸出産業は持続的な過剰設備と高い失業率に悩まされており，また，それが特定地域に集中していたためもあり，多数の失業者の存在を示す地図上の『黒点』が出現」（H・アームストロング，J・テイラー著，大野喜久之輔監訳［1991］『地域振興の経済学』晃洋書房，199-200頁）したのです。

問題地域の発生は，戦後のエネルギー革命（石炭→石油への転換）の過程で生じた産炭地域の衰退などです。欧米では，日本との競争に敗れた鉄鋼業，造船業の工業地帯も，問題地域と認識されました。

第2次世界大戦に敗れた日本は，海外の資源を買うための外貨（ドル）をあまり持っておらず，国内の資源（水力，木炭，石炭）への依存度を高めざるをえませんでした（**傾斜生産方式**）。

しかし，中東での大油田の発見・開発，大型タンカーの登場とともに，1950年代に価格が急落した安い石油を購入できるようになり，北海道や九州に多くあった石炭を掘っていた炭鉱は，次々に閉山していきました。この過程で，特定の地域に多くの失業者が生まれ，各地でストライキも頻発し，日本の政治的な危機と認識されたのです。

1.3.2 産炭地域

1950年代，60年代における日本の重要な地域政策は，産炭地域という「問題地域」への政策対応でした。この政策を担ったのは，主に通産省です。

そして，炭鉱地域に工業団地を整備する目的で1962年に設立されたのは，「産炭地域振興事業団」です。この組織は，1972年に「工業再配置・産炭地域振興公団」に，1974年には，「地域振興整備公団」に改組されました。2004年には中小企業総合事業団，産業基盤整備基金と合併し，独立行政法人中小企業基盤整備機構となりました。産炭地域振興→工業再配置・産炭地域振興→地域振興整備→中小企業基盤整備へと名称を変えたのです。興味深いですね。

2 地域間格差

「地域間格差の是正」は，**1.2**項で述べた政策の構成要素のうちの③政策目標に該当します。政治家やマスコミは，地域間格差を是正すべきだといいます。では，地域間格差とは何でしょうか。

まず，地域間格差について論じるためには，①地域をどのように設定するのか，②格差を測る指標は何か，③どの程度の格差になれば是正されたといえるのか，という３点について検討しておかねばなりません。

2.1 地域の設定

地域間格差についての調査や研究の多くは，都道府県単位で分析されています。日本を47の地域に分けて地域間格差を調べるのは，都道府県単位の統計が整備されており，分析しやすいという理由からです。

しかし，都道府県は，日本の国土面積37万7,950㎢を均等に47の地域に区分したものではありません。日本の人口を均等に47の地域に分割したものでもありません。

香川県の面積は，1,876㎢です。日本の国土面積の0.5％にすぎません。香川県に次いで小さな都道府県は，大阪府（1,898㎢）で，3位は東京都（2,188㎢）です。一番面積の広い北海道は，8万3,456㎢です。香川県，大阪府，東京都の40倍近い面積を有しています。

東京都の**1人当たり県民所得**（**県民所得÷都道府県人口**）の値が高いのは，東京都の面積が北海道の40分の1にすぎないことも影響しています。千代田区，港区，中央区のように，地域を細分化すればするほど，地域間格差は大きくなるからです。

県民所得は，国民所得を都道府県単位に分割したものです。3年前の数値になりますが，内閣府経済社会総合研究所国民経済計算部から，毎年公表されています。インターネットで入手できます。

2.1.1 極差指数

2018年度の1人当たり県民所得が最も高い都道府県は，東京都で542万でした。2位は愛知県の373万円，3位は栃木県の348万円，4位は静岡県の343万円です。全国平均は332万円です。「所得」という名称はついていますが，いわゆる給与や平均年収ではありませんので注意してください。

最下位は，沖縄県の239万円です。次いで宮崎県，青森県，鹿児島県，鳥取県の順です。東京都は，沖縄県の2.27倍となります。最上位と最下位の格差を，**極差指数**といいます。地域間格差を測るための1つの指標です。上位5県平均と下位5県平均の格差は，1961年の2.32から2001年には1.51に低下しました。2018年は1.56でしたが，90年代以降ほぼ同じ水準で推移しています。

都道府県単位ではなく，都道府県をまとめたブロック単位にしてみるとどうなるでしょうか。内閣府は，日本を7つのブロックに分割したデータを使用していますので，それをそのままみてみましょう。

最も高いのは，関東の385万円です。最も低いのは，九州・沖縄の269万円です。ブロック単位の極差指数は，1.43になります。2番目に低いのは，北海道・東北で，282万円です。

2.1.2 ジニ係数と変動係数

上位の地域と下位の地域を比較する指標として，極差指数は直観的にわかりやすい指標ですが，地域間格差のばらつき度合いをみるには適切とはいえません。地域間格差の指標としては，極差指数とともに，**ジニ係数**や変動係数という指標が使用されます。

ジニ係数は，所得の不平等度を測定する指標として広く利用されており，0から1の間の数値となります。1に近いほど格差は大きいと判定されます。変動係数は，標準偏差を平均値で割ったものです。平均値で割るのは，異なるデータ間の比較をしやすくするためです。

図表6－1は，国土交通省が作成した日本の1人当たり県民所得のジニ係数のグラフです。それによると，最大の格差があったのは1961年であったことがわかります。地方の道県から3大都市圏に人口が流出した時期です。

1970年代にジニ係数は低下します。この時期は，地方での高速道路，空港・港湾，工業団地の整備や通産省による工場再配置政策により，地方圏（特に東北地方）に工場が多く立地しました。1976年に3大都市圏が人口社会減になったこともあり，**地方の時代**と呼ばれました。1970年代に起こった2度の石油ショックのよる景気後退も，ジニ係数の低下につながっています。逆に，好景気になると，大都市圏の経済活動が活発化し，ジニ係数は上昇し

図表 6－1 ▶▶▶ 1人当たり県民所得のジニ係数

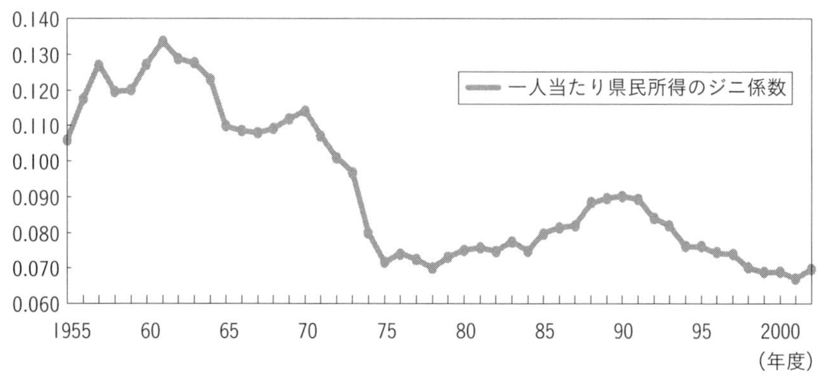

出所：国土交通省国土計画局 https://www.mlit.go.jp/kokudokeikaku/monitoring/system/contents/03/3-1-2.pdf。

ます。1990年前後にジニ係数が上昇したのは，いわゆるバブル経済の時期に当たります。

県民所得の推計方法は，都道府県で異なり，また絶えず見直しがされていますので，過去とのデータとの直接接続はできませんが，1人当たり県民所得という指数でみた日本の地域間格差は，極差指数，ジニ係数，変動係数のいずれの指標でみても長期的には縮小しています。

ただし，地方の道県から首都圏への若年層の地域間移動によって，分母の人口が減少したことも（近年では東京都の高齢者数の増加も）1人当たり県民所得の地域間格差縮小に影響しています。地方の道県からの若年層流出によるジニ係数や変動係数の低下を，地域間格差是正の結果として喜ばしいと受け止めるわけにはいきません。

図表 6－2 は変動係数ですが，2006年度の20.57から2018年度の15.41へと低下しています。長期のデフレが地域間格差の縮小をもたらしているのです。ジニ係数や変動係数低下の背景には，①東京圏への若年層の集中と東京圏の高齢者数の増加（分母の増加），②東京都の付加価値創出力の低下（分子の停滞），という2つの要因が作用しています。

②についていえば，東京都の県内総生産（名目）のシェアは，2013年度の19.4％から2018年度の18.9％へと低下しました。IMFによる1人当た

図表 6－2 ▶▶▶ 1人当たり県民所得の変動係数

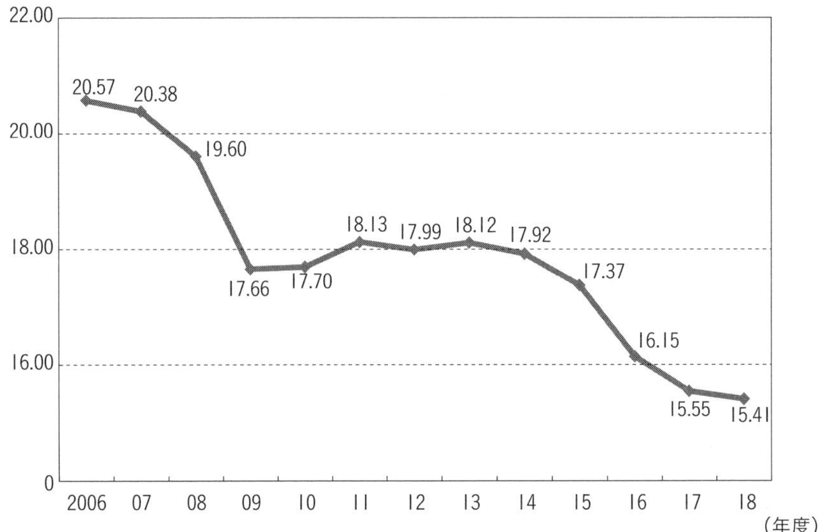

出所：橋本由理子［2021］「平成 30（2018）年度県民経済計算について」『ESRI Research Note』No.59。

り GDP（名目）の国際比較では，2021 年に日本のランクは世界 28 位にまでダウンしています。1989 年には世界 1 位であった，スイスの IMD による「世界競争力ランキング」で日本は，2022 年過去最低の 34 位（調査対象 63 ヵ国・地域中）となりました。

都心での大学立地規制に代表される，東京のポテンシャルを低下させる東京一極集中是正策ではなく，地方圏での稼ぐ力の向上や生活空間としての魅力度アップによる東京一極集中是正を目指すべきです。さらに，東京圏においても稼ぐ力を高める政策（例えばベンチャー育成や産学連携による新事業の創出，MICE やインバウンドの誘致など）も地域政策として包摂する必要があります。

2.1.3 日本の地域間格差と政策課題

世界的にみて，日本の地域間格差はどの程度なのでしょうか。OECD のデータによると，TL2 という地域区分（東北を 1 地域として日本を 10 地域に区分）での比較では，日本の極差指数（上位20％と下位20％の地域比較）やジニ係数において，ドイツ，フランス，イギリス，オランダなどよりも低く，OECD諸国の中では地域間格差の小さな国に位置づけられています。

1人当たり県民所得という指数でみた日本の地域間格差の長期縮小傾向，そして世界的にみた日本の地域間格差の小ささから，次の3つの課題を導き出せます。

①地域間格差を測定する地域区分として，都道府県単位の地域区分は適切ではない。②日本の1人当たり県民所得の地域間格差は長期的に縮小傾向にあり，また他の先進国と比較しても小さい。これ以上1人当たり県民所得という地域間格差を縮小することに意味があるのか。③とはいえ，東京から離れ，高速道路，新幹線，空港整備の遅れた北海道，東北，九州（沖縄県を含む）ブロックの1人当たり県民所得は，いまでも相対的に低いままである，という3点です。

3　3つの地域間格差

3.1　豊かさ総合指標

地域間の1人当たり所得の格差はあるにしても，地方では，安くて広い住宅，短い通勤時間，豊かな自然，低い物価水準といった，生活の面での豊かさがあるとも考えられます。所得の地域間格差は，生活の地域間格差によって補われており（相殺されており），それらを含めれば，地域間には格差は存在しない，と考えることもできなくはありません。

経済企画庁は，『国民生活白書』の中で，「豊かさ総合指標」を作成し，公表していました。この指標は，労働条件だけでなく，居住条件，レジャー機会を含んだ総合的な都道府県の生活水準を評価しようとしたものです。居住条件には，住宅当たり居住室数，持家比率，消費者物価地域差指数，下水道普及率，病院・診療所数（人口比）などの14条件です。

これらの指標を，国民生活選好度調査をもとに，ウエイトづけし，加重平均しています。その結果，1991年のデータですが，「豊かさ総合指標」の高い県は，1位山梨県，2位長野県，3位富山県，4位福井県，5位島根県，6位岐阜県となりました。最下位となったのは，46位の千葉県と埼玉県です。45位福岡県，44位神奈川県，43位大阪府，42位沖縄県の順でした。

このランキングは，千葉県や埼玉県の批判を受け，廃止されました。ランキングの低い都府県に人々は移動し，ランキングの高い県からは人口が流出しています。人々は，豊かな地域から，そうでない地域へと移動しているのでしょうか。

3.2 幸福度ランキング

都道府県の幸福度ランキングは，近年再び注目を集めるようになっています。寺島実朗監修，日本総合研究所編［2020］『全47都道府県幸福度ランキング』（新版（修正版））（東洋経済新報社）は，その代表です。

健康，文化，仕事，生活，教育などの75指標を総合化したランキングでは，1位福井県，2位富山県，3位東京都，4位石川県，5位長野県でした。47位は高知県，46位は大阪府，45位沖縄県となっています。

日本海側に位置する福井県や富山県，関東に近い長野県は，これら2つのランキングで上位になっています。沖縄県は，いずれのランキングでも低くなっています。

3.2.1 職・所得・機会・希望の地域間格差

住宅の広さ，通勤時間，年収など，項目別の地域間比較はできます。そこから，住んでいる地域や自治体の課題を抽出することもできるでしょう。しかし，県単位や市町村単位で，指標を総合化したとしても，地域の幸福度や幸せ度のランキングを明らかにしたことにはなりません。

何に価値を置くかは，個人によって異なります。それに，都道府県別，市町村別に比較することには，やはり無理があります。日常利用できるのは，自宅や職場から半径数キロ内の公園です。

東京都の1人当たり公園面積が狭いのは事実です。しかし，人口は多いので，公園面積自体は狭くはありません。公園とみなされていない多摩川や荒川の河川敷，国立競技場，サッカー場，寺社仏閣，墓地，大学のキャンパス，皇居，表参道の街路樹など，緑の多い空間も少なくありません。

病院数なども，都道府県や市町村単位ではなく，自宅や職場から1時間圏や通勤圏単位で比較しなければ意味がありません。病院数や病床数（量）だけではなく，高度な治療を行える総合病院の存在（質）も重要です。

市町村の面積格差は，都道府県の面積格差よりもさらに大きいのです。岐阜県高山市の面積は，2,178平方キロで，香川県や大阪府よりも広いのです。最も面積の狭い富山県中新川郡舟橋村（ふなはしむら）は，3.5平方キロしかありません。

人は，職業，所得やチャンスを求めて，地域間移動をします。1人当たり公園面積，通勤時間，家賃の条件は，他の地域と比較して低くても，首都圏への人口移動は続いています。人口の社会移動は，多くの人々が何を求めているかを示しています。それは，学歴，職，仕事，所得，チャンス，夢です。

3.3 所得・職業の地域的歪み

日本における地域間格差問題は，1人当たり所得の地域間格差ではありません。東京都，首都圏，関東地方への人口・企業・産業・所得の集中です。

イギリスの地域政策も1984年から，就業機会の地域間格差を縮小する方向へと転換しています。

経済成長率を重視すれば，成長ポテンシャルの高い都市や集積地に重点投資する必要があります。そうすれば，経済成長率は高まりますが，地域間の労働力移動をもたらし，地域間の所得と雇用の格差は拡大します。

空港，港湾，高速道路，新幹線，光ファイバーなどが整備されていない地方に，工場，研究所，**コールセンター**，ソフトウェア企業を移動させることはできません。日本においては，ようやく地方圏においても，さまざまなインフラ整備がほぼ完成し，また通信技術の飛躍的進展によって，3大都市圏から離れた地域においても，本社機能や研究開発，リモートワークを行える環境が整ってきました。

3.3.1 若者の地方居住志向の高まり

2020年6月に実施された，内閣府の「農山漁村に関する世論調査」（全国の18歳以上の日本国籍を有する者3,000人対象，有効回収率55.2%）によると，都市住民の中で農山漁村に定住してみたいという願望が「ある」と答えたのは，5.7%で，2005年調査の8.9%より減りました。「どちらかというとある」という回答も，20.9%で2014年の前回調査よりも低くなりました。ただし，18歳から29歳の37.3%は，「ある」，「どちらかというとある」と答えており，年代別で最も高い比率となっています。

定住する条件としては，①家屋・土地を安く購入または借りられること68.5%，②生活が維持できる仕事があること68.5%，③医療施設，介護施設や福祉施設の存在63%をあげており，条件が満たされれば，農山漁村に定住したいというニーズは一定程度存在しています。2地域居住やテレワークを活用した職業選択と居住地選択の同時実現が求められています。

3.3.2 居住地選択と職業選択の自由

労働者や失業者を衰退地域から発展地域に移動させることにより，1人当たり県民所得や地域間の失業率格差を是正できます。しかし，この政策では，発展地域の所得と雇用の比率は上昇しますが，地域システム（人口や産業の分布）の歪みは拡大していきます。若年労働力を流出させている地域で，新しい産業や企業を創出することも難しくなります。

日本においても1950年代には，電気，ガス，水道がないという農山村や離島もありました。今やそのような地域は，日本国内にはありません。携帯電話やインターネットの電波も，ほとんどの地域で受信できます。高速道路，新幹線，空港，港湾も整備されました。日本各地に大学もあります。

さまざまな地域において，中枢管理機能を担える基盤は，整備されてきました。地方といえども，高度なサービス業，研究開発機能，本社機能を担えるようになっています。YKK や YKKAP のように，本社機能の一部を富山県黒部市に移転している企業もあります。アクサ生命のように，一部本社機能を札幌に移転した企業も現れています。総合人材サービスのパソナグループは，2020 年 9 月に東京から約 1,200 人の社員を淡路島に移転させると発表しました。

3.3.3 本社機能の地方移転

首都直下，東海，南海大地震の発生確率は高まっているとされており，企業は，**BCP**（Business Continuity Plan：事業継続計画）をもとに，より安全と考えられる地域への移転を行っていると考えられます。2022 年 8 月，NTT は災害対応強化を目的として，本社機能の一部を群馬県高崎市と京都市に分散することを決定しました。

帝国データバンクの「首都圏・本社移転動向調査」（2021 年）によると，新型コロナウイルス感染拡大やテレワークの普及により，首都圏から地方へ本社を移転した企業数は 351 社で過去最高となりました。移転先 1 位は大阪府（46 社）でしたが，2 位は北海道（33 社）でした。地方から首都圏への転入は 328 社で，転出超過となりました。北海道は，人口密度の低さが評価されたようです。首都圏から本社を地方に移転する企業の多くは中小企業で，オフィスコストの削減というリストラ策の一貫ともなっています。本社機能移転についても，地域政策の新しいテーマです。

4 地域政策の新しい担い手と新しい政策課題

4.1 省庁再編

地域政策の担い手は，国，地方自治体や財団，政府系金融機関であると考えられてきました。国といってもさまざまな省庁があり，地域政策に深く関与してきた省庁は，経済企画庁総合開発局（一時国土庁に移管され，現在は内閣府に移されています），経済産業省環境立地局（現在は経済産業省地域経済グループ），国土庁（現在は国土交通省国土計画局）です。農林水産省や総務省（旧自治省），文部科学省と科学技術庁（経済産業省管轄から文部科学省管轄になりました）なども地域に関する政策を実施しています。

「地方創成」に関する業務は，現在内閣府において立案･実行されています。各省庁の地域政策は，内閣府において統合されるようになっています。

4.2 新しい公共

近年CSRの一環として，手入れされていない森林の間伐や棚田の保全活動など，民間企業による地域支援活動が行われるようになりました。このような民間企業，NPO，社会的企業の活動を，「新しい公共」と呼ぶようになっています。地域政策は，政府，省庁，地方自治体だけでなく，多様な主体によって，担われるようになってきています。

「新しい公共」のもとになった「新たな公」の考えについては，『人と国土21』［2008］第34巻第2号に特集として取り上げられています。

4.3 柔軟な働き方

インターネット，スマートフォン等を活用した，モバイルワーク（テレワークともいいます）や，週休3日制の導入（ユニクロ，みずほフィナンシャルグループで実施されています）といった，官庁，民間企業での新しい柔軟な働き方は，2地域居住やリゾートオフィス，サテライトオフィス，コワーキングスペース，シェアオフィスを実現するための前提条件です。入社希望者の増加，離職率の低下，労働意欲の向上にもつながります。柔軟な働き方は，居住地選択の可能性を高めます（第5章を参照）。

メタバース技術を活用したバーチャルオフィスの実現は，ワークプレイスの自由度を高めるでしょう。

4.4 新しい問題地域

4.4.1 低密度居住地区と無居住地区

日本の人口は，2008年の1億2,808万人をピークに減少を始め，2065年には，8,808万人にまで減少すると予測されています(平成29年推計)。4,000万人の人口が減少すると見込まれているわけです。

国土の長期展望専門委員会の1平方キロ「**メッシュ**」データによると，2050年には，2005年時点で人の住んでいる地区の2割は，人の住まない地域になり，国土の62%は「無居住地区」になると推測されています。

人口密度の低い農山村や地方都市ほど，人口減少率は高いため，「低密度居住地区」では，小学校，病院，商店，ガソリンスタンド，銀行，郵便局などの基本的な生活サービスさえ不足するようになります。

そのため，日本の1人当たりGDPは上昇したとしても，人口減少の進む地域では，生活水準は低下していくというパラドックスが生じます。特に，高度な教育，医療，福祉などのサービスを受けるためには，ますます遠隔地にまで出かけなければならなくなります。2015年の経済産業省の調査によると，60歳以上の「買い物弱者」は約700万人と推計されています。高齢者の歩行機能低下，免許返納，食料品店の減少によって，「買い物弱者」は増加します。

批判も少なくないのですが，都市や農村のコンパクト化の促進，街なか居住の推進や人口密度が著しく低い条件不利地域からの撤退といった，新しい地域政策の必要性が高まっています。

4.4.2 首都圏も人口減少へ

タイムラグはあるとしても，人口減少と高齢化は，3大都市圏においても確実に進展します。特に，都心から離れた郊外や**中山間地**は，地方の農山村と同様のサービス供給力の低下という問題に直面し始めています。

これまで，首都圏の人口増加は，東京一極集中問題の元凶とされてきましたが，首都圏の人口も2022年に減少に転じました。首都圏はブロック別でみると，最も人口減少数（減少率ではありません）の多い地域になります。首都圏の人口は，2015年の3,613万人から2045年の3,391万人へ222万人減少すると予測されています（平成29年推計）。今後，人口減少に伴って，東京都でも空きビル，空き家は増加していきます。

4.5 産業クラスターと地域イノベーション

4.5.1 地方の産業集積のクラスター化

1950年代や60年代のように，地方を発展の遅れた地域として捉えるのは，適切ではありません。東京と比較して1人当たり所得は低いとしても，日本の地方は，インフラの整備された先進国日本の一地域なのです。

戦後のさまざまな産業立地政策や地域産業政策の効果もあり，地方には，最先端の大規模工場が立地しています。それらの地域集積を，産業クラスター化し，地域産業の国際競争力を高め，イノベーション力を強化することは，地域政策であると同時に，日本経済の活性化策でもあります。

東京都との格差是正という観点から，財政的な再配分や立地補助金を配分するのではなく，地方の産業集積の産業クラスター化やイノベーション力の向上は，日本の経済発展に貢献する，という新しい視点も重要になっています。

Working 調べてみよう

1. **皆さんの住んでいる，あるいは皆さんの故郷の市町村や区は，「住みよさランキング」（東洋経済新報社編［2021］『都市データパック　2021年版』東洋経済新報社）で，全国何位になっているのか，調べてみましょう。また，富山県，石川県，福井県の市町村が上位にランクしている理由も調べてみましょう。上位50位までは，次のサイトで見ることができます。**
   http://toyokeizai.net/articles/-/434259

2.「まち・ひと・しごと創生本部」のホームページを参考にして，地域創生のために実施されている政策にはどのような政策があるのか，分担して調べてみましょう。

Discussion　議論しよう

皆さんは，将来どこで仕事をして，どこで老後を過ごしたいと考えていますか。その理由はなぜですか。みんなで話し合ってみましょう。

▶▶▶さらに学びたい人のために

3つの雑誌を紹介します。①1960年に『工業立地』という名前で発行された日本立地センターの『産業立地』，②日本経済新聞社の『日経グローカル』，③『人と国土』（1970年代創刊）から名称を変更した，国土計画協会の『人と国土21』です。皆さんが関心のある地域問題に関連した政策やテーマは，必ずこの3種類の雑誌に取り上げられているはずです。

参考文献

- OECD編著，中澤高志監訳，久木元美琴・鍬塚賢太郎・松宮邑子・甲斐智大訳［2021］『地図でみる世界の地域格差　OECD地域指標2020年版 都市集中と地域発展の国際比較』明石書店。
- 大石久和［2012］『国土と日本人―災害大国の生き方』中央公論新社。
- 河合雅司［2017］。『未来の年表―人口減少日本でこれから起きること』講談社。
- 松谷明彦［2015］『東京劣化―地方以上に劇的な首都の人口問題』PHP研究所。
- 山﨑朗編著［2015］『地域創生のデザイン』中央経済社。
- 国土審議会政策推進部会国土の長期展望専門委員会「国土の長期展望」最終とりまとめ。https://www.mlit.go.jp/policy/shingikai/kokudo03_sg_000243.html

第7章 国土計画

Learning Points

▶国土計画は，国土整備の方向性を定める計画です。これまでに全国総合開発計画（全総）は5回，国土形成計画は2回策定されました。

▶国土計画の理念や目的は，経済発展の水準や自然環境の変化に対応して変化します。全総や新全国総合開発計画（新全総）の目的は，工業の分散による地域間格差の是正と，日本経済の発展でした。

▶バブル経済崩壊後の国土計画は，開発中心の考え方を改め，地域の多様性の確保，持続可能な国土の形成，災害に強い国土づくりを目指すようになりました。

Key Words

国土計画　地域間格差　国土の均衡ある発展　参加と連携　定住構想

1 国土計画の目的と策定の経緯

1.1 日本の国土の特性

日本の国土面積は，約37万8千km^{2}です。国土の約3分の2を森林が占めています。農地は11.6%，住宅地は3.2%です（図表7－1）。日本は，四方を海に囲まれた島国であり，海岸線の長さは3万5,285km，基線（領海などを規定するための基準となる線）から200海里までの排他的経済水域と領海を合わせた面積は，約447万km^{2}に及びます。

国土の中央部に山脈があり，インフラ整備に費用のかかる国土構造です。また，台風，水害，地震などの自然災害も多いという特色を持っています。

図表 7－1 ▶▶▶国土利用面積の変化

（単位：万 ha，％）

	1975 年		1995 年		2019 年	
		%		%		%
農地	557	14.8%	504	13.3%	440	11.6%
森林	2,529	67.0%	2,514	66.5%	2,503	66.2%
道路	89	2.4%	121	3.2%	141	3.7%
住宅地	79	2.1%	102	2.7%	120	3.2%
工業用地	14	0.4%	17	0.4%	16	0.4%
その他	507	13.4%	520	13.8%	560	14.8%
計	3,775		3,778		3,780	

出所：国土交通省「土地利用現況把握調査」。

1.2 国土総合開発法

戦後の国土計画の根拠となる**国土総合開発法**は，1950 年に制定されました。国土総合開発法において，国土計画は，①土地，水その他の天然資源の利用，②水害，風害その他の災害の防除，③都市及び農村の規模及び配置の調整，④産業の適正な立地，⑤電力，運輸，通信その他の重要な公共的施設の規模及び配置並びに文化，厚生及び観光に関する資源の保護，施設の規模及び配置，という５つの事項に関する基本的な計画でした。

国土総合開発法は，開発中心という批判もあり，2005 年に新たに**国土形成計画法**が制定されました。これまで国土計画は，国土総合開発法に基づいて５回，国土形成計画法に基づいて２回策定されています。

1.3 戦前の国土計画

戦後の国土計画の源流となった，戦前の国土計画の策定状況について触れておきます。当時，ドイツを中心とする欧米諸国において，国土計画が策定されました。日本も，1930 年代後半から，国土計画策定について検討を開始します。

日本は当時，帝国主義国家でした。戦争に強い国づくりが求められていました。国土計画も，**高度国防国家**の建設を目的としていました。経済や政治の中枢機能が地域的に集中していると，都市が空襲された際には，国全体の機能が麻痺します。それを防ぐために，分散型の国土構造の形成を目標としました。また，日本は四方を海に囲まれているので，沿岸部は攻撃を受けやすい地域です。そのため，工場や軍事施設など，重要な機能の内陸部への配置も検討されました。

1940年，企画院によって「**国土計画設定要綱**」が策定され，閣議決定されました。しかし，戦争の激化に伴い，国土計画は策定されませんでした。戦後の国土計画策定の基礎は，この時代に形成されました。

1.4 戦後復興からの出発

戦争により国土の荒廃した日本では，食料やエネルギーが不足し，国民生活は窮乏に陥っていました。エネルギーの中心となる石炭と，インフラや生産設備に使用される鉄鋼の生産量を増加させるため，日本政府は，石炭産業と鉄鋼業に重点的に資源を配分しました（**傾斜生産方式**）。この効果もあり，日本の鉱工業生産力は，回復軌道に乗ります。

1950年に勃発した朝鮮戦争は，日本に特需をもたらし，国民総生産（GNP）は，1955年に戦前の水準を上回りました。

国土総合開発法は，1950年に制定されました。しかし，初めての全国計画が策定されたのは，1962年でした。それまでの期間は，「特定地域総合開発計画」が実施されました。

特定地域総合開発計画は，アメリカの**TVA計画**をモデルにしていました。河川流域を総合的に開発し，食料増産，電源開発，水害防止を進める計画です。1952年に19地域，1957年に3地域の追加と1地域が指定解除（対馬地区）され，多目的ダムの開発などが進められました。特定地域総合開発計画は，電源開発，食料増産，国土保全の開発目標を達成したとして，1967年に全事業終了となりました。

2 全国総合開発計画と高度成長

2.1 所得倍増計画と全国総合開発計画

2.1.1 所得倍増計画

1950 年代後半から，日本は**高度経済成長期**に入ります。工業生産が拡大し，京浜，中京，阪神，北九州の**4 大工業地帯**では，工業用地・用水の不足，渋滞問題が深刻化しました。これらの問題に対処するため，4 大工業地帯に重点的に公共事業が行われました。

1960 年に池田内閣のもとで，**所得倍増計画**が閣議決定されます。所得倍増計画は，10 年後に国民所得を倍増させることを目標とした長期経済計画でした。国民所得を倍増させるには，新たな工業地帯の建設が必要であると認識されます。同時に，人口流出の激しかった地方の側からは，地域間格差の是正，人口流出の抑制に対する要望も高まっていました。

そこで，4 大工業地帯への工場立地を原則禁止とし，4 大工業地帯の中間地域に中規模の工業地帯を建設し，太平洋側の沿岸地域にベルト状の工業地帯を形成させるという，**太平洋ベルト地帯構想**が打ち出されます。しかしこの構想に対しては，太平洋ベルト地帯以外の地域からの強い反発があり，政府は，全国的な視点からの政策の再検討を迫られました。

2.1.2 全国総合開発計画

こうした経緯を経て，1962 年に**全国総合開発計画**（**全総**）が策定されます。全総は，「都市の過大化の防止と地域格差の縮小を配慮しながら，わが国に賦存する自然資源の有効な利用および資本，労働，技術等諸資源の適切な地域配分を通じて，地域間の均衡ある発展をはかる」ことを目標にしました。

この目標は，「**国土の均衡ある発展**」と言い換えられ，日本の国土計画における理念として継承されていきます。

全総の開発方式は，当時の開発理論であったペルー（Perroux, F.）の成長の極理論などを参考として，**拠点開発方式**を採用しました。開発拠点に集中投資し，拠点の発展によって，周辺地域にも波及効果が及ぶという考えです。

開発拠点を選定するにあたり，①産業等に規制あるいは調整を行う過密地域，②工業分散を誘導するための基盤整備を行う整備地域，③積極的に開発を促進するための基盤整備を行う開発地域，を定めました。過密地域には京浜，阪神，北九州地区周辺，整備地域には関東，東海，近畿，北陸地方，開発地域は，上記以外の既存の集積地域から離れた地域が指定されました。

図表 7－2 ▶▶▶ 新産業都市と工業整備特別地域の指定地域

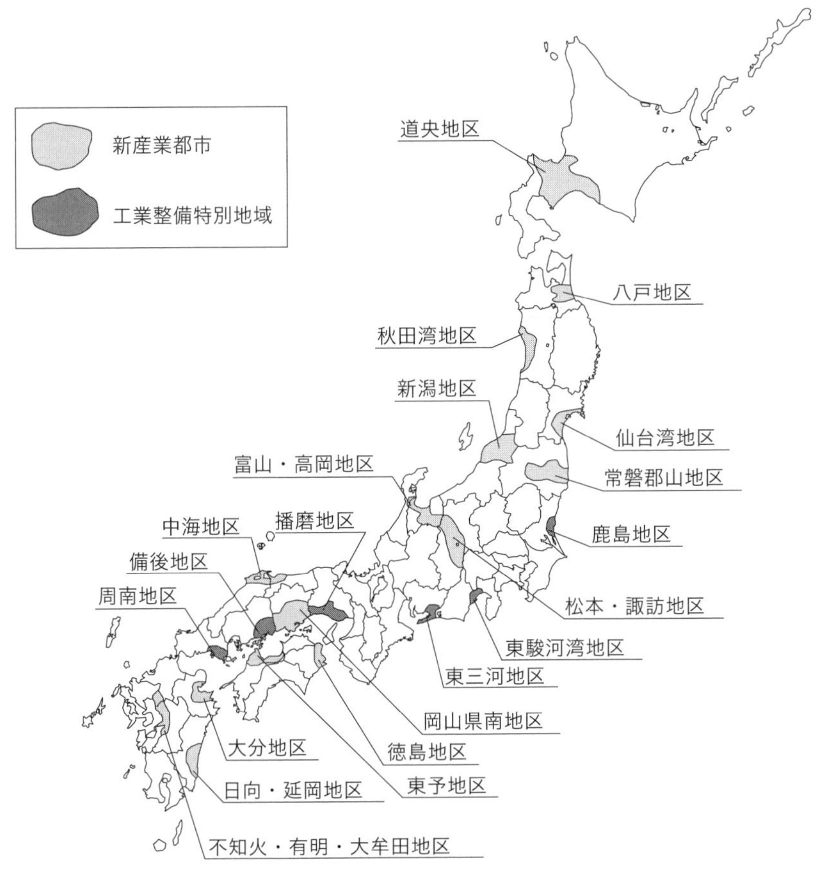

出所：地域振興整備公団編［1991］『地域統計要覧（1991年版）』ぎょうせい，92頁。

この計画を具体化するため，**新産業都市**と**工業整備特別地域**の整備が進められました。新産業都市は，各種財政措置の実施によって都市基盤の整備を図り，地域の開発拠点とする計画で，全国で15地域が指定されました。工業整備特別地域は，新産業都市を補完する政策として，比較的工業の発展している地域から6地域が指定されました（**図表7－2**）。

これらの地域の指定にあたっては，全国各地から激しい誘致合戦が繰り広げられました。当初は全国で10カ所程度の指定を想定していましたが，合計で21カ所の指定となりました。

国土庁地方産業局によると，新産・工特21地域の工業出荷額と人口は，1967～75年，75～80年の2期は，全国平均値を上回りました。しかし，工業出荷額は80～85年から，人口は85～90年から全国平均を下回るようになりました（阿部和俊・山﨑朗［2004］『変貌する日本のすがた』古今書院，129頁）。新産業都市と工業整備特別地域は，2001年に廃止されます。

2.2 新全国総合開発計画

高度経済成長によって，過密・過疎問題は，想定を超えて深刻化しました。そこで，1969年に新全国総合開発計画（新全総）が閣議決定されました。

Column 日本列島改造論

1972年，自由民主党総裁選に先立ち，田中角栄通産大臣は，「日本列島改造論」を提唱します。これは現在のマニフェストに相当するものです。同年首相となった田中は，日本列島改造論を推進しました。日本列島改造論の主な柱は，新幹線，高速道路等の高速交通網を全国に整備し，各地に25万人規模の工業都市を形成することで，地域間格差を是正していくというものでした（田中角栄［1972］『日本列島改造論』日刊工業新聞社）。

しかし，石油危機もあり，開発の候補地とされた全国の地域で，地価の高騰を期待した土地の買い占めが起こり（列島改造ブーム），物価の高騰を招きました。

田中は後に汚職事件で逮捕されたため，日本列島改造論は，公共事業のバラマキ型であると評価されるようになります。一方で，高速道路や空港などの整備は，日本列島改造論で構想された計画に近い形で今日まで進められており，現在の国土構造の骨格を形成することになりました。

1 あなたにキホン・プラス！

その学問分野をはじめて学ぶ人のために,もっとも基本的な知識や考え方を中心にまとめられています。大学生や社会人になってはじめて触れた学問分野をもっと深く,学んでみたい,あるいは学びなおしたい,と感じた方にも読んでもらえるような内容になるよう,各巻ごとに執筆陣が知恵を絞り,そのテーマにあわせた内容構成にしています。

2 各巻がそれぞれ工夫している執筆方針を紹介します

2.1 その学問分野の全体像がわかる

まず第1章でその分野の全体像がわかるよう，○○とはどんな分野かというテーマのもと概要を説明しています。

2.2 現実問題にどう結びつくのか

単に理論やフレームワークを紹介するだけでなく，現実の問題にどう結びつくのか，問題解決にどう応用できるのかなども解説しています。

2.3 多様な見方を紹介

トピックスによっては複数の見方や立場が並存していることもあります。特定の視点や主張に偏ることなく，多様なとらえ方，見方を紹介しています。

2.4 ロジックで学ぶ

学説や学者名より意味・解釈を中心にロジックを重視して，「自分で考えることの真の意味」がわかるようにしています。

2.5 「やさしい本格派テキスト」

専門的な内容でも必要ならば逃げずに平易な言葉で説明し，ただの「やさしい入門テキスト」ではなく，「やさしい本格派テキスト」を目指しました。

図表2−2 ▶▶▶価値の尺度機能

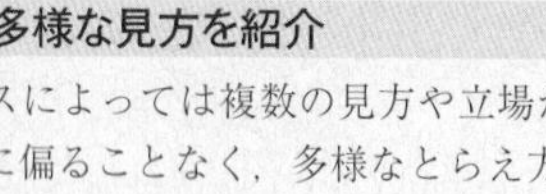

〈直感的な図表〉
図表を用いたほうが直感的にわかる場合は積極的に図表を用いています。

3 最初にポイントをつかむ

各章冒頭の「Learning Points」「Key Words」はその章で学ぶ内容や身につけたい目標です。あらかじめ把握することで効率的に学ぶことができ，予習や復習にも役立つでしょう。

Learning Points

▶金融政策の大きな目的は，物価やGDPなどで示されるマクロ経済を安定化させることです。
しかし他方では，過去の金融政策が現在のマクロ経済状況をつくり出しているという側面もあります。
そのため金融政策とマクロ経済を切り離して考えることはできず，両方を同時に見ていくことが重要です。現在の金融政策を理解するためには，過去の金融政策や，その当時のマクロ経済状況も知っておかなければなりません。

▶本章では，1970年代以降の日本のマクロ経済を見ていくことで，現在の日本経済の立ち位置を確認しましょう。

Key Words

マクロ経済　ミクロ経済　インフレ　バブル

4 自分で調べ,考え,伝える

テキストを読むことのほか，他の文献やネットで調べること，インタビューすることなど，知識を得る方法はたくさんあります。また，議論を通じ他の人の考えから学べることも多くあるでしょう。

そんな能動的な学習のため，各章末に「Working」「Discussion」「Training」「さらに学びたい人のために（文献紹介）」等を用意しました。

Working　調べてみよう

1. 自分が所属するサークル・クラブあるいはアルバイト先の企業・組織の組織文化について調べてみよう。
2. 日産，日本航空，パナソニック（旧松下電器産業）などの企業から1社を選び，どのような組織変革を実施したか調べてみよう。

Discussion　議論しよう

1. 世の中には，お金を借りたい人と貸したい人が常に両方いるのはなぜでしょうか。お金を借りたい人・企業の数は常に変化するはずなのに，なぜお金を借りるときの金利はあまり変化しないのでしょうか。
2. 中央銀行が金利操作を行うと，理論的には物価はどのような水準にもなり得ます。しかし，現実にはそれほど物価が大きく変化しないのはなぜでしょうか。

Column　生まれながらのリーダーって？

本文でも説明したように，リーダーシップは生まれながらの資質・能力なのか生育環境や教育によって育まれる能力なのかに関して，理論的な決着はついていません。1つだけ確かなのは，先天的要因だけあるいは後天的要因だけでリーダーシップを説明することはできないということです。それゆえに，「自分はリーダーシップがない人間だ」などと思う必要はないのです。

企業や組織で権限と責任のある地位に就いた時には，まず地位勢力（ヘッドシップ）とリーダーシップの関係を意識する必要があるでしょう。両者は厳密に区別されるわけではありませんが，「地位や権限を越えて，自分は部下（フォロアー）に影響を及ぼしているのだろうか」ということを自問自答することは有益です。こうした自覚はサークルやクラブで役職に就く場合でも有益です。

また「第5水準のリーダーシップ」で描かれるリーダーは，派手にマスコミなどに取り上げられるタイプではなく，地道な努力を積み重ねるタイプだということも説明しました。これは個人の特性といえますが，自覚と努力次第である程度は身につけられるものです。このように，責任感を持って努力すれば，リーダーシップを発揮することは可能です。

5 …and more !!

実際の企業事例や，知っておくと知識の幅が広がるような話題をコラムにするなど，書籍ごとにその分野にあわせた学びの工夫を盛り込んでいます。ぜひ手にとってご覧ください。

＊教員向けサポートも充実！ https://www.chuokeizai.co.jp/basic-plus/

・テキストで使用されている図表や資料などのスライド
・収録できなかった参考資料やデータ、HPの紹介などの情報
・WorkingやDiscussion，Trainingなどの解答や考え方（ヒント）　など

講義に役立つ資料や情報をシリーズ専用サイトで順次提供していく予定です。

6 シリーズラインアップ（刊行予定）

（タイトルや著者名は変更になる場合があります。）

ベーシック＋プラス Basic Plus

ミクロ経済学の基礎	小川　光／家森信善　［著］	（A5判220頁）
マクロ経済学の基礎（第2版）	家森信善　［著］	（A5判212頁）
財政学	山重慎二　［著］	（A5判244頁）
公共経済学（第２版）	小川　光／西森　晃　［著］	（A5判248頁）
金融論（第３版）	家森信善　［著］	（A5判256頁）
金融政策（第２版）	小林照義　［著］	（A5判240頁）
労働経済学・環境経済学 など		
計量経済学・統計学 など		
日本経済論（第２版）	宮川　努／細野　薫／細谷　圭／川上淳之　［著］	（A5判272頁）
地域政策（第２版）	山﨑　朗／杉浦勝章／山本匡毅／豆本一茂／田村大樹／岡部遊志　［著］	（A5判272頁）
国際経済学・アジア経済論 など		
産業組織論	猪野弘明／北野泰樹　［著］	近刊
経済史	横山和輝／山本千映　［著］	近刊
日本経済史	杉山里枝　［著］	近刊
経営学入門	藤田　誠　［著］	（A5判260頁）
経営戦略	井上達彦／中川功一／川瀬真紀　［編著］	（A5判240頁）
経営組織	安藤史江／稲水伸行／西脇暢子／山岡　徹　［著］	（A5判248頁）
経営管理論	上野恭裕／馬場大治　［編著］	（A5判272頁）
企業統治	吉村典久／田中一弘／伊藤博之／稲葉祐之　［著］	（A5判236頁）
人的資源管理	上林憲雄　［編著］	（A5判272頁）
組織行動論	開本浩矢　［編著］	（A5判272頁）
国際人的資源管理	関口倫紀／竹内規彦／井口知栄　［編著］	（A5判264頁）
技術経営	原　拓志／宮尾　学　［編著］	（A5判212頁）
イノベーション・マネジメント	長内　厚／水野由香里／中本龍市／鈴木信貴　［著］	（A5判244頁）
ファイナンス	井上光太郎／高橋大志／池田直史　［著］	（A5判272頁）
リスクマネジメント	柳瀬典由／石坂元一／山﨑尚志　［著］	（A5判260頁）
マーケティング	川上智子／岩本明憲／鈴木智子　［著］	近刊
流通論	渡辺達朗／松田温郎／新島裕基　［著］	近刊
消費者行動論	田中　洋　［著］	（A5判272頁）
物流論（第２版）	齊藤　実／矢野裕児／林　克彦　［著］	（A5判260頁）
会計学入門・財務会計 など		
法学入門・会社法 など		
民法総則	尾島茂樹　［著］	（A5判268頁）
金融商品取引法	梅本剛正　［著］	近刊

（株）中央経済社

〒101-0051　東京都千代田区神田神保町1-35

Tel: 03(3293)3381　Fax: 03(3291)4437

E-mail: info@chuokeizai.co.jp

新全総の開発方式は，大規模プロジェクト方式を採用しました。これは，中枢管理機能の集積と物流機構を体系化するネットワークを整備し，各地域で産業開発や環境保全の大規模開発プロジェクトを実施する計画です。

新幹線や高速道路等の交通通信ネットワークの整備と，鉄鋼，石油，石油化学産業を立地させる大規模工業基地の建設が計画されました。大規模工業基地については，苫小牧東部（北海道），むつ小川原（青森県），志布志湾（鹿児島県）の3カ所が候補地とされ，工業用地・用水，港湾施設等の整備を進め，製鉄所，製油所，石油化学コンビナートの建設を促進しようとしました。

上記の候補地は，いずれも太平洋ベルト地帯から離れた地域に位置しています。需要が拡大していた鉄鋼や石油・化学製品の生産力を増加させるとともに，後進地域の経済発展の促進を同時に達成することを企図していました。しかし，石油危機や日本経済の産業構造のサービス経済化もあり，大規模工業基地の計画は，頓挫します。

2.3 国土利用計画

1970年代に入り，地価の高騰，乱開発による環境破壊などが問題となり，1974年に**国土利用計画法**が施行されました。国土の利用のあり方を定めた国土利用計画の策定とともに，土地利用，土地取引に対する規制措置が盛り込まれました。国土利用計画の全国計画は，1976年から現在まで，5回の計画が策定されています。

3 石油危機から安定成長へ

3.1 石油危機

1973年に第4次中東戦争が発生し，OPEC（石油輸出国機構）に加盟する中東の産油国は，原油価格の引き上げを決定しました。当時の日本は，エネルギーの大部分を石油に依存しており，そのほぼ全量を中東諸国から輸入していたため，その影響を受けます。

日本列島改造論によって，地価や物価が高騰していた日本は，物価安定のための政策を実施していました。しかし，原油価格の上昇は，物価全般に波及し，**狂乱物価**と呼ばれるほどのインフレが発生します。また，トイレットペーパーなど，原油とは直接関係のない生活用品の買い占めが起こるなど，国民生活は大混乱に陥りました。**石油危機**（**オイルショック**）と呼ばれています。

1950年代後半から続いてきた日本の高度経済成長は終了し，1974年の実質国内総生産は，前年比－0.5％と，戦後初めてのマイナス成長となりました。

これ以降日本経済では，省エネルギー技術の開発，原子力や太陽光，風力など石油以外のエネルギーへの転換，競争力を失った基礎素材型産業から加工組立型産業への産業構造の転換などを進めていきます。1979年にも第2次石油危機が発生しますが，上記のような対策もあり，その影響は，比較的軽微にとどまりました。

1970年代後半からは，安定成長期と呼ばれる年平均3～4％の経済成長率を実現していきます。

3.2 定住構想

石油危機後の経済・社会環境変化に対応した，新たな国土計画が求められました。1974年には国土庁が発足し，これまで経済企画庁が担っていた国土計画の策定は，国土庁が担当するようになりました。

1977年に閣議決定された第三次全国総合開発計画（三全総）は，開発を前面に打ち出さない計画となりました。三全総の開発方式は，人間居住の総合的環境の形成を図るという**定住構想**を採用します。人間居住の総合的環境は，自然環境，生活環境，生産環境の調和を念頭に置いています。これまでの全総は，生産環境を重視していましたが，三全総は，自然環境，生活環境を重視しました。

定住構想実現のため，全国に定住圏を整備しようと試みます。定住圏とは，流域圏，通勤通学圏，広域生活圏として生活の基本的圏域であり，全国は200～300の定住圏で構成されるとしています。このうち44カ所をモデル定住圏として指定し，整備を進めました。

しかし，定住構想は具体的な開発指針がなく，環境重視の計画として評価されることもありますが，想定していたような効果は上げられませんでした。

3.3 サービス経済化と四全総（第四次全国総合開発計画）

3.3.1 プラザ合意

1980年代に入り，日本経済のサービス経済化が進展します。製造業でも，基礎素材型から加工組立型，知識集約型へとシフトしました。

1985年の**プラザ合意**は，地方における新規工場立地に悪影響を及ぼします。プラザ合意は，G5（先進5カ国蔵相・中央銀行総裁会議）で発表された，円高ドル安方向に為替レートを誘導する合意です。プラザ合意を受けて，当時1ドル＝240円程度だったドル円相場は，1年後には150円程度にまで円高になりました。

プラザ合意以前の日本経済は，輸入した原材料を日本で製品に加工して欧米諸国へ輸出する加工貿易を特徴としていました。日本の輸出急増によって，欧米の製造業は,競争力を失っていきます（貿易摩擦の発生）。プラザ合意は，貿易摩擦の緩和・解消を目的としていました。

円高によって，日本の製造業は，生産機能の海外移転を進めました。特に地方の低賃金を活用した生産拠点（分工場）も移転の対象とされ，地方経済では，産業空洞化が問題となりました。

また，日本経済のサービス化により，雇用吸収力の高いサービス業は大都市に集中するようになりました。1980年代後半，定住構想の想定とは逆に，**東京一極集中**の動きが加速したのです。

3.3.2 多極分散型国土の構築

こうした動きに対応するため，新たな国土計画として，1987年に第四次全国総合開発計画（四全総）が閣議決定されました。四全総では，定住構想を発展させた交流ネットワーク構想を開発方式としました。地域間交流の活発化によって，地域経済の発展を図るため，交通，情報通信体系の整備と交流拠点の整備を中心的な施策としました。

また，工業だけではなく，観光産業など多様な産業の振興によって地域開発を進め，東京一極集中を緩和する**多極分散型国土の構築**を目標としました。東京圏は，国際金融や国際情報をはじめとする都市機能を担う，**世界都市**としての環境を整備するとしており，東京一極集中を強力に抑制しようとはしていません。

3.3.3 バブル経済とその崩壊

プラザ合意後の円高不況を克服するため，金融緩和政策が実施された結果，株価や地価は急激に上昇しました。1985年末に1万3千円台だった日経平均株価は，1989年末には38,915円と約3倍に上昇しました。しかし1992年には，株価は1万5千円を割り込みます。地価についても，都市部を中心に同様の動きがみられました。この間の日本経済の動きを**バブル経済**と呼んでいます。

バブル経済の崩壊によって，日本企業の多くは不良資産を抱え，新たな設備投資は低迷します。

4 新たな国土計画の模索

4.1 21世紀の国土のグランドデザイン

1998年に新たな国土計画として，21世紀の国土のグランドデザイン（以下，グランドデザイン）が閣議決定されます。バブル崩壊後，日本は開発を重視する時代ではなくなったため，五全総ではなく，グランドデザインと名づけられました。

グランドデザインの目標は，**多軸型国土構造の構築**でした。産業，人口が太平洋ベルトという１本の国土軸に集中している状況を解消し，新たな国土軸の整備によってネットワーク型の地域システムを構築しようとしました。

太平洋ベルトであるこれまでの西日本国土軸に加えて，北海道から東北の太平洋側を結ぶ北東国土軸，日本海沿岸を結ぶ日本海国土軸，紀伊半島から四国，九州を経由して沖縄へ至る太平洋新国土軸という４本の国土軸を形成する構想です。

国土軸を背骨とするならば，肋骨に当たるものは**地域連携軸**です。地域連携軸は，高度な都市機能の充実，相互利用を図るために，都道府県を越えた複数の都市圏の連携を促進します。新全総では，東京への日帰り圏となる地域の拡大を目指しましたが，地域連携軸の整備は，どこに住んでいても，広域的な地域の中で，一定水準の高度な都市機能を利用できるようにしようという考えです。全国で31地域が対象とされました。

参加と連携，**多自然居住地域**といった考え方も盛り込まれました。従来の国土計画は，国が主体となって進めてきました。これに対して参加と連携とは，地域や民間主体，非営利組織なども計画の遂行に参加し，それぞれ協力していくという考え方です。また，多自然居住地域は，中小都市とその周辺の中山間地域等の農山漁村を一体的な圏域として捉え，都市的な生活基盤を利用しつつも自然と親しみながら生活できる地域を整備する構想です。

このように，グランドデザインは新たな考え方も取り入れながら，開発重視の視点を改めようとしました。しかし，国の財政状況の悪化もあり，全総や新全総時代のような大規模な施策は実施しにくくなっており，成果もみえにくくなったと批判されるようになりました。特に，国土軸に関しては，新幹線や高速道路等の交通通信体系の整備以外の施策は具体的でなく，どのようにして国土軸を構築するのかは，曖昧なままになっています。

一方で，地域連携軸の高度な都市機能の相互分担という視点は，後の市町村合併や道州制の議論に結びついていきます。

4.2 国土形成計画

5回にわたり実施された全総は，大規模工業基地などの失敗もありましたが，高速交通体系の整備や工業用地の整備などで一定の成果を上げてきました。しかし，国土の均衡ある発展という最大の目標に関しては，十分な成果は上げたとはいえません。

2005年に，これまで全総を実施する根拠となる法律であった国土総合開発法が改正され，国土形成計画法が施行されました。2つの法律の大きな違いは，これまでの開発中心主義からの脱却と，国中心から国と地方の協働へという推進体制の変更です。

国土形成計画法に基づいて，2008年に**国土形成計画**（全国計画）が閣議決定されました。また翌年には，複数の都道府県にまたがる広域ブロックを対象として，8地域の国土形成計画（広域地方計画）も策定されました。

全国計画では，新しい国土像として「多様な広域ブロックが自立的に発展する国土を構築するとともに，美しく，暮らしやすい国土の形成を図る」ことを基本的な方針としました。これを実現するため，①東アジアとの円滑な交流・連携，②持続可能な地域の形成，③災害に強いしなやかな国土の形成，④美しい国土の管理と継承という4つの戦略的目標が設定されました。

また，4つの戦略的目標を実現する横断的視点として，**新たな公**を基軸とする地域づくりをあげています。これは，財政状況の悪化等を受けて従来のような公共サービスの維持が困難となるなかで，民間企業やNPOなど多様な経済主体を地域づくりの担い手とし，それを国や自治体が支援，連携していくという考え方です。

一方，広域地方計画は，国だけではなく，都道府県や市町村，さらには経済界の代表なども参加して計画の策定が進められました。地方分権の流れを受けて，地域固有の課題の把握，地域特性を踏まえた独自の戦略の構築が重視されています。

国土形成計画の策定は，省庁再編に伴って，これまでの国土庁から国土交通省の担当に変更されました。

4.3 国土形成計画の見直し

4.3.1 国土のグランドデザイン2050

2010年に，国土審議会政策部会に長期展望委員会が設置され，国土の長期展望についての検討が始まりました。2011年には，中間とりまとめが公表され，人口減少や気候変動がもたらす国土への影響について，分析結果が示されました。さらに，2013年から，新たな国土のグランドデザインについての検討が始まり，2014年に，2050年を見据えた国土づくりの理念や考え方を示す「国土のグランドデザイン2050」が公表されました。

「国土のグランドデザイン2050」には，「対流促進型国土の形成」というサブタイトルがつけられています。「対流」は，地域間相互の人・モノ・情報の交流です。地域の多様性と連携の進化によって，対流は促進されます。

また，基本的考え方としてコンパクト＋ネットワークをあげています。今後の人口減少局面において，生活に必要なサービスを維持し，効率的に提供するためには，各種機能を一定のエリアに集約（コンパクト）化する必要があります。一方で，高次の都市機能を成立させる圏域人口を確保するためには，地域のネットワーク化を進める必要もあるとしています。

リニア新幹線などの交通革命，IoT（第5章参照）などの情報革命は，コンパクト＋ネットワークを進化させ，新たな価値を創造すると考えられています。

4.3.2 第二次国土形成計画

2015年に，第二次国土形成計画（全国計画）が策定されました。同時に，第五次となる国土利用計画（全国計画）も策定されました。

第二次国土形成計画は，「国土のグランドデザイン2050」を踏まえて，①

対流促進型国土の形成，②コンパクト＋ネットワーク，③東京一極集中の是正を国土の基本構想としています。

この基本構想を実現する具体的方向性として，①ローカルに輝き，グローバルに羽ばたく国土，②安全・安心と経済成長を支える国土の管理と国土基盤，③国土づくりを支える参画と連携をあげています。

人口減少への対応を強く打ち出しており，個性ある地方の創生，小さな拠点の活用，地方都市におけるコンパクトシティの形成，持続可能な国土の形成といったキーワードを使用しています。一方で，経済成長のエンジンとなる大都市圏の整備も課題としており，東京圏の国際競争力強化も必要であるとされています。

国土利用計画は，国土形成計画法以降，国土形成計画と一体的に策定されています。今回の国土利用計画は，①適切な国土管理を実現する国土利用，②自然環境と美しい景観等を保全・再生・活用する国土利用，③安全・安心を実現する国土利用を基本方針とし，「国土の安全性を高め持続可能で豊かな国土を形成する国土利用を目指す」としています。

国土利用計画では，国土の利用区分ごとの規模の目標が示されています。農用地の減少を見込む一方で，道路面積の増加が示されています。人口減少や財政問題を考えると，道路面積の増加には疑問が残ります。

4.4 国土計画の課題

従来の日本の国土計画は，一定の成果はあげてきたものの，想定どおりに進んだ計画はほとんどありませんでした。その理由はどこにあるのでしょうか。

1つは，計画期間の問題です。従来の国土計画は，概ね10～15年を計画期間として実施されてきました。しかし10年後の経済状況を正確に見通すことは容易ではありません。高度経済成長，石油危機や円高などの経済変化，阪神淡路大震災や東日本大震災のような自然災害は，計画策定段階では予測困難でした。

それでも国土計画には，中長期的に日本の国土をどのように整備し，どのような国土構造を形成するのかを示す役割が求められます。国土のグランドデザイン 2050 は，35 年先を見据えたビジョンとなっています。政策は，利害関係者の主張に基づいて，短期的視点から行われることがありますが，国土計画は，30 年から 50 年先の人口，産業，交通，自然，国際関係などを想定しつつ，長期的な観点から，国土を整備していくための指針として，今後も必要です。

もう 1 つは，地域指定の問題です。国土の均衡ある発展を最大の目標としてきた国土計画では，発展の遅れている地域においてさまざまなプロジェクトを実施して，地域間の均衡を実現しようとしてきました。

ただ，対象地域を選定する段階で，全国各地からの誘致合戦が起こり，想定よりも多くの地域が指定されました。その結果，対象地域に十分な予算配分がされず，効果を上げられずに終わった政策も少なくありません。地域間の均衡を考慮しなければならないとはいえ，効果が上がらなければ意味はありません。財政状況が厳しくなるなか，対象地域をどう選択するのかは，より慎重に検討しなければなりません。

今後の国土計画では，人口減少やグローバル化の進展なども踏まえて，地域の独自性をいかに発揮していくかが課題です。そのためには，地域の側にも，地域問題の把握やビジョンの提示，政策立案などを実施する能力が求められています。

Working 調べてみよう

国土交通省のホームページでは，各国の国土政策の概要として，22 カ国の事例を紹介しています。各国の経済環境なども踏まえて，日本の国土計画との共通点，相違点について，調べてみましょう。

国土交通省ホームページ「各国の国土政策の概要」

https://www.mlit.go.jp/kokudokeikaku/international/spw/index.html

Discussion 議論しよう

「国土のグランドデザイン 2050」では，対流促進型国土の形成に向けて具体的に推進する政策として，11 の事例をあげています。それぞれの事例がもたらす効果や課題について議論してみましょう。

国土交通省ホームページ「国土のグランドデザイン 2050」

https://www.mlit.go.jp/kokudoseisaku/kokudoseisaku_tk3_000043.html

▶▶▶さらに学びたい人のために

●川上征雄［2008］『国土計画の変遷―効率と衡平の計画思想』鹿島出版会。

著者の川上征雄氏は，国土交通省で国土計画を担当していました。国土計画策定の過程や経緯に加えて，経済・政治環境の変化によって，国土計画の思想がどのように変遷してきたのか，担当者ならではの視点も踏まえて論じています。

参考文献

●大西隆編著［2010］『広域計画と地域の持続可能性』学芸出版社。

●国土交通省国土計画局監修［2009］『国土形成計画（全国計画）の解説』時事通信社。

●国土交通省国土政策研究会編著［2015］『「国土のグランドデザイン 2050」が描くこの国の未来』大成出版社。

●下河辺淳［1994］『戦後国土計画への証言』日本経済評論社。

●本間義人［1999］『国土計画を考える―開発路線のゆくえ』中央公論新社。

●矢田俊文［1999］『21 世紀の国土構造と国土政策―21 世紀の国土のグランドデザイン・考』大明堂。

●山﨑朗［1998］『日本の国土計画と地域開発―ハイ・モビリティ対応の経済発展と空間構造』東洋経済新報社。

●一般財団法人国土計画協会　https://www.kok.or.jp/index.html

第8章 人口減少時代の地域問題

Learning Points

- ▶人口減少時代における新しい地域間格差は，地域の持続可能性格差です。消滅を防ぐためには，地方都市や農山漁村における若年労働者のための雇用と生活の場が必要です。
- ▶住みやすく，働きやすい，魅力ある中心市街地を創出するための，都心のリノベーションは，地方都市再生のカギです。
- ▶農山漁村では，農林水産業の衰退と若年労働力の流出によって，人口減少と高齢化が進み，限界集落化する地区も増えています。条件不利地域からの撤退も政策課題です。

Key Words

地方消滅　消滅可能性都市　郊外　オールドタウン　限界集落

1 新しい地域間格差の出現

1.1 伝統的な地域間格差の是正

地域政策の課題は，1人当たり所得の地域間格差の是正とされてきました。1962年の全国総合開発計画の政策理念は，「**地域間の均衡ある発展**」でした。

1960年代と比較すると，日本における1人当たり県民所得格差は，急速に縮小し，世界的にも地域間格差の少ない国となりました。1人当たり県民所得の変動係数は，1961年は0.24でしたが，その後低下し，2018年は，0.15になっています。政策目標であった1人当たり県民所得の地域間格差は，地域政策，所得税の累進課税や年金・医療制度のような「非空間的政策」，および地方でのインフラ整備の効果もあり，一定程度解決されました。

1.2 歪みを増す地域システム

2000年代以降，政府は，特区政策のような市場原理を重視した地域政策へとシフトするようになりました。競争力がある地域では，**特区**は，有効な政策です。

しかし，市場原理では解決できない地域間格差も存在しています。それは，過疎化と過密化です。日本の人口・産業・雇用は，大都市圏，特に首都圏に偏在し，地方圏では人口流出と人口減少が続いています。

1人当たり県民所得の地域間格差は，確かに縮小しました。しかし，大都市圏と地方圏との所得・雇用の地域間格差は拡大しています。

1.2.1 足による投票

人は，職や所得を求めて，地域を移動します。工場の地方分散，福祉制度の充実により，職を選ばなければ，地方圏でも仕事を見つけられるようになりました。

2022年5月の都道府県別有効求人倍率をみると，沖縄県は0.86倍と，神奈川県の0.88倍と同水準になっています。山形県1.54，福井県1.87，島根県1.76，宮崎県1.40のように，千葉県0.95，埼玉県1.03を超える地方の県も増えています。職業にこだわらないのであれば，仕事を求めて，地域間移動をする必要はなくなりつつあります。

東京への人口の社会移動が問題視されていますが，**図表8－1**からわかるように，都道府県間の人口移動は，1971年から減少し続けています。この傾向は新型コロナウイルス感染拡大が始まった2020年でも傾向が変わっていません。

1990年代以降，徐々に地方分権化が進み，1999年7月には，**地方分権一括法**が成立しました。その結果，地方自治体の提供する行政サービスは，自治体ごとに多様になっています。換言すると，自治体間競争の時代になったともいえます。

国も**構造改革特区**のように，自治体間の競争を促進するようになっていま

図表 8－1 ▶▶▶都道府県間の人口移動と移動率

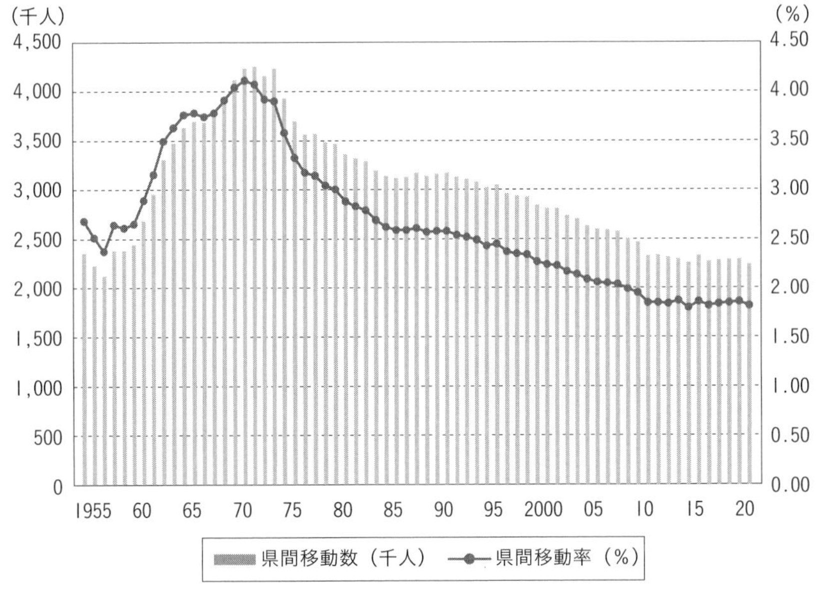

出所：国立社会保障・人口問題研究所「人口統計資料集 2022」をもとに筆者作成。

す。構造改革特区の制度化後，2002 年 11 月から 2003 年 1 月に募集された第二次特区提案では，全国の自治体から 460 もの申請がありました。2021 年 11 月末までに，累計で 1,377 件の構造改革特区が認められてきました。

自治体間競争があると，住民は多くの地域から，自分のニーズにあった地域を選択できます。これは，ティブー（Tiebout, C.M.）の提唱した**足による投票**です。

経済学では，選択肢となる地域が十分に存在していれば，足による投票によって，行政サービスは最適供給されると考えます。

地域ごとに，行政サービスは異なります。A 市では，小学 6 年生まで医療費が無料，B 町では中学 3 年生まで医療費が無料というケースがあります。理論的には，地方圏の自治体も高い行政サービスを提供することによって，他の地域から人口を集めることは可能です。

ところが，現実には，地方財政の地域差が大きく，大都市自治体である東京都の都心区の行政サービスの質は高くなります。1つの指標として待機児童数をみると，2010年代後半に待機児童対策を行ったこともあり，全国的に待機児童が大幅に減少しました。2021年4月時点の東京都千代田区と港区の待機児童数は，0人です。他方で郊外自治体である町田市は76人（2021年度）と若干高くなっています。

1.2.2 大都市自治体の勝利という錯覚

2022年6月現在，**財政健全化団体**はなく，財政破たんした北海道夕張市が財政再生団体であるだけです。財政健全化団体は，地方公共団体の財政健全化に関する法律に定める健全化判断比率（実質赤字比率，連結実質赤字比率，実質公債費比率，将来負担比率）のいずれかが早期健全化基準以上の自治体です。

2010年代前半までは多くの地方圏の自治体財政が「健全」とはいえない状況に陥っていました。一般の市町村の財政健全化指標は，早期健全化基準で実質公債費比率が25%，将来負担比率が350%です。2022年6月現在では，これに該当する自治体や，直近で該当しそうな自治体はありません。それでも例えば福岡県大任町は2020年度に，実質公債費比率が16.6%でした。また北海道北見市では，将来負担比率が158.9%となっています。いずれも基準には全く抵触してはいませんが，自治体経営は予断を許さないといえます。

自治体財政の悪化は，行政サービスを低下させます。財政状況の悪い自治体は，生活者や消費者からみて，魅力的ではなくなります。財政悪化→行政サービスの低下→人口流出→財政悪化の悪循環に陥ります。

大都市自治体は，財政の豊かな自治体が多いため，行政サービスの質は高くなります。大都市自治体には，多様な職もあります。住民の大都市志向に伴う都心回帰志向とも相まって，不動産価格の上昇が進んでも，自治体間競争において，大都市自治体が勝ち始めているようです。

その帰結として，首都圏や地方中心都市は人口増加し，地方圏や郊外部の人口は減少しています。ただし，地方圏でも，北海道東川町，福井県鯖江市，長野県南箕輪村のように，独自のまちづくりを行っている自治体や，手厚い子育て支援を行っている自治体は人口が増加しており，人口が集まる傾向がみられます。

人手不足社会となった日本では，生活者の選好する行政サービスを提供できる自治体は，人口を集められるようになっています。

新型コロナウイルスの影響で少し遅くなっていますが，東京都を中心とした南関東1都3県の人口も間もなく減少します。大都市圏という地域の魅力だけで，人口を増加させることはできなくなります。大都市圏であっても，子育て支援を含む生活という観点から，地域創生を考えなければならなくなりました。

1.3 地方消滅

日本創成会議は，2014年5月に「ストップ少子化・地域元気戦略」（のちに『地方消滅』として刊行）を提言しました。日本創成会議は，地方圏の多くの自治体では，若年女性人口の減少により出生数は激減し，自治体の存続は，難しくなると主張しています。

日本創成会議は，全国の自治体1,718のうち，523自治体を**消滅可能性都市**としました。人口急減地域，低密度居住地域や無居住地域の出現は，新たな問題地域です。

1.3.1 地方消滅への処方箋

すでに指摘したように，地方の道県の有効求人倍率は，2022年5月には沖縄県で0.86ですが，それ以外では1.4程度になっており，地方といえども，量的な意味での雇用は存在しています。6次産業化，太陽光，バイオマス，風力，小型水力，地熱発電などの再生エネルギーの振興は，地方圏に新しい雇用を生み出し始めています。不足しているのは，高度な職業と地方の豊かな生活です。

近年，大都市圏の若年層を中心に，田舎暮らしへのニーズが高まっています。地方圏から大都市圏へ出てきた人々のUターン志向も高まっています。

毎日新聞社と明治大学地域ガバナンス論研究室の共同調査によると，2013年に，地方自治体の移住制度等を利用して地方に移住した人の数は，4年前と比較して2.9倍の8,169人になっていました。

しかしながら，国の「農山漁村に関する世論調査」(2021年）によると，大都市居住の住民で農山漁村地域への移住願望のある人の割合は，新型コロナウイルスの影響もあり，2016年と比較して5.4%の減少になっています。

それでもマイクロには地方移住志向が強くなっています。テレワークの普及で2地域居住も増えています。このような人々を地方圏の自治体で受け入れるには，受け入れ態勢の改革と，子育てや福祉サービスの改善が必要です。

1.3.2 地方の閉鎖性

地方圏の自治体で若年層が増えない要因の1つは，よそものを排除するという，地域コミュニティの閉鎖性にあります。集落に多くの空き家があるにもかかわらず，空き家バンクへの登録が少ないのは，地域コミュニティの閉鎖性を象徴しています。

近年人口の社会増を記録している島根県海士町のように，コミュニティを開放的にして，正しい情報を発信し，仕事や生活面において，新住民を温かく地域に受け入れる体制づくりが求められます。東京一極集中に責任を押しつけるのではなく，自分たちのコミュニティを開放的で豊かな地域に転換できるか否か，それが消滅可能性都市から脱却できるかどうかの分岐点になるはずです。

1.3.3 サービス改革

近年の**Iターン**や**Uターン**は，若年層だけではありません。中年や高齢者のIターンやUターンも増えています。Uターンは，生まれ育った地元に戻ることです。Iターンは，縁のなかった地域への移住を指します。東京生まれで東京育ちの人が沖縄や北海道へ移住するのが，Iターンです。

外部の人々を受け入れていくためには，外部の人たちのニーズと自治体の特性や目標を整合させ，必要となる行政サービスを充実しなければなりません。この行政サービスは，自治体だけでなく，住民，NPO，社会的企業，民間企業との協働によって提供すればいいのです。まさに，「**新しい公共**」の役割といえます。

若年人口を増加させるためには，子育て世代をどれだけ受け入れられるか，子育て環境をいかに充実させるかがポイントです。Iターン者は，田舎暮らしが目的ですので，夫婦共稼ぎで，ある程度の所得が得られればよいと考えている人が多くなっています。

田舎暮らし志向の強い若年層に対応するには，夫婦共働きができるような保育サービスの提供，低廉な住宅の供給，農作業とも掛け持ちできるような職の提供が求められます。これは半農半Xとして紹介され，今では複業やパラレルワークと呼ばれ，移住者の間で定着してきました。自治体のきめ細やかな地域政策によって，足による投票行動を変えることもできます。

Column 江戸時代にもあった足による投票

足による投票は，現代の問題のように感じるかもしれません。実は，足による投票は，江戸時代にもありました（宮崎克則［2002］『逃げる百姓，追う大名』中公新書）。

江戸時代の足による投票は，個人や家族で行われた移住（「走り」と呼ばれました）です。江戸時代は，大名・家臣統治のもと，百姓は厳密な管理に置かれていましたが，百姓は，親戚や知人の情報網をもとに，走り先を決め，藩の境界を超えて移住したのです。

江戸時代の百姓が移住した理由は2つあります。1つは，大名・家臣が米の収穫量を増やすために，開墾に勢力を注いだことです。開墾には多くの人出を必要とします。しかし，領内の百姓の数は限られています。そこで，領外からの移住である走りを奨励するために，優遇策を実施しました。もう1つは，百姓への厳しい年貢の取り立てです。年貢の払えない百姓は，藩外へ移住したのです。

2 地方都市の衰退

2.1 地方工業都市衰退の要因

2.1.1 地域産業の衰退

地方の工業都市は，岩手県釜石市の製鉄業，秋田県にかほ市の電子部品産業，宮崎県延岡市の化学産業のように，製造業を基盤として発展してきました。特定企業に依存して発展してきた都市を，**企業城下町**と呼びます。

企業が生産を縮小し，機械化を進めると，工場労働者数は減少します。新しい産業が生まれない限り，工業都市の衰退には歯止めがかかりません。日本で生産工程を担う労働者数は，2009年には932万人であったものが，2021年には858万人にまで減少しています（第1章を参照）。

工業生産が衰退すると，派生需要で生計を立てていた商店，床屋，レストランなどの消費者サービス業の雇用も減少します。雇用の減少は，人口減少をもたらし，人口減少は，地方財政を悪化させます。

地域の製造業の衰退は，地方都市を**負のロックイン**に陥らせます。経済の衰退が固定化され，その悪循環から抜け出せない状況を負のロックインといいます。

2.1.2 交通体系の変化

小さな地方都市は，交通網の整備によって衰退することがあります。その原因の1つは，**ストロー効果**です。山形県山形市では，山形自動車道の建設によって，消費者は，隣接する宮城県仙台市に流出しました。

2つ目は，事業所の統廃合です。地方都市には，企業の支店や営業所が立地しています。新幹線や高速道路が整備されると，大都市の支店でカバーできるようになり，支店や事務所を小都市に配置する必要性は低下します。地方都市では，工業の衰退だけでなく，企業の支店や事務所の減少によっても，定住人口は減少しています。

2.2 地方都市の衰退

2.2.1 中心市街地の衰退

地方都市の中心市街地が衰退する要因は，2つあります。1つは，大型小売店の郊外立地です。地方都市ほど，モータリゼーションは進んでいます。家族それぞれに1台の車を持っている家庭も少なくありません。そのため，駐車場のスペースが少なく，公共交通利用を前提とした中心市街地の商店街は，集客力を低下させています。

第2の理由は，中心市街地にある商店の供給する財やサービスと，需要とのミスマッチです。郊外の大型店は，本社が優れたマーケティングを行い，常に消費者ニーズに対応しています。中心市街地の商店は，商店主の高齢化もあり，消費者ニーズに応えきれず，顧客を減らしています。地方都市の中心市街地の衰退は，空き店舗や駐車場，空き地として顕在化しています（第11章を参照）。

2.2.2 郊外の衰退

地方都市でも，郊外化は進展してきました。そのため，郊外における道路，上下水道などの行政投資といったインフラストックは増加しました。これが，自治体財政を悪化させている一因です。

郊外地域は，市街化調整区域（開発規制）に指定されていましたが，一部の市街化調整区域は，市街化区域（開発が可能）に変更されてきました。市街化区域に変更された土地には，農地も含まれています。これが**農地転用**です。

地方の農地の地価は，坪1万円以下と安いのです。しかし，住宅地や商業用地に転用されると，地価は大幅に上昇します。農地の所有者は，農地転用による差額利益を期待して，耕作を放棄することもありました。市街化地域に隣接する農地を有する農家にとっては，都市計画の線引きは，最大の関心事だったのです。

郊外で開発が進んでいるといっても，すべての郊外が同時に開発されたわけではありません。1970年代～1980年代に開発された郊外住宅地の住民は，高齢化しています。若い世代は，古い郊外住宅地に住もうとしません。そのため，世代が偏り，局地的に高齢化が高くなっています。このような街を，**オールドタウン**と呼びます。

かつて，新しい郊外住宅地は，ニュータウンと呼ばれました。イギリスのニュータウンは，レッチワース田園都市のように**職住近接**を原則としています。それに対して，日本のニュータウンは，職場がなく，住宅を中心とした新しい郊外（**ベッドタウン**）でした。職場が近くにないため，空き家が発生しても，中古住宅の需要は発生しにくいのです。

今でも郊外の線引き見直しを行い，開発の可能な市街化区域を拡大している地方都市もあります。このような都市では，中心市街地の空洞化が進み，空き家も増加しています。この中古住宅をリノベイトせず，新築住宅の需要に応えていく政策は，人口減少下で，郊外部の高齢化とインフラの老朽化と，中心市街地の衰退をもたらします。

日本は，クラッセン＝パーリンクの主張した，**逆都市化**，**再都市化**の過程に入っています。

人口が減少している地方都市では，既存住宅ストックの再利用や撤去を考えざるをえません。中心市街地で注目されている中古住宅や公団住宅のリノベーションは，郊外住宅地においても重要なテーマです。

3 農山漁村地域の衰退

3.1 農村の衰退

3.1.1 基盤産業としての農業

農村は，農業を基盤としている地域です。農業は，自給自足という性格を有していました。日本では農地改革を転換点として，農業生産物の商品化により，農作物は，市場への財として位置づけられるようになりました。

長野県川上村は，寒冷な高原に立地している農業地域です。このような厳しい生産条件であるにもかかわらず，大都市圏へ比較的近い立地を活かして，高原レタスに特化し，高い生産農業所得を得ています。川上村の農業の成長は，低温物流システムと関係しています。

また日本でも農産物のブランド化のために，ヨーロッパのような地理的表示（GI: Geographical Indications）保護制度を2015年6月に導入しました。これは，産地を知的財産として保護し，農作物の地域ブランドによる付加価値を高めるものです。

3.1.2 農地の大規模化と土地転用

農作物が商品価値を持つようになると，農家は市場で売れるものを生産するようになります。農林水産省は，農作物の生産性を高めるために，公共投資として圃場整備を行い，農地の大規模化を進めてきました。

それでも欧米の農地に比べると，日本の農地は，土地所有の細分化や急峻な地形になっています。日本では農家1戸当たりの耕作面積は大きくありません。

日本の農家1戸当たりの農地面積は2.7haで，アメリカの179.0haはいうまでもなく，イギリスの90.1ha，ドイツ60.5ha，フランスの60.9haにも遠く及びません。EU全体の平均農地面積は，16.6haですから，日本の農地面積は，EUの6分の1にも達していません。

農地の中でも，都市部に近く，平地でまとまった面積のある農地は，郊外開発の対象となり，宅地や商業地に転用されました。郊外住宅地は，かつては農地や森林でした。生産緑地制度が期限を迎えるなかで，都市農地はさらに開発が進んでいます。

3.1.3 獣害

中山間地域の農地は，農地面積が小さいため，生産性が低く，効率的な農業生産には向いていません。また，多くの中山間地域の農地は，都市部から遠く，都市化という開発圧力もありません。その結果，農業生産者の高齢化や担い手不足により，中山間地では耕作放棄地が増加しています。

里山の荒廃や耕作放棄地の増加は，イノシシ，シカ，サル，クマ，ネズミなどによる獣害の増加を引き起こしています。今後，人口減少だけではなく，獣害によって，中山間地域の農村がさらに衰退する可能性も高まっています。

3.2 山村の衰退

3.2.1 山村の形成要因

山村は，農業生産によって成立したわけではありません。歴史的に街道筋にあり，宿場機能を持っていた集落や，近代化のなかで水力発電所が建設されて形成された集落，林業を生業としていた集落もあります。

山村は，トンネル，バイパス，高速道路の建設により，街道の宿場町という機能を失いました。水力発電所は，自動化され，職員はいなくなりました。

林業は，グローバル競争のなかで，北米産や東南アジア産の木材との価格競争によって，衰退しました。2003年に2,333億円あった木材生産額は，2009年に1,861億円まで減少しました。その後，国産材の生産は持ち直し始めました。それでも2,464億円（2020年）にとどまっています。2022年に入り，ウクライナ危機ではロシア産木材の輸入が止まり，再び国産材への注目が集まっています。

国産材の生産回復には，木材の輸出増加があります。円安によって，国産材の価格競争力は上昇しています。2013 年には輸出額が 123 億円であったものが，2021 年の輸出額は，中国，韓国，アメリカ向けを中心として，357 億円に達しました。

それでもまだ，山村を維持できるほどの林業再生にはつながってはいません。近年，注目されている山村再生の取り組みとして，**創造農村**があります。徳島県神山町では，高速ネットワーク回線を活用し，クリエイティブな IT 産業の事業所を誘致したことで，交流人口や定住人口の増加を図っています。また住民を中心として高等専門学校の新設を計画しており，クリエイティブ人材の育成も進めていくことになります。これは，ICT 時代における現代的な山村形成です（第 5 章を参照）。

3.2.2 山村の限界集落化

大野晃は，「集落人口の 50％以上が 65 歳以上で，**社会的共同生活機能**を失った地域」を，**限界集落**と規定しました。社会的共同生活機能とは，集落の住民で共同して田んぼや畑，道路整備を担うことです。

現在多くの山村は，限界集落化しています。ただし，限界集落になったからといって，すぐに廃村，廃集落になるわけではありません。山村の高齢者は，周辺地域に暮らす親族に支援されています。また，収入は少なくても，自宅，家族のサポートや自家用菜園，年金があるため，生活には困りません。

3.2.3 自然資源の管理

限界集落は，いずれ消滅する可能性が高いのは事実です。しかし，林業を CLT などの活用による国産材需要の増加や中国，韓国等への輸出増加によって，林業への若者の就業が増えれば，再生する可能性もあります。

地域おこし協力隊は，林業就業の契機になっています。地域おこし協力隊とは，都市地域から過疎地域へ住民票を移動させて生活拠点を移した者で，その地域への定住・定着を図る取り組みであり，地方自治体が委嘱した人々を意味します。総務省の事業で，任期は3年，任期満了後は6割以上が当該地域に定住しています。総務省は，1人当たり480万円の補助金を支給しています。

観光産業に活路を見出せる山村も存在しますが，高度が高く，平地の少ない，雪の多い山村では，さらなる人口減少は避けられません。

国土の67%が森林である日本には，多くの山村があります。すべての山村を存続させることは，難しいといわざるをえません。しかし，山村は，水資源や林業資源を維持する重要な役割を持っています。山村は，二酸化炭素を吸収するエリア，バイオマス発電の原料供給地としても重要です。

山村の無居住地域化と自然資源の保全というパラドックスをいかに解決するかが，問われています。

4 コミュニティの再編

4.1 限界コミュニティ

人口が減少し，高齢化が進展すると，コミュニティの存続は困難になります。限界集落化した農山漁村地域では，コミュニティの存立基盤の危機が指摘されています。大都市圏の郊外住宅地も若年層の回帰がなく，世代交代は行われず，居住者の高齢化が顕著です。また，郊外住宅地の不動産価値は，下落傾向にあるため，市街地や都心への住み替えも容易ではありません。

その結果，大都市圏に局地的な限界集落のようなコミュニティが形成されています。これを**限界コミュニティ**といいます。限界コミュニティは，郊外の分譲地や団地で顕在化しています。

4.2 再編と撤退

国土交通省の「「国土の長期展望」中間とりまとめ」によると，商店街を構成する，野菜・果実小売業，食肉小売業は，人口規模が3,500人ないと成立しないとされています。この人口閾値を下回ると，コンビニエンスストアしか立地しない地域になります。

コンビニエンスストアは，人口規模が500人でも成立します。銀行が立地するためには，6,500人の人口規模が必要です。これを下回ると，人口規模が600人でも成立する郵便局しか立地しません。病院の成立には17,500人の人口規模が必要です。この水準を下回れば，診療所しか残りません。

さらなる人口減少によって，コンビニエンスストア，郵便局，病院の成立条件人口規模を満たせない地域は増加するでしょう。人口600人を下回るようになると，その地域での生活水準は大幅に低下します。

この問題に対処するため，住民同士が出資・参加して運営する小規模な共同売店，給油所，市場（マルシェ）が見直されています。また，政府は山間部などの地域を限定した自家用車による配送サービスの規制緩和を行いました。

しかし，長期的な観点からいえば，生活関連サービスの維持のためにも，廃村や集落の統合のようなコミュニティの再編は不可避です。撤退もまた，地域政策の手法の１つです。

Working　調べてみよう

１つの市町村を取り上げて，①人口の増減，②子育て支援のサービス，③移住への支援策を調べてみましょう。

Discussion　議論しよう

消滅可能性都市は，大都市圏にも指定されています。消滅可能性都市に指定された自治体と，指定されなかった自治体を取り上げ，人口，経済機能など，どのような点に違いがあるのか，議論してみましょう。

▶▶▶さらに学びたい人のために

●林直樹・齋藤晋編著［2010］『撤退の農村計画』学芸出版社。

農山漁村地域をどのように再編するのか，具体的に検討した文献です。「積極的撤退」が地域の力を守るという視点から，撤退の方法論を展開しています。本書は，机上の空論ではなく，過去の集落移転の実績から，実現可能な集落の積極的な撤退を提案しています。

●松谷明彦［2015］『東京劣化』PHP 新書。

人口減少と高齢化は，地方の問題であると考えがちです。本書は，今後高齢化の進む東京で問題が生じると指摘しています。

参考文献

●小田切徳美［2014］『農山村は消滅しない』岩波新書。

●田代洋久［2022］『文化力による地域の価値創出』水曜社。

●中村稔彦［2022］『攻める自治体「東川町」』新評論。

●農林水産省編［2021］『令和 3 年度食料・農業・農村白書』農林統計協会。

●藤田佳久編著［2011］『山村政策の展開と山村の変容』原書房。

●増田寛也編著［2014］『地方消滅』中公新書。

第9章 産業集積の衰退と再生

Learning Points

- ▶工場は，1969年まで大都市圏に集中してきました。工業の大都市集中は，地域間格差の主要因と認識され，通産省は，工場等制限法，新産業都市，工業再配置，テクノポリス計画，頭脳立地法など，大都市圏の工業集中を是正するために，さまざまな産業立地政策を実施してきました。
- ▶通産省の産業立地政策に依存するだけでなく，地域の側から独自の企業誘致や中小企業の技術力向上を目指したモデルとして注目されたのは，北上・花巻モデルです。
- ▶産業クラスター政策は，イノベーションによって産業集積を高度化しようとする政策です。産業クラスター政策は，事業仕分けによって事実上廃止されましたが，地域レベルにおいて，イノベイティブな産業集積創造のためのさまざまな試みが行われています。

Key Words

工場等制限法　発展なき成長　北上・花巻モデル　産業クラスター　グローバル調達

1　工場の大都市集中と分散政策

1.1　大都市圏への工場の集中

日本は明治維新以降，本格的に工業化します。第2章で学習したように，工場立地は，交通インフラ，労働力，市場に影響を受けます。日本では，工業は，それらの立地因子の整っていた大都市圏で発展していきます。

戦後，高度経済成長が始まります。高度経済成長を実現した最大の要因は，工業の発展です。戦後の工業発展の拠点は，**京浜工業地帯**（東京都＋神奈川県），**阪神工業地帯**（大阪府＋兵庫県），**中京工業地帯**（愛知県）でした。

より小さな地域区分でみると，東京都大田区や大阪府東大阪市のように，中小企業が密集して立地（「**都市型工業集積**」）した地域があります。都市型工業集積では，単純な部品製造ではなく，高付加価値な部品生産や加工，試作を行う企業も少なくありません。また，従業者数３人以下の零細事業所が多く，１社ですべての仕事を行えないため，地域内で「**仲間取引**」というネットワークを形成し，分業しています。これが多様な職人，技術，ノウハウ，装置を地域内に有する産業集積の優位性です。「大田区のある企業に図面を投げれば，完成品として帰ってくる」といわれたこともありました。『工業統計表』では，工場を事業所（establishment）と呼んでいます（第１章を参照）。

都市型工業集積の製造品出荷額は，1990年代以降減少しています。製造品出荷額は，工場の生産額を示す指標です。事業所数（工場数）は，すでに1970年代から減少傾向にあります。その要因は，①工場からマンション，オフィスビルなどへの土地利用転換が進んだこと，②賃金や地価が上昇し，また騒音問題等もあり，都市型立地の優位性が失われたこと，③取引先企業の地方展開や海外立地，日本企業の国際競争力低下や韓国，台湾，中国などの新興国との競争によって，国内の製造業が「空洞化」したためです。

1.2 産業立地政策と大都市圏への立地抑制

大都市圏への工業集中の傾向は，都市問題（経済学では「**外部不経済**」と呼ばれます）を引き起こしました。大都市圏では，光化学スモッグ，大気汚染，地下水の汲み上げによる地盤沈下が発生しました。大都市への人口集中よって，工業地域でも住宅開発が行われたため，「**住工混在問題**」も発生しました。

大都市圏と比較すると，地方圏の工業化は遅れました。大都市圏における工業の「過集積」と地方圏の低開発は，「過密問題」と地域間格差という２つの問題として認識されます。この２つの問題を同時に解決するための法律

図表 9－1 ▶▶▶ 大都市圏と地方圏の工場数とシェア（従業者数 4 人以上）

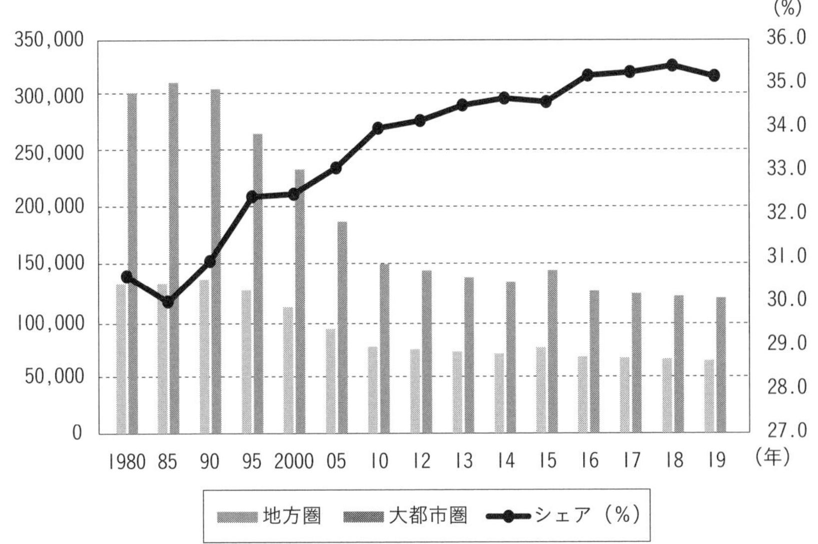

注：大都市圏の地域区分は，経済産業省の地域区分である，関東内陸，関東臨海，東海，近畿内陸，近畿臨海。
出所：経済産業省「工業統計表」「経済センサス」各年版をもとに筆者作成。

が，「工場等制限法」です。

1959 年に制定された「首都圏の既成市街地における工業等の制限に関する法律」は，首都圏を対象とした立地規制でした。「近畿圏の既成都市区域における工場等の制限に関する法律」は，大阪圏を対象とした立地規制です。これら 2 つの法律をまとめて，**工場等制限法**と呼びます。いずれも大学の立地規制を含んでいた点に特徴があります。工場等制限法は，原則 1,000㎡以上の工場立地を対象としていました。

京浜工業地帯の製造品出荷額は，ピークとなる 1962 年には，日本の 25.9 ％を占めていましたが，2019 年には，7.7％にまで低下しています。

工場等制限法は，2002 年に廃止されました。都心部への工場立地は，地価と賃金の高さもあり，法律廃止後も進展していません。それに対して，郊外に立地した大学は，東京や大阪の都心に回帰しています。

工場等制限法，工業再配置法，工場立地法を工場 3 法と呼びます。現在存続しているのは，工場の立地環境を規制するための工場立地法のみです。

2 地方圏への企業誘致

2.1 地方圏の工業基盤

八幡製鉄所を中心に工業が集積した北九州工業地域を除くと，地方に集積していた工業は，地域の特産品や食品を製造する地場産業でした。鋳造技術，機織機，製糸の加工機，鉱山機械など，一部の機械工業も存在していましたが，大都市圏と比較すると，機械工業の集積水準は，低いままでした。

これを転換させるきっかけとなったのは，第二次世界大戦による農村工業化です。第二次世界大戦中，長野県や岩手県などの地方へ，工場の疎開が行われました。地方の企業も，軍需製品の製造を担うことになりました。そのため，地方における機械工業の技術水準は高まります。

山形県村山市のＡ社は，1961年に農閑期の安定的収入を得るために，農家の敷地内に生産設備を設置して，ネジの製造を行うことを目的として設立されました。農閑期の収入が少なく，出稼ぎに依存していた東北地方では，農家自身の手によって，積極的に工業化が進められたのです。

地方圏の産業集積の問題点は，工場数や製造品出荷額の少なさだけでなく，機械工業の集積水準の低さにありました。図表９－２は，1960年時点の機械工業の特化係数を地図化したものです。特化係数は，次式で算出します。

$$特化係数=\frac{i\,地域のA産業の構成比}{全国のA産業の構成比}$$

東北地方や九州地方の特化係数は，1960年には１未満でした。特化係数が１を超えていると，機械工業が相対的に集積しており，１を下回る場合には，機械工業の集積水準は，全国と比較して低いことを示しています。

1960年時点で，１を超えていた地方の県は，新潟県，富山県，静岡県，広島県だけでした。戦後15年経過した1960年に至っても，地方の工業集積は，技術革新が進みやすく，成長力の高い機械工業の集積地にはなっていません

図表 9－2 ▶▶▶ 機械工業の都道府県別特化係数（1960 年）

注：なお，機械工業は工業統計表の中の機械製造業であり，この中では電気機械器具製造業を除いている。
出所：経済産業省「工業統計表」をもとに筆者作成。

でした。

2.2 発展なき成長

1973 年の第 1 次石油ショック以降，地方圏での工場立地は増加します。空港，港湾，高速道路，新幹線などの交通インフラの整備が影響しています。

ただ，地方圏で建設された工場は，研究開発機能や本社機能を伴わない生産機能のみの工場（**分工場**）でした。研究開発機能や本社機能は，大都市圏に立地し，地方圏には，低賃金の豊富な労働力を必要とする生産機能のみが立地しました。

この時期，コメの生産調整が行われ，農村には，余剰労働力が生まれていました。この余剰労働力の吸収先になったのは，新しく建設された工場です。農林水産省による**農村地域工業導入促進法**の制定は，1971年でした。これらの要因の複合的作用によって，地方では，専業農家から兼業農家へのシフトが進み，冬季の出稼ぎは抑制されました。この時期，1人当たり県民所得の格差も縮小しました。ただ，農業の大規模化にとっては，マイナスに作用したことは否めません。

地方圏への工業立地の増加は，地方の産業構造を高度化し，1人当たり県民所得の縮小にも貢献しました。第4章の**図表4－2**からわかるように，戦後初めて，大都市圏から地方圏への人口の社会移動が起きたのも，この時期です。そのため，この時期は「**地方の時代**」と呼ばれています。

その一方で，地方圏の工業立地に伴う経済構造の変化は，地域経済の従属性を強めているという主張もなされました。安東誠一は「**発展なき成長**」と名づけています。地方圏に立地した工場は，主として労働集約的な単純な部品加工を担っており，地方の工場労働者の賃金水準は高くありません。工場の地方立地によって，地方圏は工業によって所得を得ることができるようになりましたが，担っているのは，一部の生産工程のみであり，地域の産業集積との連関性に乏しいという課題を抱えていました。

地方圏への工場立地が進んだ1970年代から1980年代にかけて，高い生産性，製品開発力，地場企業とのネットワークを構築できなかった地域の工場は，建物や設備の減価償却が終わり，海外の新興国が台頭すると，工場生産は縮小，あるいは工場が閉鎖されるようになります。逆に，大学・公的機関や地場中小企業とのネットワークを構築できた地域では，先進国型の新たな産業集積へと質的に高度化していきます。その代表例は，岩手県の北上・花巻です。

2.3 北上・花巻モデル

岩手県花巻市は，農業地域でした。戦時中，疎開企業の立地があり，それらの企業からスピンオフした企業によって，産業集積の基礎が形成されました。この基盤は，企業誘致に際しても有利に作用しました。その結果，大都市圏とは比較できませんが，地方圏としては特異な機械工業集積が形成されました。花巻市の機械工業は，金属加工，機械加工，精密加工，電機関連といった，それまで地方で欠けていた基盤技術に関わる工業です。

岩手県北上市は，大企業だけでなく，中小企業や中堅企業の誘致も積極的に行ってきました。多様な企業や技術の集積によって，域内に存在していなかった加工技術の蓄積を実現したのです。

花巻市と北上市は，関東内陸や南東北と比較すると，東京から離れています。両市は，鋳造，鍛造，金型，鍍金，板金加工，プレス加工，プラスチック成型といった機械工業の基盤技術の獲得を目指しました。

このような基盤技術は，東京都大田区，東大阪市などに集積している機能です。それらの機能の集積は，大企業誘致だけにとどまらず，中小企業の誘致と地場中小企業の技術力の高度化を地道に行ってきた成果だと考えられます。

図表 9－3 ▶▶▶北上市と花巻市の産業集積の変化

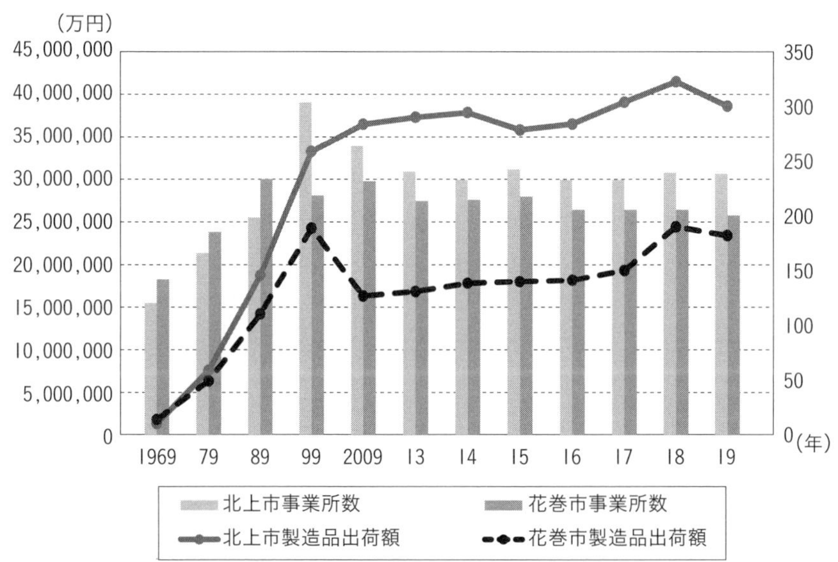

出所：経済産業省「工業統計表」「経済センサス」各年版をもとに筆者作成。

花巻市と北上市は，1980年代から1990年代にかけて，事業所数と製造品出荷額を増加させてきました。ただ，2000年代に入ると，リーマンショックの影響もあって，花巻市の事業所数と製造品出荷額は減少に転じています。

北上市の事業所数は，減少に転じましたが，製造品出荷額は横ばいです。また2010年以降は北上市，花巻市ともに製造品出荷額を伸ばしており，結果として1事業所当たりの製造品出荷額は，1999年と比べて，2019年には増加しています。

産業集積を評価する際の重要な指標の1つは，従業者数です。北上市と花巻市の2009年と2019年の間の従業者数の変化をみると，北上市は1383人の増加，花巻市は209人の増加でした。

日本の製造品出荷額は，1991年の341兆円をピークとして，リーマンショック後に回復しているものの，2019年には323兆円へと5.3%減少していることを考慮すると，花巻市と北上市は，産業集積を維持しているといえます。

3 産業クラスター計画

3.1 地域競争力の確立

1980年代以降の円高や労働費の上昇や1990年代以降の新興国の台頭に伴う海外生産増加や外需の増大に対応するために，日本企業は，国内生産を縮小し，工場の海外移管を進めてきました。国内では，研究開発機能（R & D），試作，多品種少量生産など，競争優位の源泉となる機能を残そうとしています。

産業集積の競争優位性を考えるうえで参考になるのは，**産業クラスター**という考え方です（第12章を参照）。ハーバード大学のマイケル・ポーター（Porter, M.E）は，地域の産業集積の競争力強化には，ダイヤモンド・モデル（需要条件，関連支援産業，要素条件，企業戦略・競争環境）の強化が重要であると主張しています（マイケル・E・ポーター著，竹内弘高監訳［2018］『［新版］競争戦略論Ⅱ』ダイヤモンド社）。

産業クラスター論が注目された理由は，1990年代にバブル経済の崩壊やグローバル競争によって，地域経済が低迷し，人口の流出が再び増加し，1人当たり県民所得の格差も拡大し始めたからです。

企業の海外展開によって，以前と比較すると，企業誘致は難しくなっています。そのため，地域の産業集積の高度化やイノベーション力の強化が求められるようになったのです。一言でいえば，グローバル競争下でも持続可能性のある産業集積への転換です。

3.2 産業クラスター政策の展開

日本の産業クラスター政策には，2つの政策があります。経済産業省の産業クラスター計画と文部科学省の知的クラスター創成事業です。農林水産省も独自に食料産業クラスター計画を実施していますが，すべての都道府県を対象としており，6次産業化が中心となっていました。

経済産業省の産業クラスター計画ではミッションとして，イノベーションを促進する事業環境の整備，国家戦略上の重要分野として定められた新産業の創出，地域振興との連携による相乗効果の現出をあげています。これを実現するために，20年の期間を3期に分けて実現を図るとしました。第Ⅰ期

図表 9－4 ▶▶▶産業クラスター計画

第Ⅰ期 (2001年～2005年) 産業クラスターの立ち上げ期	第Ⅱ期 (2006年～2010年) 産業クラスターの成長期	第Ⅲ期 (2011年～2020年) 産業クラスターの自立的発展期
産業クラスター計画のプロジェクトとして20程度立ち上げ，自治体のクラスターと連携し，「顔の見えるネットワーク」を形成。	ネットワークの形成を進めつつ，具体的な事業を展開。プロジェクトの見直しも行い，新たなプロジェクトの立ち上げを柔軟に実施。	ネットワークの形成や具体的な事業展開。財政面での自立化。実質的には政策の終了。

出所：経済産業省産業クラスター計画パンフレットをもとに筆者加筆のうえで作成。
（http://www.meti.go.jp/policy/local_economy/tiikiinnovation/source/Cluster2009_brochure.pdf　2015年9月22日確認）

は立ち上げ期で，第Ⅱ期は成長期，第Ⅲ期は自立的発展期です。なお，産業クラスター計画では，第Ⅱ期に18の計画が承認されていました。

文部科学省の知的クラスター創成事業は，2001年3月に決定した第2期科学技術基本計画を背景としています。産業振興ではなく，科学技術振興を重視しています。

2006年3月には第3期科学技術基本計画において，世界的クラスターの形成への重点的支援が決定されました。知的クラスター計画の第Ⅰ期では，18地域が事業実施地域に指定され，第Ⅱ期では9地域が事業実施地域に指定されました。またこれらとは別に，4地域はグローバル拠点育成に指定されています。

3.3 政策の見直し

産業クラスター計画と**知的クラスター創成事業**は，いずれも計画期間の途上であった2009年に事業の見直しを行うことになりました。民主党政権下での事業仕分けによって，クラスター事業は，廃止対象になったためです。これにより産業クラスター計画では，第Ⅲ期の開始を1年早め，2010年から実施しましたが，財政措置を伴っていなかったことから，地域政策としては実質的な終了を意味していました。

産業クラスター計画や知的クラスター創成事業で始まった産業クラスター形成は，政府の財政支援が終了した後も，多様な形態で事業化されています。

例えば静岡県浜松市は，「浜松地域オプトロニクスクラスター構想」というテーマで，知的クラスター創成事業の認定を受けていました。その後，文部科学省の地域イノベーション戦略支援プログラムに「ライフフォトニクスイノベーション」のテーマで選定されました。さらに2013年には文部科学省の地域資源等を活用した産業連携による国際科学イノベーション拠点整備事業，2016年には地域イノベーション・エコシステム形成プログラムに選定され，国の支援のもとで産業集積の形成を続けてきました。

2017年には静岡県の推進する静岡新産業集積クラスターの一環として，

フォトンバレーセンターを設置しました。さらに2018年に静岡県のプロジェクト型技術支援事業であるA-SAP産官学金連携イノベーション推進事業が始まり，地域レベルでの産業集積形成が推進されています。

産業クラスター計画に位置づけられたTOHOKUものづくりコリドーは，東北6県を圏域として指定し，医工連携やものづくりの支援が行われました。産業クラスター計画の終了後も，医工連携分野では，日本医療機器学会併催イベントであるメディカルショージャパンにおいて，東北6県が共催して「医療用機能・要素部品パビリオン」を設置しました。新型コロナウイルス流行前の2019年まで，地域内の中小企業によるマッチングイベントを実施しています。

また重点分野に位置づけられた自動車産業でも東北6県の連携が進みました。東北経済産業局や県が連携して，2007年にとうほく自動車産業集積連携会議を設置し，自動車産業への新規参入支援を進め，輸送用機器の生産が飛躍的に増加しました。

このように産業クラスター政策の一部として始まった取り組みは，産業クラスター計画の財政的裏づけがなくなっても，自治体の産業政策や科学技術政策を活用しながら，多様な地域で，クラスター強化活動を行うようになっています。

4 産業集積の再生

4.1 歯槽膿漏的な産業集積の崩壊からの再生

産業集積の典型例として示されてきたのは，東京都大田区や大阪府東大阪市のような都市型工業集積です。これらの産業集積は，フルセット型産業構造と呼ばれ，設計から基盤技術を用いた加工・組立まで一貫して対応できる地域的集積でした。

しかし，大田区や東大阪市は，地価の高騰，工業の地方分散，国際競争の激化に伴って，産業集積は縮小し始めます。その結果，産業を支える基盤技術が空洞化しました。関満博は「技術の空洞化」と呼んでいます。特に，鋳鍛造，プレス，切削，表面処理などの機械工業の中核的技術の空洞化が目立っています。

今では，地方圏にも機械工業の中核的技術は存在しています。それでもなお大田区や東大阪市が地域競争力を持つのは，地域内に高度な技術が集積し，仲間取引による柔軟な分業を実現し，多様な一品ものの加工ができたためです。この点は，地方圏の産業集積と異なる点でした。

しかし，このような中核的技術も徐々に衰退，消滅しています。その最大の要因は，後継者不足です。確かに，大田区では下町ボブスレー，東大阪市では人工衛星まいど1号など，マスコミの注目するプロジェクトも実施されています。にもかかわらず，中小零細事業者数の減少に歯止めはかかっていません。近年では仲間取引も難しくなっており，大田区や東大阪市の産業集積は，国際競争力を失い始め，仕事を受注できない零細事業者が増えていま

図表 9－5 ▶▶▶大田区と東大阪市の産業集積の変化

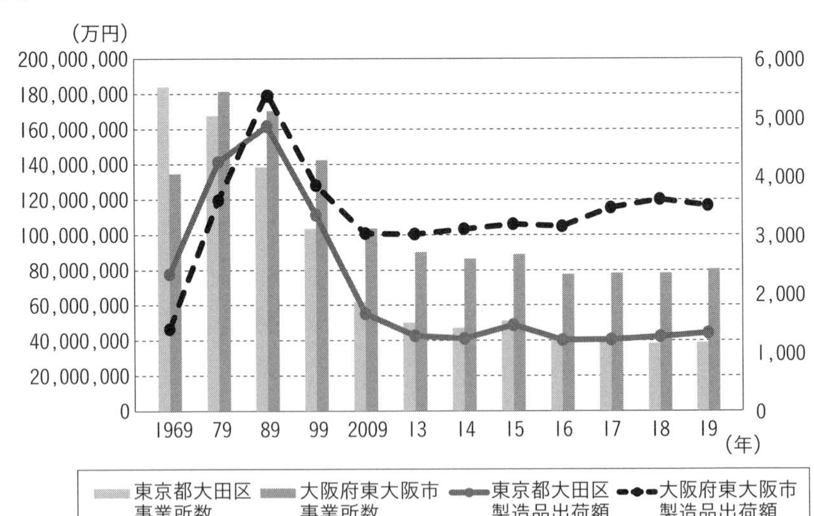

出所：経済産業省「工業統計表」「経済センサス」をもとに筆者作成。

す。

すでに大田区や東大阪市でなければできないという加工は減少しています。そこで大田区で地域の企業5社が連携して，I-OTAという共同受注組織を立ち上げ，オンラインのクラウドサービスを活用して，仲間取引に代わる受注体制を構築しました。また隣接する神奈川県川崎市高津区の産業集積でも，地域の企業25社が連携し，タカツクラフトという共同受注組織を開設しています。

歯槽膿漏的な産業集積の崩壊が進んでいる都市型産業集積では，過去に戻るような再生はできません。1997年に地域産業集積活性化法（特定産業集積の活性化に関する法律）が施行され，部品や金型などの基盤的技術及び企業城下町や地場産業を有する産業集積の再生を支援しました。しかし，政策期間中に，事業所数，出荷額を増加させた地域は，ほとんどありませんでした。地域産業活性化促進法は，2007年に廃止されています。

今後，集積地内にこだわることなく，グローバルな発注サイドの需要に応えられる態勢を構築できるかが，都市型産業集積の再生のカギとなるでしょう。

4.2 新産業形成，国際分業と国内産業集積

中国の台頭や，ウクライナ問題に端を発して，経済安全保障の問題が顕在化しています。この動きは産業集積にも影響します。

日本では地球温暖化への対応として，脱炭素が求められ，グリーンエネルギーへの転換が求められています。例えば，再生可能エネルギーである風力発電，水力発電，地熱発電の活用や，新たなエネルギーとしての水素の活用が進められています。

水素で最も環境にやさしいものは，グリーン水素です。グリーン水素は，電気を用いて水素を製造する工程で，再生可能エネルギーを活用します。日本は電気価格が高いため，グリーン水素の生産には向いていません。オーストラリアなどの電気価格の安い国がグリーン水素の生産国になります。

神奈川県川崎市は，京浜工業地帯の一部をなし，コンビナートを形成してきました。この立地特性を活かし，川崎市はブルネイで生産した水素の供給拠点になることを目指しています。また市内に立地する昭和電工の廃プラスチック工場の生産工程で発生する水素を，川崎市殿町地区に立地したホテルの発電へ活用する事業も進められています。川崎市は石油を中心としたコンビナートからの転換を図っています。

経済安全保障と関わる産業として，半導体産業があります。半導体産業の集積地の１つが九州地方です。かつては，シリコンアイランドとも呼ばれました。熊本県菊陽町へ新たに立地することを決めた企業が，台湾のTSMCです。TSMCは世界最大手の半導体メーカーです。TSMCは日本の半導体需要や，世界的な経済安全保障の観点から，熊本県への工場新設を決めました。この立地には，政府が補助金を最大で4,760億円を拠出します。

TSMCの新規立地は，九州地方の半導体産業集積に新たな需要をもたらしています。例えば，半導体製造装置の保守管理を行うジャパンマテリアルは，熊本県大津町の工場を買収し，ガス設備の供給工場にします。また半導体の製造工程で発生するガスの処理装置を担うカンケンテクノは，熊本県玉名市へ工場を新設し，TSMCの受注に対応します。

このように経済安全保障の結果として立地したTSMCが，九州の半導体産業集積に大きな影響を与えています。

Column　医療機器産業のグローバル戦略

医療機器産業へ参入した中小企業の中には，海外展開を目指す企業も出始めています。栃木県Ｂ社は，半導体製造装置部品やF1自動車の部品を加工していました。その後，精密な加工技術を活かして，医療器械の部品製造に参入しました。Ｂ社は，将来を見据えて２つの方向性を打ち出しています。自社製品の医療機器を開発すること，海外に医療機器の部品を販売することです。Ｂ社は，アメリカやドイツの展示会にも積極的に展開しています。

国内産業集積の再生には，縮小する内需に依存するのではなく，Ｂ社のように，積極的にグローバル戦略を実施できるかどうかが岐路になるでしょう。

4.3 産業集積とグローバル調達

自動車産業は，いまだに重要な産業ですが，国内生産量は減少してきています。海外市場向けの自動車生産は，一部の高級車を除き，輸出ではなく，現地生産で対応するようになってきました。2021年度における普通乗用車の国内生産台数は，399万台で，前年同期比で3.1%減となりました。一方，海外生産台数は，2020年から2021年にかけて増加しています。

大手自動車メーカーは，部品のグローバル調達も増加させています。新型コロナウイルスの流行は，日本の自動車産業が海外依存であることを浮き彫りにしました。自動車メーカーは世界最適調達を行うために，部品をグローバル調達に転換していました。ところが新型コロナウイルスの影響で，都市がロックダウンされると，海外での部品生産が停止してしまいます。この影響で部品の入手が困難となり，国内工場の操業を停止せざるをえなくなったのです。

グローバル調達は，平時には有効でしたが，経済安全保障の観点からはリスクであることが浮き彫りになりました。日本の産業集積もグローバル化と経済安全保障の両面から戦略を考えていかなければなりません。

Training　解いてみよう

産業クラスター計画と知的クラスター創成事業に指定された地域を取り上げ，政策の展開前と展開後を比較し，政策の効果について議論してみましょう。

▶▶▶さらに学びたい人のために

●小田宏信［2005］『現代日本の機械工業集積』古今書院。

統計分析と実態調査をもとに，日本の産業集積の特質を解明しています。局地化係数と工業多角化係数を用いた分析は，産業集積の解明に有効です。

参考文献

●安東誠一［1986］『地方の経済学』日本経済新聞社。
●折橋伸哉編著［2021］『自動車産業のパラダイムシフトと地域』創成社。

●佐伯靖雄編著［2019］『中国地方の自動車産業』晃洋書房。
●松原宏編［2013］『日本のクラスター政策と地域イノベーション』東京大学出版会。
●山﨑朗編著［2019］『地域産業のイノベーションシステム』学芸出版社。

第10章 地場産業の活性化

Learning Points

▶地場産業は，日常消費財を生産する地元資本の中小企業群です。各地域に集積し，産地を形成しています。産地は，小規模な産業集積ですが，地域にとっては大切な生産拠点です。

▶地場産業の従業者数や生産額は，近年減少傾向にあります。しかし，これまでに蓄積された地域資源や技術を活かして，新分野へ進出する企業も増えています。

▶地場産業は，地域内での取引関係が多く，地域経済への貢献が大きい産業です。地場産業の再生は，地域経済の持続的発展にとって，重要な課題となっています。

Key Words

中小企業　地場産業　産地　生産・流通構造　社会的分業体制　ブランド化

1 地場産業とは何か

1.1 地場産業の定義

地場産業は，燕・三条の金属洋食器，鯖江の眼鏡フレーム，関の刃物，今治のタオル，大川の木製家具，有田の陶磁器など，日本各地にあります。地場産業は，国や地方自治体で広く使用されている用語です。法律で定められた定義はありません。地場産業研究の第一人者である山崎充は，地場産業にはさまざまな種類があり「一義的，一元的な定義を明確にくだすことはなかなか容易なことではない」としながらも，地場産業に共通してみられる特性として，次の5点を指摘しています。

①産地形成は歴史的に古く伝統がある，②特定地域に，同一業種の中小零細企業が地域的企業集団を形成して集中立地している，③生産，販売構造は，**社会的分業体制**を特徴としている，④地域独自の「特産品」を生産している（消費財が多い），⑤局地的な需要でなく，全国や海外を市場としている，の５点です。

板倉勝高は，これらの５点に加え，「地場」の語源である「資本の出自（大手の中央資本に対する在地の小資本）」を強調すべきであるとしています。

地場産業は，①伝統性・歴史性，②集積・産地性，③社会的分業体制，④特定日用消費財，⑤全国・世界市場，⑥地元資本という共通性を有しているといえます。

地場産業と似た用語として，**産地**という用語があります。地場産業と産地は，同じ意味で使われます。産地という用語を「特産品を生産する土地・地域」という意味で使う場合は，農林水産品や鉱物などの産出地も含めて産地

図表 10－1 ▶▶▶ 全国の産地（2005 年）

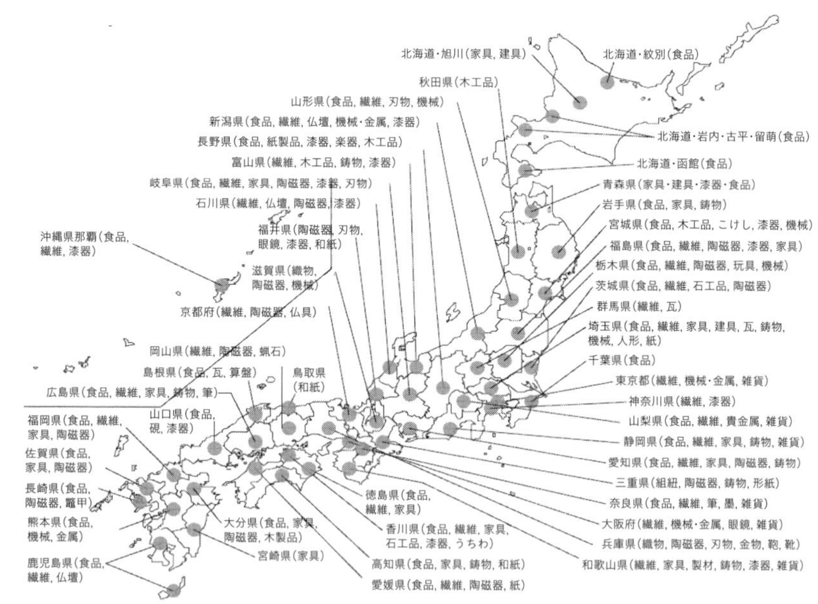

出所：中小企業庁「産地概況調査」。

と呼びます（図表 10－1）。

地場産業・産地は，地域における重要な**移出産業**です。多くの地方自治体では，国による指定とは別に，独自に産地の指定を行い，振興を図っています。

1.2 伝統的工芸品

伝統的な技法，素材を用いて，手工業的な方法で生産された製品は，**伝統的工芸品**と呼ばれます。経済産業省は，「伝統的工芸品産業の振興に関する法律」に基づいて，経済産業大臣指定伝統的工芸品を指定しています。

その指定要件は，①日本人の生活に密着し，日常生活で使用されるもの，②主要工程が手作業中心（手工業的）であること，③技術・技法が100年以上の歴史を持ち，今日まで継続しているもの，④100年以上の歴史を持つ伝統的な原材料を使用したもの，⑤一定の地域で，地域産業として成立しているもの，の5点です。

現在（2022年6月末）の指定品目は，全国で237品目あります。その内訳は，織物（38），染色品（13），その他繊維品（5），陶磁器（32），漆器（23），木工品・竹工品（33），金工品（16），仏壇・仏具（17），和紙（9），文具（10），石工品（4），貴石細工（2），人形・こけし（10），その他工芸品（22），工芸材料・工芸用具（3）です。

職人の手作業によって生産される伝統的工芸品は，1社当たり平均従事者数5.2人と，一般的な地場産業の企業よりも規模は小さいのが特徴です。また，産地に集積する企業数も，1産地当たり平均70社程度です。10～20社といった小規模な産地も少なくありません（産業構造審議会伝統的工芸品産業分科会配付資料―伝統的工芸品産業をめぐる現状と今後の振興施策について）。

1.3 社会的分業と産地形成

地場産業は，多くの場合，産地を形成しています。産地では，同業種企業間で競争が行われている一方で，異業種企業間では，分業による取引関係があります。こうした競争関係や社会的分業関係を「産地の構造」と呼びます（上野［2007］）。

産地の構造は，どのような製品を，どのように生産するかによって異なります。また，同じ製品や作り方であっても，産地の構造が異なる場合もあります。原材料から生産・加工，流通まで1企業で行うものを**一貫生産形態**，複数企業が工程ごとに分業して生産するものを**分業生産形態**といいます。

農林水産品の加工を行う産地では，生産工程は単純で工程数も少なく，取引関係はシンプルな一貫生産形態になります。これに対し，織物や陶磁器，木製家具など，生産工程が複雑な製品では，分業生産形態になります。取引企業数も多く，産地の規模も大きくなる傾向があります（上野［2007］）。

フォークやスプーンといった金属洋食器で有名な燕・三条地域（新潟県燕市・三条市）の分業構造は，**図表 10－2** のようになっています。元請けメーカーは，産地問屋から注文を受けると，材料問屋から材料を仕入れます。その材料を外注先である工程分業メーカーに渡し，鍛造やプレス，彫金，研磨などの加工を行ってもらいます。外注先から納入された加工済み製品は，元請けメーカーが検品・包装し，産地問屋に納入します。

図表 10－2 ▶▶▶ 燕・三条地域製造業集積の構造

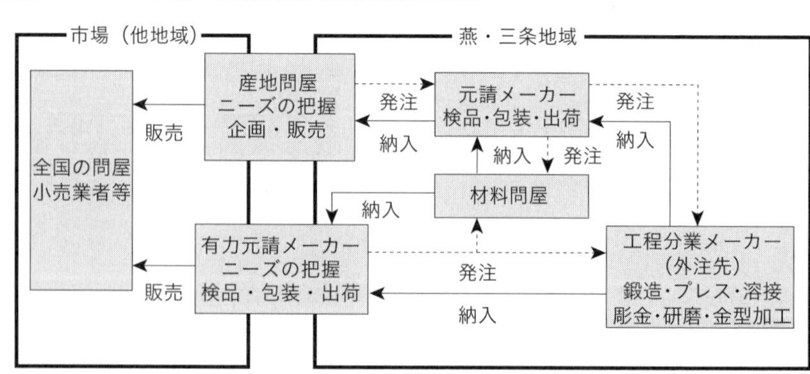

出所：中小企業庁［1997］『中小企業白書（平成9年版）』大蔵省印刷局。

2 地場産業の現状と課題

2.1 地域の基幹産業としての地場産業

江戸時代，全国の各藩は，財源確保の手段として，特産物の振興を図りました。佐賀県有田町の陶磁器の起源は，朝鮮出兵の際に鍋島藩が朝鮮半島から陶工を連れ帰ったことです。富山県高岡市の銅器産業は，加賀藩が産業振興策として，鋳造師を呼び寄せたのがその起こりです。

産地の多くは，そのルーツを江戸時代にまで遡ることができます。産地実態調査によると，その形成時期は，「江戸時代またはそれ以前」とするものが全産地の40.9%を占めます。「明治～戦前」は32.5%，「戦後」は20.4%です。

明治以降の近代化のなかで，各地の地場産業は，外国技術の導入や機械化によって生産力を高め，全国に販路を拡大していきました。高度成長期に入ると，旺盛な国内需要を背景に，生産規模の拡大や新しい流通経路を開拓し，現在のような生産・流通構造が形成されました。

このように地場産業・産地は，歴史的に地域の基幹産業として位置づけられ，産業振興の対象となってきました。しかし，バブルが崩壊した1990年代以降，地場産業の企業数，生産額は減少しています。

2.2 地場産業の苦境

2.2.1 地場産業の現状

地場産業の実態を知るための資料として，中小企業庁の産地概況調査があります。しかし，2005年度調査をもって廃止されており，また2015年に委託調査として同名の調査が実施されているものの，以前の半分程度ほどの産地しかデータが集まっておらず以前の調査との比較が難しくなっています。そのため直近の状況を知る公的資料はありません。以前の産地概況調査では，

「年間生産額がおおむね5億円以上の産地」を対象として，全国の486産地を調査しています。

2005年度は，全国の産地計で企業数は41,656，従業者数は381,521人，生産額は，6兆7,868億円でした。業種は，「雑貨・その他」98産地，「繊維」89産地，「食料品」83産地，「木工・家具」67産地，「窯業・土石」55産地，「機械・金属」52産地，「衣服・その他の繊維製品」42産地となっています。地域別では，北海道7産地，東北46産地，関東141産地，中部67産地，近畿95産地，中国37産地，四国37産地，九州（沖縄含む）56産地となっています。

地場産業は，地域経済を支える重要な基幹産業です。しかし，バブル崩壊以降，内需は低迷し，また生活様式の洋風化も進んだため，地場産業の生産は減少しています。産地概況調査によると，1990年代を通じて，全国の地場産業・産地の企業数，従業者数，生産額は，ほぼ一貫して減少傾向にあり，2005年の生産額は，ピーク時である1991年の4割程度の水準にまで落ち込んでいます。

図表10－3にあるように，1995年から2005年の10年間で，いずれの地域も企業数，従業者数，生産額を減らしています。特に，関東と近畿の減少率が高くなっています。大都市圏では，地価高騰の影響も受けていると考えられます。

2.2.2 伝統的工芸品の現状

伝統工芸品は，日常消費財として広く使われていました。しかし，技術発展や生活様式の変化によって，需要が減少し，現在では祭事や土産用が主な需要になっています。また，職人の手作業による生産のため，量産化できず，企業規模も小規模で，従業員の高齢化，後継者不足による事業承継問題を抱えています。

伝統的工芸品の従事者数や生産額は，減少し続けています。2016年の従事者数は6.3万人，生産額は960億円で，生産額は，ピーク時に比べると，約5分の1程度にすぎません（**図表10－4**）。

図表 10－3 ▶▶▶産地の地域別概況

（単位：人，億円，％）

	地域	産地数	企業数	従業者数	生産額	
						1 産地当たり
2005 年	全国	486	41,656	381,521	67,868	167
	北海道	7	291	7,463	1,324	189
	東北	46	2,952	26,057	4,846	131
	関東	141	9,565	87,505	14,404	127
	中部	67	8,048	57,870	16,511	275
	近畿	95	13,927	111,412	13,817	187
	中国	37	1,567	38,193	5,588	164
	四国	37	2,129	22,923	6,495	210
	九州	56	3,177	30,098	4,883	98
1995 年	全国	534	79,732	609,250	132,689	248
	北海道	11	607	14,658	2,637	240
	東北	57	5,047	56,069	9,855	173
	関東	143	17,201	147,915	33,171	232
	中部	82	15,955	96,081	28,060	342
	近畿	104	27,387	159,392	32,990	317
	中国	44	4,543	43,799	9,866	224
	四国	34	3,718	43,409	7,927	233
	九州	59	5,274	47,927	8,184	139
増減率	全国	△ 9.0	△ 47.8	△ 37.4	△ 48.9	△ 32.7
	北海道	△ 36.4	△ 52.1	△ 49.1	△ 49.8	△ 21.1
	東北	△ 19.3	△ 41.5	△ 53.5	△ 50.8	△ 24.2
	関東	△ 1.4	△ 44.4	△ 40.8	△ 56.6	△ 45.0
	中部	△ 18.3	△ 49.6	△ 39.8	△ 41.2	△ 19.6
	近畿	△ 8.7	△ 49.1	△ 30.1	△ 58.1	△ 41.1
	中国	△ 15.9	△ 65.5	△ 12.8	△ 43.4	△ 26.7
	四国	8.8	△ 42.7	△ 47.2	△ 18.1	△ 10.1
	九州	△ 5.1	△ 39.8	△ 37.2	△ 40.3	△ 29.6

注：生産額は 1995 年は 1994 年実績，2005 年は 2004 年実績。
出所：中小企業庁「産地概況調査」をもとに筆者作成。

図表 10－4 ▶▶▶伝統的工芸品産業の生産額，従業者数の推移

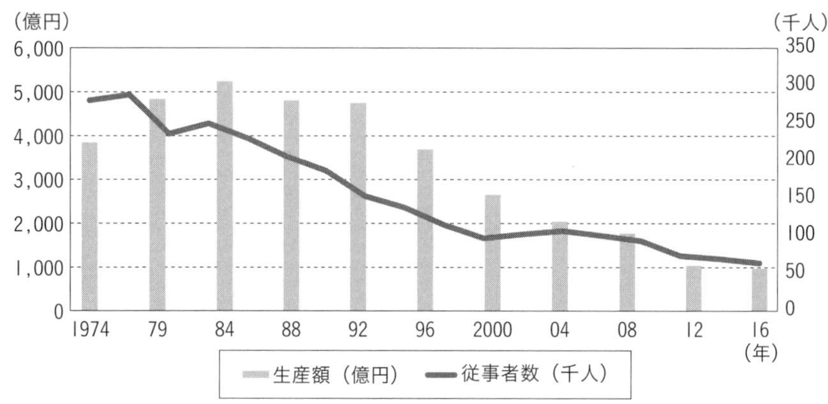

出所：(財) 伝統的工芸品産業振興協会「伝統工芸産業概要統計」をもとに筆者作成。

2.3 地場産業の抱える課題

地場産業の生産額，労働者の減少には，地場産業を支えてきた存立基盤の衰退・解体が背景にあります。

1つは，地場産業の担い手である中小企業と労働者の減少です。大都市圏においては，地価が高騰したため，地代負担能力の低い中小企業は，事業所を維持しにくくなりました。都心部の工場を，マンションなどに土地利用転換する動きも増えました。地方圏では，労働力は，大都市圏に流出したため，地元労働者の高齢化も進み，労働力不足になりました。

小規模企業は，家族経営が多くなっています。事業を家族以外に譲渡しにくいため，社長の子息が事業を継がない場合，事業の継承は困難になります（商店街と同じ問題です）。家族経営の中小企業は，後継者がいない場合，廃業するケースも増えており，地場産業の企業数減少の要因となっています。

2つ目は，市場の大幅な変化です。安価な輸入品の増加によって価格競争が激化したことに加え，長期不況によって，消費者の低価格志向が強まったことも影響しました。また，多くの産地では，和食器や和箪笥，畳など日本の伝統的な日用消費財を生産していましたが，ライフスタイルが洋風化したため，伝統的な日用消費財に対する需要は，大幅に減少しました。

3つ目は，地場産業がかつて持っていた生産や流通における優位性が消滅したことです。古いルーツを持つ地場産業でも，分業や機械化による大量生産といった現在の生産・流通構造が形成されたのは，戦後の高度成長期～1980年代の間です。こうした少品種大量生産を前提とした既存システムは，消費者の嗜好の多様化や，輸入品との競争への対応を阻害する要因になっています。

3 地場産業の活性化策

3.1 地場産業の振興と地域経済

3.1.1 移出産業としての地場産業

地域経済の維持・成長には，域外から所得を獲得する**移出産業**の存在が欠かせません。戦後の日本の地方圏で，その役割を担ってきたのは，農林水産業を除くと，地場産業や**誘致工場**（**企業**）です（中村［2014］）。

高度成長期の末期になると，地方の産業振興策の中心は，企業誘致になりました。大企業は，大都市圏での地価高騰と人手不足が顕著になり，地方に新しい工場を立地させました。しかし，1985年のプラザ合意以降の円高の進展や，バブル崩壊による国内経済の長期低迷により，大企業は，地方の国内生産拠点を閉鎖・縮小し，海外に生産拠点を移しました。誘致工場の生産縮小や工場閉鎖によって，地域経済は経済的打撃を受けました（誘致工場に依存した地域経済構造を**分工場経済**と呼びます）。

過度に誘致工場に依存するリスクが明らかとなり，地域経済の持続的成長には，地元資本による産業振興が重要であると認識されるようになりました。地域経済の持続的成長には，地場産業のような移出産業を再生するか，新たな移出産業を作り出す（第12章を参照）しかありません（中村［2014］）。

誘致工場の多くは，安価（発展途上国と比較すれば高い）で豊富な労働力を求めて地方に立地しました。しかも，従来から取引のあった域外企業との取引が多く，地元の中小企業との取引は少なく，地域内での経済循環が形成されていない点も問題でした。産地の地元企業間で取引を行っている地場産業は，量的な側面はともかく，地域における産業連関・域内経済循環という観点からみれば，地域経済に対する貢献は小さくありません（中村［2014］）。

3.1.2 地域資源を活用した新分野への進出

今後，地場産業はどのような方向に変化していくべきなのでしょうか。1つの方向性は，産地に蓄積された技術などの地域資源を時代に合った形で活用していくことです。

地場産業・産地は，これまでも時代に合わせて，生産方法や作るものを変えてきました。岡山県倉敷市は，江戸時代から綿花の生産が盛んで，足袋などの厚手の綿製品を作っていました。大正時代になり，厚手の綿製品の縫製技術を活かして学生服を作るようになり，さらに戦後はジーンズの生産を手がけるようになりました。現在では中小・中堅ブランドメーカーが集まる日本におけるジーンズの生産拠点になっています。

帝人子会社の帝健では，京都大学病院と共同で，吸盤型より素早く正確に装着できる心電図を測る布状の電極を開発しました。その製造には，1本の糸で複雑な模様を表現する西陣織の「つづれ織り」という手法を活用しています。鯖江市の眼鏡枠メーカーのシャルマンは，フレームのチタン溶接技術を活かして，手術用のピンセットやはさみの生産を始めました。石川県には，繊維織物産業が集積しています。石川県羽咋（はくい）市にあるユニホーム織物製造の創和テキスタイルは，織布技術を活かして航空機用の炭素繊維織物の分野に参入しています。

また，福岡県大川市は，婚礼家具用の「箪笥」などの木製家具を生産しています。日本人のライフスタイルが和風から洋風に変わったことで，現在の生産量はピーク時の3分の1にまで減りました。しかし，取り扱う家具の流通量自体は最盛期とあまり変わっていません。家具は，傷をつけずに運ぶために，特殊な運送方法を必要とします。大川市には，家具専門の運送会社が多数立地していました。そのため，北欧や中国，東南アジアから輸入した家具も，いったん大川市に集めてから，全国に配送するようになったからです。近隣の佐賀県の伊万里港は，家具装備品の輸入港となっています。大川は，全国への家具の流通網という地域資源を活かして，家具の生産拠点から輸入家具の流通基地へと変わったのです（九州経済調査協会編［2010］）。

3.1.3 産業融合によるクラスター化

もう1つの方向性は，ポーター（Porter, M. E.）の提唱するクラスター化です。産業の競争力を高めるためのクラスター戦略（政策）は，1990～2000年代を通じて，日本をはじめ世界各国で取り組まれてきました。クラスター戦略は，研究者や政策により強調点に相違がありますが，ここでは，他産業・分野との連携強化や他分野への進出・連携によりクラスターを形成する「産業融合」戦略としておきます。農林水産省が推進する「6次産業化」は，規模の小さな産業融合・クラスター化戦略として位置づけられます。

地場産業を単なる製造業ではなく，観光資源として見直し，観光産業との融合を図る試みも全国的に広まりつつあります。燕市でプレス金型の設計・製造を行っている武田金型製作所では，観光客向けに自分の手でプレスにより段差や目盛りを加工した真ちゅう製定規づくりを体験できるイベントを開催しています。金箔や銀箔の産地として有名な金沢市の有力メーカーである箔一では，観光施設として箔巧館を建設し，金箔を使用したさまざまな展示施設だけでなく，箔貼り体験もできることから多くの観光客を集めています。

3.2 地場産業の活性化支援施策

3.2.1 独自商品・ブランドの開発

地場産業・産地が抱える課題は，産地によってさまざまです。しかし，共通した問題もあります。福井県鯖江市は眼鏡フレームの一大産地ですが，

OEM（相手先ブランド）生産が中心で，自社ブランド製品を持つ企業はあまりありません。海外製品との競合により，加工賃は引き下げられ，受注量の減少により工業製造品出荷額は，ピーク時の約4割程度にまで落ち込んでいます。鯖江市では「作る産地」から「作って売る産地」への転換を図るために，アパレルブランドとのコラボや市のホームページによる消費者への情報発信などを行っています。新製品・新技術開発や新事業創出，業種転換に対する助成制度も設けています（佐々木［2010］）。

自社ブランドがなく，「モノづくりにおいて主導権がとれない」という問題は，多くの地場産業に共通した問題です。この問題は，産地の生産・流通構造に起因しています。

中小零細企業が社会的分業によって生産を行っている産地では，個々の企業は，生産工程の一部を担うだけで，生産工程全体を統括する能力はありません。企業規模は小さく，企画・開発の専門職やデザイナーを独自に雇う力もありません。需要の多かった1990年以前は，どのような商品を作れば良いのか，自社で独自に考える必要はなく，問屋から注文のあった商品を，言われたとおりに作れば売れた時代でした。高度成長期に形成された産地の生産・流通構造が，企業の独自性発揮に対する阻害要因になっているのです。

倉敷市のジーンズ産業のように，デザイナーやパタンナーが，最初から分業構造に組み込まれている産地では，このような問題は生じませんでした。しかし，倉敷市のような産地は多くありません。

この問題への対応策としては，個別企業が規模を拡大して，一貫生産体制を確立し，独自にデザイナーなどを雇う方法（広島県の府中家具など）や，企業集団や共同組合などが資金を持ち寄って，共同でデザイナーを雇う・招聘するなどの方法があります。地場産業を抱える地方自治体では，情報発信や新製品・新技術開発に対する助成などの支援策を行っています。しかし，財政的制約もあり，その効果は限定的です。地場産業の活性化のためには，国レベルによる，より幅広い支援が求められています。

3.2.2 JAPANブランドとクールジャパン政策

海外に製品の販路を求めるのは，国内需要の減少を補うため有効な方法です。地場産業・産地の製品には，日本の生活文化に根ざしたものが数多くあります。日本の食文化がグローバル化したように，伝統的・日本的な地場産業製品も，ブランドを確立できれば，海外で受け入れられる可能性はあります。

中小企業庁は，2004年から，職人的手作業による高価な伝統的・日本的な製品を海外に売り込む「JAPANブランド育成支援事業」を行っています。中小企業の商品開発や海外展示会への出展を支援します。2021年度の採択件数は148件です。

JAPANブランド育成支援事業は，日本を強く意識させる伝統的工芸品を活用したプロジェクトを推進しています。石川県の山中漆器は，外部からデザイナーを招聘し，伝統的な漆器の技術を活かしつつ，欧州市場向けにモダンなデザインや，カラフルな色遣いを取り入れたテーブルウェア等を開発しました。西陣織や友禅染など伝統的な素材・技術を有する京都商工会議所では，欧州向けに着物地を使用したクッションやステーショナリー，アクセサリーを開発・販売しています。一部の商品は，ロンドンの有名百貨店リバティに納入されるようになりました。

2012年から内閣府主導で行われている「クールジャパン戦略」は，日本の文化やライフスタイルを海外に売り込み，海外で稼ぐしくみの確立を目指しています。日本のコンテンツ（アニメ，ドラマ，音楽等）やファッション，衣食住関連，地域産品などを海外に発信し，海外市場を獲得するとともに，外国人にアピールする観光資源として活用し，訪日観光客の増加を目指しています。

2015年には，官民や異業種の間の連携強化を図ることを目的として，「クールジャパン官民連携プラットフォーム」が設立され，同組織では，2021年に今後は特に日本の「食・食文化」を中心として，日本の文化・伝統の強みを活かし，国際展開していく方針が出されました。創業1854年のちば醤油（千葉県香取市）では，大手と同じことをやっていては成長はないとの考えから本格的な海外進出に取り組み，2013年にはハラール認証を取得しイスラム教徒向けの醤油を発売したり，ドイツでは専門商社を通じて，同社の製品をミシュランの星を獲得したレストランに出荷しています。

3.2.3 中小企業成長促進法

2020年に施行された中小企業成長促進法は，地場産業の抱える大きな課題である事業承継問題を解消することを１つの大きな目的としています。同法は，経営承継円滑化法，経営強化法，地域未来法，産業競争力強化法，中小機構法の５つを含んでいます。

通常，中小企業が金融機関から融資を受ける際には，経営者個人が保証を行うケースが多く，もし融資が返済できない場合，保証人である経営者個人が借金を返済しなければなりません。そのため中小企業の事業継承では，後継者候補がこの経営者保証を嫌がるため事業継承を拒否するケースが多く見られました。そこで同法では，事業継承時の経常者保証の解除ができる枠が拡充されました。

また，同法では，中小企業の海外展開をより手厚く支援する方策として，一定の条件を満たす企業に対し日本政策金融公庫がその企業の海外子会社に対し直接貸付を行えるようになりました（クロスボーダーローン制度）。

日本の地場産業は，もともと日本全国を市場としてきましたが，グローバル時代においては，これまで蓄積してきた技術やノウハウを活用して，新しいデザインや新しい用途の高付加価値製品を製造し，世界を市場とすることによって，地域経済を支える基盤産業，移出産業にならなければなりません。

Working　調べてみよう

1. 皆さんの住んでいる地域には，どのような地場産業・産地があるのか調べてみましょう。また，その地場産業・産地はどのような生産・流通構造になっているのか調べてみましょう。

2. 皆さんの住んでいる地方自治体では，どのような地場産業・産地に対する振興

策・活性化策を行っているのか調べてみましょう。またその地場産業・産地を活性化するための振興策を考えてみましょう。

▶▶▶さらに学びたい人のために

●日本総合研究所［2016］「全国の産地　平成27年度産地概況調査結果」。

2005年度をもって調査を終了した産地概況調査を中小企業庁からの委託調査事業として2015年度に実施したものです。国立国会図書館デジタルコレクションで読むことができます。

本文中でも言及しましたが統計データ部分については，以前の調査と比べ有効回答数が少なく前調査との連続性・継続性に大きな問題を抱えていますが，産地に対するアンケート調査や個別産地の事例については，直近の地場産業の現状を知るための貴重な資料となっています。

参考文献

●上野和彦［2007］『地場産業産地の革新』古今書院。

●財団法人九州経済調査協会編［2010］『地域産業の新たな展開—九州・山口からの挑戦』西日本新聞社。

●中村良平［2014］『まちづくり構造改革—地域経済構造をデザインする』日本加除出版。

●マイケル・ポーター著，竹内弘高監訳［1999］『競争戦略論Ⅰ・Ⅱ』ダイヤモンド社。

●経済産業省中小企業庁『JAPANブランド育成支援事業』。
http://www.chusho.meti.go.jp/shogyo/chiiki/japan_brand/

●経済産業省中小企業庁『産地概況調査』。
http://www.chusho.meti.go.jp/koukai/chousa/santi/

●佐々木一成［2010］「眼鏡のまち鯖江の地場産業振興と学生連携」一般財団法人地域活性化センター「月間地域づくり」(2010年10月)。
http://www.chiiki-dukuri-hyakka.or.jp/book/monthly/1010/html/f06.htm

●内閣府「クールジャパン戦略」。
https://www.cao.go.jp/cool_japan/index.html

第11章 商業の再生戦略

Learning Points

▶小売店舗の面積は，徐々に大型化してきました。また，郊外への立地も増えています。それに対して，中心市街地の商店街は，売上不振に陥っており，空き店舗も増加しています。そのため都心部でも，「買い物弱者」，「買い物難民」と呼ばれる人たちが増えており，新しい地域問題となっています。

▶中心市街地の活性化のために，大規模小売店舗の立地規制，商店街振興を柱とした，まちづくり３法が実施されています。しかし，中心市街地の活性化に成功したといえる地域は，少ないのが現状です。

▶地域の人口減少に伴い，都市機能の中心部に人口を集めるコンパクトシティも注目を集めています。

Key Words

大規模小売店舗　シャッター通り　中心市街地　買い物弱者　まちづくり3法　コンパクトシティ

1 変化する店舗形態

1.1 業態の変化

人口の減少している地方都市の商店街では，閉店した店舗の連なる**シャッター通り**が生まれています。その背景には，人口減少，都市のスプロール化（郊外での住宅開発）と商業構造の変化があります。

日本初のスーパーマーケットは，1953年に開業した東京・青山の紀ノ国屋だといわれています。本格的に普及するのは，1957年の「主婦の店ダイエー」の開業からです。スーパーの特徴は，セルフサービス方式，大量仕入れによる安価販売，豊富な品揃えです。

図表 11－1 ▶▶▶ 百貨店，大型スーパー，コンビニエンスストアの販売額

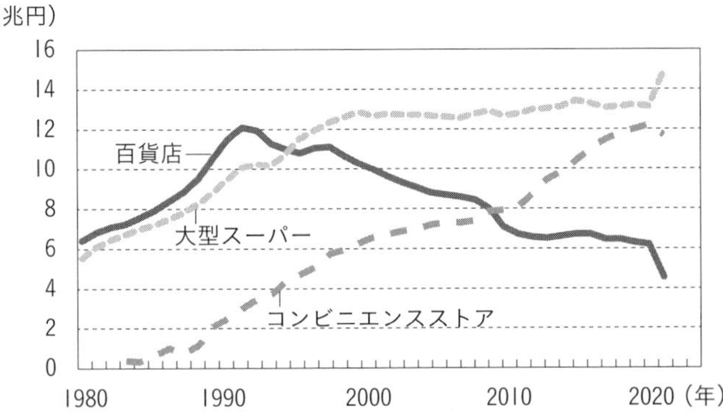

出所：経済産業省「商業動態統計」，一般社団法人日本フランチャイズチェーン協会資料。

今では単なる小売りだけではなく，オリジナルブランド商品の生産委託，販売を行うようになっています。食料品以外にも，衣料品や家電など生活に必要なものを総合的に扱う，**GMS**（General Merchandise Store：総合スーパー）も増加してきました。しかし近年では，業績が悪化するGMSが多く，2015年秋，イトーヨーカ堂は，全体の2割に当たる40店舗を閉鎖すると発表，さらに2019年には，33店舗を他企業との連携や，閉店により改革すると発表しました。

日本におけるコンビニ1号店は，1974年のセブン－イレブンの1号店としてある豊洲店（東京都江東区）です。2019年には，年間売上高は12兆円を上回り，大型スーパーと肩を並べるまでになっています（**図表 11－1**）。収益面でも，GMSを上回る企業が多くなっています。

コンビニは，直営店のほかに，フランチャイズチェーン方式で運営されています。コンビニには，24時間営業，狭い売り場面積をうまく活用した品揃え，そして駅前から郊外に至るさまざまな立地という特徴があります。

そのほか，ホームセンター，ドラッグストア，家電，衣料品，玩具の専門量販店も売上を伸ばしてきました。特定の商品分野に特化し，品揃えの豊富さと低価格化戦略を武器としているため，**カテゴリーキラー**と呼ばれています。

1.2 店舗の大規模化と郊外立地

小売業の店舗は，大型化しています。1997年と2016年を比較すると，店舗数は3割減少していますが，1,000㎡以上の大規模店舗は，約2倍に増加しています（図表11－2）。

立地をみてみると，駅周辺型商業集積地区，市街地型商業集積地区，住宅地背景型商業集積地区では，小売店舗数は，1997年から2014年の間に5～6割減少しています。一方，**ロードサイド型商業集積地区**では，15％ほどの減少にとどまっています（図表11－3）。商業集積地区の売り場面積は，横ばいですが，ロードサイド型商業集積地区の売り場面積は，2倍近くに増加し

図表11－2 ▶▶▶売場面積別小売業の事業所数（1997年＝100）

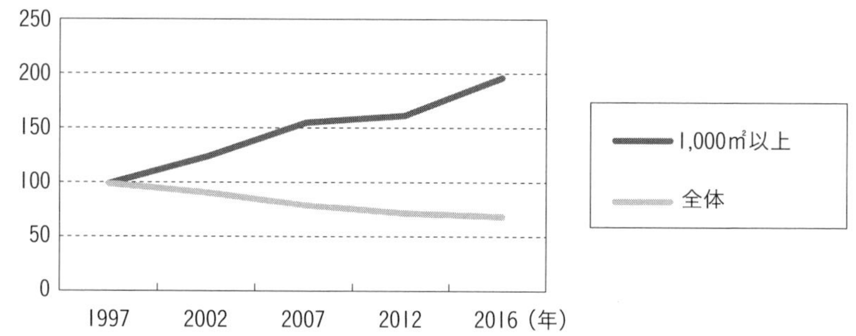

注：2016年の売り場面積1,000㎡以上の事業所は法人事業所のみが対象。
出所：経済産業省「商業統計」，総務省・経済産業省「経済センサス活動調査」をもとに筆者作成。

図表11－3 ▶▶▶商業集積地区の小売店舗数（1997年＝100）

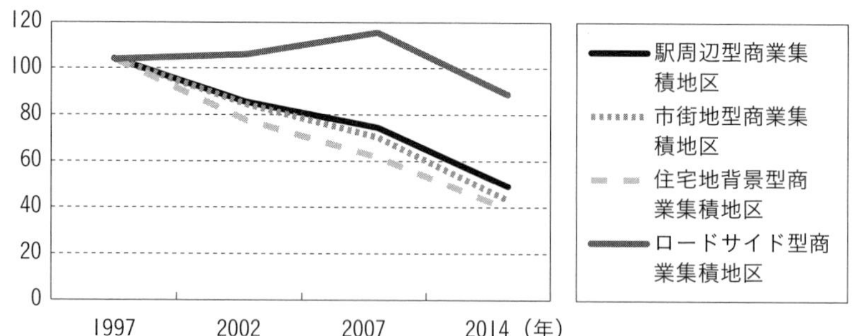

出所：経済産業省「商業統計」をもとに筆者作成。

図表 11－4 ▶▶▶商業集積地区の小売店舗売場面積（1997 年＝ 100）

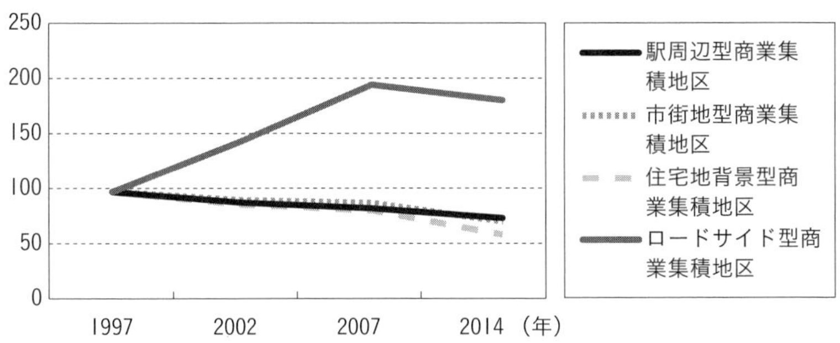

出所：経済産業省「商業統計」をもとに筆者作成。

ています（図表 11－4）。

ロードサイド型商業集積地区は，「国道あるいはこれに準ずる主要道路の沿線を中心に立地している商業集積地区のうち，都市の中心部を除く」地区です。小売店舗の立地は，都市の中心部から郊外の道路沿いへとシフトし，売り場面積も拡大しています。

小売店舗の郊外化と大型化は，**モータリゼーション**の進展（自家用車の普及），都市のスプロール化とライフスタイルの多様化を反映したものです。幹線道路沿いに立地し，広い駐車場のある大型店舗は，自家用車で買い物に行くのに便利です。また，女性の社会進出や生活の 24 時間化に伴って，休日や夜間でも営業している店舗の利用者が増えました。

1.3 商店街の衰退

郊外の大規模小売店舗への顧客シフトは，中心市街地における商業集積の衰退と表裏一体です。個人営業の店舗の多い商店街では，買い物客数は減少し，空き店舗が増え，地域問題となっています。

商店街は，地価の高い駅前や都心に立地しているため，広い駐車場はありません。個人による営業が多いため，休日や夜間に閉店する店舗が多く，休日，夜間の需要には対応できません。

一番の問題は，大型ショッピングセンターと異なり，店舗の入替が困難な点です。ショッピングセンターは，売上の低いテナントを退店させ，集客力の高いテナントを新たに誘致します。類似した店舗を近接して配置し（ゾーニング），買い物しやすさに配慮しています。

商店街の店舗を所有しているのは，主として商店主です。そのため店舗の入替には，店舗の売買や貸借を必要とします。魅力的な店舗配置ができないので，商店街では商店街全体の魅力を高めにくいのです。川端基夫は，この状況を「集積のマネジメントの欠如」と表現しました。

2 中心市街地の空洞化

2.1 空洞化の進展

小売店舗の郊外化に伴う商店街の衰退は，**中心市街地**の衰退をもたらします。都市の中心に位置する中心市街地は，商業，行政，ビジネスや観光の拠点です。中心市街地の人口減少，魅力度の低下は，商店街の衰退にとどまらず，地方都市圏の人口減少，経済活力の低下に直結します。

図表 11－5は，3大都市圏を除く県庁所在都市で，中心市街地活性化基本計画を策定した都市の中で，中心市街地の年間商業販売額のデータが得られる，11都市のデータです。商業販売額は，2002年から2014年にかけて，4割以上減少しています。この間，全国の商品販売額も1割程度減少していますが，11都市の中心市街地の減少率は，全国を大きく上回っています。県庁所在都市ではない地方の都市の中心市街地の商品販売額は，さらに減少していると推察できます。

図表 11－6は，同様にデータの得られた10都市の人口に関するデータです。2000年から2015年にかけて，全国の人口はほぼ横ばいでした。しかし，10都市の中心市街地の人口は，一旦減少したものの，近年は増加に転じています。人口面では都心回帰の動きが見られるものの，商業機能がそれに伴

図表 11－5 ▶▶▶中心市街地の年間商業販売額の推移（2002 年＝ 100）

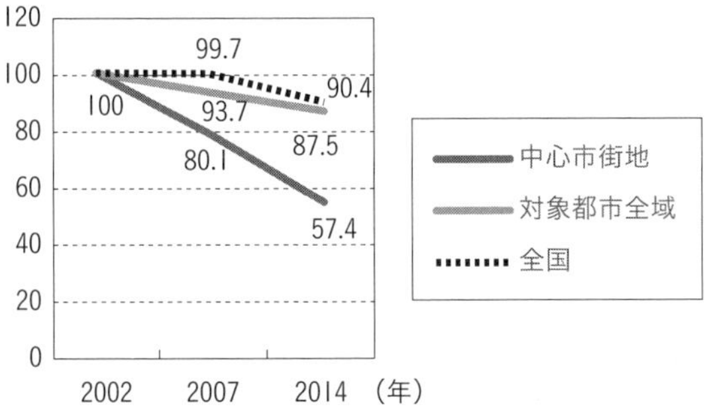

注：2014 年は，青森，盛岡，福井，長野の値を除く。
出所：11 都市（青森，盛岡，秋田，山形，金沢，福井，長野，鳥取，松江，高知，大分）の中心市街地活性化基本計画，経済産業省「商業統計」をもとに筆者作成。

図表 11－6 ▶▶▶中心市街地の人口（2000 年＝ 100）

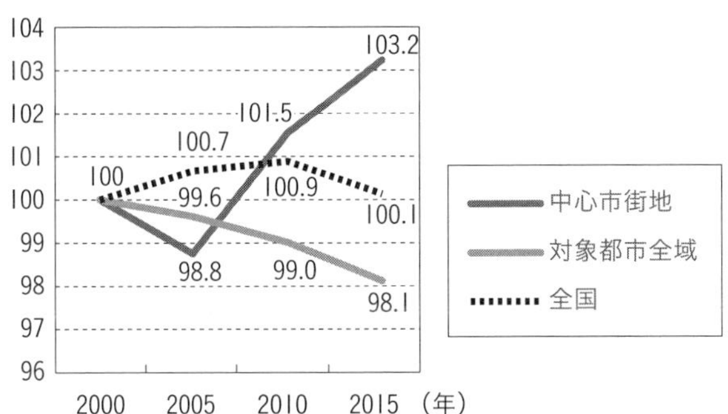

出所：10 都市（青森，秋田，山形，金沢，鳥取，松江，高松，長崎，熊本，鹿児島）の中心市街地活性化基本計画，総務省「国勢調査」をもとに筆者作成。

っていないことがうかがえます。

2.2 買い物弱者

自宅周辺に小売店舗がなく，買い物が困難となっている住民は，**買い物弱者**，買い物難民と呼ばれるようになりました。そうした住民が居住している地域は，**フードデザート**（food desert：食の砂漠）と呼ばれています。

経済産業省が 2015 年に公表した「買物弱者・フードデザート問題等の現

状及び今後の対策のあり方に関する調査報告書」では，全国の買い物弱者を約700万人と推計しています。2010年の調査では，約600万人と推計しており，5年間で約100万人増加しています。

買い物弱者は，農山村など人口の少ない地域では，以前から存在していました。しかし近年は，中心市街地での商業機能の低下，公共交通の衰退，高齢化の進展により，都市部でも，買い物弱者は増加しています。買い物弱者の増加は，買い物の問題だけでなく，栄養状態の悪化による医療費の増加や，コミュニティ機能の喪失など，地域社会全体に負の影響を及ぼします。

最近，買い物バスの運行や移動販売事業への支援といった，買い物弱者対策も実施されるようになりました。また，中山間地域や農村部を対象に，**小さな拠点**を形成しようという取り組みが進められています。小さな拠点とは，複数の集落が散在する地域（集落生活圏）において，住民の生活に必要なサービス（医療，福祉，買い物，交通など）やコミュニティ機能を維持・確保するための場です。取り組みに携わる人材の確保と体制の整備，公共交通のネットワーク確保などが必要となります。

2.3 地域の魅力喪失

商店街の担っている機能は，商業機能だけではありません。防犯や地域住民の交流拠点としての機能も有しています。店舗が閉鎖されると，治安の悪化や，地域住民の交流の希薄化につながります。

オルデンバーグ（Oldenburg, R.）は，自宅（ファーストプレイス），職場（セカンドプレイス）と並んで，個人の生活を支える場として「**サードプレイス**」の重要性を説いています。地域社会における人々の交流の場として，商店街の店舗は，サードプレイスとしての機能も果たす必要があります。

コンビニにおけるイートイン（店内での飲食）可能な店舗の増加は，こうした場の提供として機能しています。地方都市におけるGMSも，商店街を滅ぼす存在と批判されがちですが，サードプレイスとしても機能しています。

商店街は，災害時には物資供給拠点としても機能します。店舗の減少によって，災害時の物資調達が困難となり，災害対応を妨げる恐れも生じます。

保育所や福祉施設を併設したGMSの店舗も出てきました。しかし，すでに指摘したように，人口減少に伴って，今後地方の郊外の店舗の閉鎖は増加するため，新しい地域問題になる可能性があります。

3　まちづくり3法

中心市街地の衰退に歯止めをかけるため，まちづくりに関する3つの法律（**まちづくり3法**）が制定されました。中心市街地活性化法，都市計画法（改正），大規模小売店舗立地法の3つの法律です。

3.1　中心市街地活性化法

中心市街地活性化法は，1998年に制定されました。道路整備等の市街地の環境整備，空き店舗対策等の商業振興を通じた，中心市街地の活性化を目的としています。

市町村は，中心市街地活性化基本計画を策定します。基本計画では，計画の対象となる区域，事業内容を定めます。この基本計画が国に認定されれば，交付金の支給といった国の支援措置を受けられます。

商業振興を担う民間のまちづくり組織として，**TMO**（Town Management Organization）が設立されるようになりました。TMOのモデルは，アメリカの地域住民組織でした。しかし，日本では，商工会議所，商工会，第3セクター等の事業者によって構成されるケースが多くなっています。TMOには，人材や資金の不足といった問題もありますが，住民の参加しない組織では，まちづくりにとって有効とはいえません。

3.2 大規模小売店舗立地法

大規模小売店舗立地法（大店立地法）は，1973年に制定された大規模小売店舗における小売業の事業活動の調整に関する法律（大店法）を引き継いで，2000年に施行されました。

大店法は，百貨店などの大型店舗の出店に際し，開店日，店舗面積，閉店時刻，休業日数を，出店前に既存店舗や消費者と事前調整するしくみを定めていました。既存店舗は，出店に反対することが多く，出店を認めても店舗面積の削減を求めるため，大規模小売店舗の出店を規制し，既存の中小小売店舗を保護する政策として機能していました。

1990年，新潟市への日本トイザらスの1号店出店は，地元商店街の反対でできなくなりました。アメリカ政府は，大店法による調整は，国際ルールに違反していると主張し(日米構造協議)，大店法は廃止されました。そこで，新たに制定されたのが大店立地法です。

大店立地法の目的は，大規模小売店舗周辺地域の生活環境の保持です。出店により生じる交通渋滞，騒音，廃棄物などの問題に対して，店舗側に適切な対応を求めています。こうした問題に適切に対応すれば，出店そのものは規制されません。郊外立地のほうが，交通量は少なく，配慮すべき住民も少ないため，郊外立地を加速したことは否めません。

3.3 都市計画法の改正

都市計画法は，1968年に制定されました。高度経済成長期に，都市部の無秩序な開発が進んだため，都市施設の配置や土地利用のあり方を定め，計画的に都市を整備するための法律でした。住居地域，商業地域，工業地域などの用途地域を設定し，それぞれに立地できる建物の用途を定め，都市のゾーニングを実施しています。しかし，大型小売店舗の出店規制には，十分な効果を上げなかったため，1998年に改正されました。

改正後には，市町村が独自に特別用途地区を設定し，用途地域の規制を強化あるいは緩和できるようになりました。また，準都市計画区域の設定も可能となり，都市計画区域外の幹線道路沿いなどでも，土地利用を規制できるようになりました。

改正後でも，出店可能な場所は多くありました。都市計画区域外で，農地からの転用や，規制の弱い近隣市町村に立地するケースもあり，根本的な問題解決には至りませんでした。

4 中心市街地の将来像

4.1 まちづくり3法の改正

まちづくり3法の制定後も，中心市街地の衰退には歯止めがかかりませんでした。そこで，中心市街地活性化法と都市計画法は，2006年に改正されました。

4.1.1 中心市街地活性化法の改正

中心市街地活性化法は，目的が商業機能の活性化にとどまらず，中心市街地の活性化全般へと拡大されました。中心市街地への居住を促進するため，マンションや公共施設の建設助成や，空きビルの転用のための改修に対する支援策が盛り込まれました。

さらに，中心市街地に都道府県による特例区域の設置を可能とし，大型小売店舗の出店の際に必要な説明会の開催を免除するなど，大型店の中心市街地への出店を促進する制度となりました。つまり，大型店の集客力も活用して，中心市街地を活性化する方向へと，政策は転換されました。

また，十分に機能していなかったTMOについては，従来の商工会議所等に加えて，住宅開発業者や交通事業者など，多様な主体により構成された**中心市街地活性化協議会**に改められました。協議会は市町村と連携し，基本計画の事業実施に意見を述べるなど，事業全般に関わる組織となりました。

4.1.2 都市計画法の再改正

都市計画法は，2006年に大規模小売店舗の出店を規制できるように改正されました。大規模集客施設は，12種類（2018年から13種類）ある用途地域のうち，基本的に3地域（商業地域，近隣商業地域，準工業地域）にしか出店できなくなりました（地方圏では準工業地域も規制対象地域です）。大規模集客施設とは，延べ床面積が1万㎡を超える施設で，店舗だけでなく劇場や映画館なども含まれます。

用途地域の変更の際には，周辺市町村の意見を求めるように改められ，広域的な視点で立地調整できるしくみとなりました。学校や病院などの公共公益施設についても，開発にあたって都道府県の許可を必要とするように改め，中心部への誘導を図るようになっています。

4.2 新しい時代における商店街の活性化策

4.2.1 新しい取り組み

地方の商店街においても，活性化を図るためにさまざまな取り組みが実施されています。昭和をテーマにしたレトロな雰囲気の大分県豊後高田市の商店街や，鳥取県境港市の水木しげるロードなどは，マスコミにも取り上げられました。青森県八戸市や徳島市，高知市などの朝市も注目されています。特区制度を活用した道路上へのオープンカフェ設置も実施されています。

地域人口が減少するなかで，商店街の賑わいを創出するために，観光客にまでターゲットを拡大し，集客力を高める戦略です。外国人観光客のための免税店や無料Wi-Fiスポットの整備なども，そうした戦略の1つです。

また，商店街の各店舗が100円商品を提供する「100円商店街」や，それぞれの店舗が得意な情報や知識を提供する「まちゼミ」といった取り組みも，各地で開催されています。

課題は，一過性のイベントとせずに継続的な集客につなげるにはどうするかという点です。イベントの実施日には大勢の顧客が集まります。しかし，リピーターになってもらわなければ，商店街は活性化しません。

地方創生事業の一環として，政府の補助金をもとにして，全国各地の自治体で，購入価格を上回る商品を買えるプレミアム商品券が販売されました。このような商品券は，需要を先取りしているにすぎません。一時的に地元商店の販売額を向上させたとしても，継続的な商業振興策にはなりません。時間と労力はかかりますが，各店舗の魅力向上こそが王道です。

4.2.2 商店街のマネジメント

中小企業庁の委託調査である「令和３年度商店街実態調査報告書」では，商店街へのアンケート調査の結果，商店街の抱える問題として，「大型店との競合」よりも，「経営者の高齢化による後継問題」，「店舗等の老朽化」，「集客力が高い・話題性のある店舗／業種が少ないまたはない」，「商圏人口の減少」という回答が多くなっています。

商店街の活性化には，個別の店舗だけでなく，商店街全体をマネジメントできる人材の育成が重要です。商店街全体として，どのような顧客をターゲットとし，どのような店舗構成とするのかを明確にし，それを実現できるキーパーソンが必要です。

宮崎県日南市の油津（あぶらつ）商店街のように，店舗だけでなく企業誘致にも注力し，雇用を創出することで地域の活性化を図るという戦略をとっている商店街もあります。商店街だけではなく地域のマネジメントという視点も必要です。

4.3 コンパクトシティ

4.3.1 都市の人口密度低下がもたらす問題

郊外の農地を住宅地や工業地帯に転換し（土地利用転換），都市は成長・拡大してきました。新たに開発された地区には，交通機関やライフライン（上下水道など）が整備されます。

こうして拡大した都市の範囲は，人口の減少局面になっても，縮小せずに維持されます。その結果，都市の人口密度は，低下します。人口密度低下に伴って，都心でも空き地，空き家，空き店舗は増加します。

都市の範囲は拡大したままであるため，道路，水道管のような維持すべきインフラは減少しません。しかし，インフラの利用者数は減少するため，住

Column テーマ性のある商店街

香川県高松市の高松丸亀町商店街（図表 11-7）は，市街地再開発事業の一環として，商店街を 7 つの街区に分割し，街区ごとのテーマを設定し，ゾーニングを実施しています。地元住民は，高松丸亀町まちづくり株式会社（行政の出資比率は 5%）を設立し，商店街全体をマネジメントしています。地権者は，まちづくり会社に土地を貸し出します。まちづくり会社は，建物を所有し，運営します。所有権と利用権の分離によって，テーマに沿った店舗配置を実現できるようになりました。

また，東京の巣鴨地蔵通り商店街では，若者の来訪者が増加しています。巣鴨に遊びに行くことを「巣鴨る」，「がもる」というようになりました。巣鴨は「おばあちゃんの原宿」といわれ，高齢者の集まる場所でした。若者向けのイベントを実施したわけではなく，昔の古い雰囲気の残った商店街が，若者に受けているのです。豊島区では電線地中化を進めており，巣鴨地蔵通り商店街でも実施されました。

図表 11－7 ▶▶▶ 高松丸亀町商店街

出所：筆者撮影。

民１人当たりのインフラ維持費用は増加します。道路や水道，さらには小学校などの公共施設も，将来にわたって維持することは困難になります。

4.3.2 コンパクトシティの効果

都市密度の低下による影響を解消する方法として注目されている考えが，**コンパクトシティ**です。商業だけでなく，住居，職場，学校，病院などを，都市の中心部に集約させた都市構造を意味しています。人口減少に合わせて，都市の範囲を縮小し，都心を再生させようという考え方です。

コンパクトシティの効果は，①公共交通の効率化による利便性の向上，②職住近接の実現による余暇時間の拡大，③中心部の人口増加による商業集積の活性化，④インフラ維持管理費用の削減です。

先進的な地域は，青森市と富山市です。両市には，積雪量の多さという共通点があります。都市機能を都心に集約できれば，除雪エリアを縮小でき，除雪費用を削減できます。このため両市では，コンパクトシティが注目される以前から，都市のコンパクト化を進めてきました。ただ両市でも，中心市街地の衰退には歯止めはかかっていません。

4.3.3 コンパクトシティの実現に向けて

コンパクトシティを実現するためには，まず郊外への大型店の出店規制など，無秩序な市街地拡大を抑制しなければなりません。また，病院や学校などの公共施設の中心部への誘導によって，人流を都市の中心へ向ける必要もあります。そのためには，路面電車（LRT）の活用やバス路線の再編といった，公共交通の効率化により，中心部の移動の利便性を高める政策も重要です。中心部への居住を促進するマンション等の建設補助や，転居に対する助成措置なども効果的です。

2014年に改正された都市再生特別措置法では，市町村が都市機能誘導区域と居住誘導区域を定めた立地適正化計画を作成できるようになりました。両区域内では，容積率や用途規制の緩和等が可能になります。2022年４月の時点で，448都市が計画を作成・公表しています。

4.3.4 コンパクトシティの課題

コンパクトシティの実現には，課題もあります。最大の問題は，移転の困難さです。住宅や店舗の強制的な移転は困難です。公共施設の立地調整や，補助金や規制による間接的な誘導しかできません。コンパクトシティの実現は，短期的には不可能です。長期的な計画に基づいて進めざるをえません。

また，コンパクトシティの実現に至るまでの過渡期に対して，どのように対処するのか，という問題も生じます。都市の中心部への機能集約は，周辺部の切り捨てにつながりかねません。周辺部のインフラや施設をどのような形で再編しつつ，集約していくのか，検討する必要があります。

都市の将来像をどのように描くのか，住民の合意形成が重要です。

Working　調べてみよう

中小企業庁ホームページの「がんばる商店街77選」では，本章で取り上げた以外にも，全国の商店街の特色ある取り組みを紹介しています。これらの事例をもとに，商店街の活性化を図るためには，どのような方法があるか考えてみましょう。
https://www.chusho.meti.go.jp/shogyo/shogyo/shoutengai77sen/

Discussion　議論しよう

コンパクトシティ政策は，地域住民の生活の利便性を向上させる政策でしょうか。中心部の住民，郊外の住民，行政職員，小売業者など，それぞれの立場からメリット，デメリットを考えて，議論してみましょう。

参考文献

●新雅史［2012］『商店街はなぜ滅びるのか』光文社。
●宇都宮浄人［2015］『地域再生の戦略―「交通まちづくり」というアプローチ』筑摩書房。
●海道清信［2007］『コンパクトシティの計画とデザイン』学芸出版社。
●川端基夫［2013］『立地ウォーズ―企業・地域の成長戦略と「場所のチカラ」（改訂版）』新評論。
●久繁哲之介［2013］『商店街再生の罠―売りたいモノから，顧客がしたいコトへ』筑摩書房。
●中小企業庁［2022］『令和3年度商店街実態調査報告書』
https://www.chusho.meti.go.jp/shogyo/shogyo/2022/220408shoutengai.htm

第12章 新産業の創出

Learning Points

- ▶新産業は，国や地域の発展のために，政府が「これから振興していきたい」と考えている産業です。
- ▶低賃金志向の工場は，海外に展開するようになったため，新産業振興は，地域経済活性化における重要な手段となりました。
- ▶国や地域が振興対象としている新産業は，再生可能エネルギー，電気自動車（EV），医療機器，航空機です。

Key Words

新産業　再生可能エネルギー　医療機器　航空機　電気自動車（EV）

1 新産業とは

1.1 時代や場所で変わる新産業

「**新産業**」には，明確な定義はありません。新しい産業は，時代とともに変わっていくからです。自動車産業を「新産業」と呼ぶ人はいないでしょう。しかし，自動車が普及し始めた20世紀初頭においては，自動車産業は「新産業」でした。つまり，同じ産業であっても，どの時代から見るかによって新しい産業なのか古い（既存の）産業なのかは変わってきます。さらに，自動車産業でも，電気自動車，燃料電池車，自動運転技術といった新しい技術の開発・導入は常に行われています。

また，国や地域によっても，既存産業なのか，新産業なのかは異なります。自動車の生産は世界各地で行われていますが，それまで自動車を生産していなかったA国で，自動車産業が興った場合，A国にとっては，自動車産業は「新産業」といえます。このように新産業は，時代や国・地域によって異なります。

1.2 政策対象としての新産業

メディアや省庁で使われる「新産業」は，通常，政府が「これから振興していきたい」と考えている産業です。

国や地域が持続的に経済成長していくには，経済をけん引する**主導産業**が欠かせません。今は好調な主導産業も，やがては衰退過程に入ります。持続的な経済成長には，新たな成長産業（新産業）を振興・育成し，主導産業をできるだけスムーズに交代させなければなりません。

国や地域も，常に変化し続ける必要があるのです。国や地域では，成長産業（新産業）の育成のために，さまざまな産業振興策を行っています。

1.3 地域経済活性化における新産業の役割

新産業の振興・育成は，国だけでなく地域経済にとっても重要な課題です。1980年代前半まで，日本の地方圏において地域経済の主な活性化策は，**企業誘致（工場誘致）**でした。

しかし1980年代後半以降，賃金上昇と円高が進み，国内生産コストが高くなるにつれて，賃金水準の低い海外生産の比率が増加しました。その結果，日本企業が国際競争力を有する自動車のような産業であっても，国内での工場立地や新規雇用は，伸び悩むようになっています。つまり，グローバル化が進んだ現在，企業（工場）誘致をしようとしても，既存産業では，誘致すべき対象（新規工場立地）そのものが減少しているのです。

企業誘致に頼らずに地域経済を成長させるには，すでにその地域にある産業（企業，工場）を技術的に高度化するか，新たな成長産業を生み出すしかありません。経済のグローバル化が進んだ現代において，新産業の振興は，地域経済活性化の重要な手段となったのです。

1.4 次世代主導産業としての新産業

経済産業省の産業構造審議会経済産業政策新機軸部会では中間整理（2022年6月）として，今後国や世界が取り組むべきミッション志向の経済産業政策として，①炭素中立型社会の実現，②デジタル社会の実現，③経済安全保障の実現，④新しい健康社会の実現，⑤災害に対するレジリエンス社会の実現，⑥バイオものづくり革命の実現の6つをあげています。

本章では，次世代を主導する新産業として再生可能エネルギー，電気自動車（EV），医療機器産業，航空機産業について取り上げます。

2 再生可能エネルギー

2.1 カーボンニュートラルと再生可能エネルギー

菅内閣総理大臣（当時）は，2020年10月に2050年までに日本も**カーボンニュートラル**（carbon neutral）を目指すことを宣言し，2021年4月に地球温暖化対策推進本部及び米国主催気候サミットにおいて，2030年度に温室効果ガスを2013年度から46％削減することを目指すと表明しました。カーボンニュートラルとは，二酸化炭素等の温室効果ガスの排出を全体として（排出量と吸収量と差し引きして実施的に）ゼロにすることです。

日本が排出する温室効果ガスのうち約9割が二酸化炭素であり，その排出量の約4割が電力部門からとなっています。したがってカーボンニュートラル実現のためには，発電部門において温室効果ガスを発生しない太陽光，太陽熱，水力，風力，バイオマス，地熱，潮力などの，**再生可能エネルギー**（Renewable energy）の導入が欠かせません。

資源エネルギー庁によると，日本は，エネルギー供給の7割以上を石油や石炭，天然ガスなどの**化石燃料**に頼っています。電力についていえば，2011年の東日本大震災による東京電力福島第1原子力発電所事故を受けた新規性基準への適合のために原子力発電所の多くが停止中であることから，年間発電電力量に占める水力を除く再生可能エネルギーの割合は近年上昇傾向にあり，2019 年度で 18.0%となっています。

2.2 再生可能エネルギー普及のための制度—FIT と FIP—

電力産業は，電気をつくる発電所などの**発電部門**とその電気を消費者に送る**送配電部門**，消費者に電力を売る小売り部門に分けられます。日本では，戦後長らくの間，発電部門と送配電部門，小売り部門を同じ会社が行ってきましたが，2020 年に**発送電分離**が行われ，例えば東京電力の場合，持ち株会社である東京電力ホールディングス，発電会社の東京電力フュエル&パワー，送配電会社の東京電力パワーグリッド，電力小売り会社の東京電力エナジーパートナーに分割されました。また，2000 年から始まった電力小売りの自由化は徐々にその範囲を広げ，2016 年には一般家庭も含む完全自由化が行われ，各家庭は自由に電力会社を選べるようになりました。これに伴い都市ガス会社や通信会社，鉄道会社などが電力小売事業に新規参入し，2021 年 3 月末までに 713 事業者が電力小売事業者として参入（登録）しています。

通常，太陽光や風力などの再生可能エネルギーによって発電した電力は，送配電事業者に買い取ってもらい，その送配電網を使って送電してもらいます。再生可能エネルギーは，火力，原子力などの既存の発電方式に比べると，発電効率は低く，発電コストが高くなります（**図表 12－1**）。そのため，再生可能エネルギーの利用拡大を図るには，政策的な補助によって発電コストを引き下げることが必要になります。そのため再生可能エネルギーで発電した電力を一定の期間，一定の価格で電力会社（送配電会社）が買い取ることを義務づけたのが 2012 年に導入された**固定価格買取制度**（**FIT**：Feed in Tariff）です。再生可能エネルギーの主力である太陽光発電の導入量は，FIT 導入以降急増し 2020 年末に累積で 71GW に達しました（2012 年の約 10 倍）。しかしながら FIT 制度では，電力会社が再生エネルギーで発電した電気を買い取ったコストの一部を電気料金に上乗せし，消費者がそのコストを負担

図表 12－1 ▶▶▶発電コストの比較（2020 年試算）

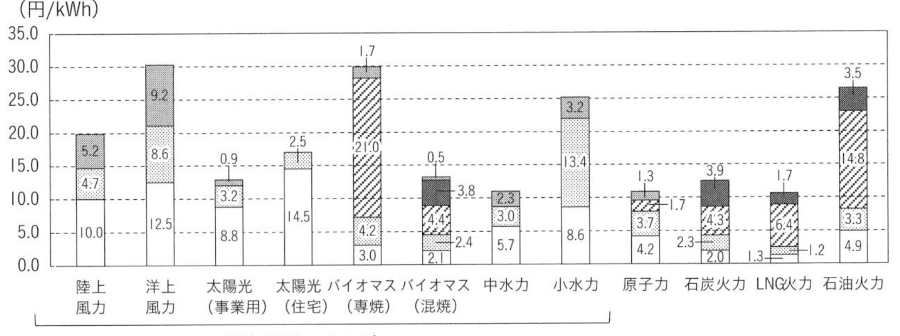

注：社会的費用は CO_2 対策費や事故リスク対応費など，政策経費は原子力発電の立地地域への交付金など。
出所：資源エネルギー庁・総合資源エネルギー調査会基本政策分科会（第 48 回会合）資料［2021 年 8 月］「発電コスト検証について」をもとに筆者作成。

しています（賦課金制度）。その総額は 2021 年度（見込み）で 2.7 兆円にもなっています。今後もさらなる再生可能エネルギーの導入を進めていくためには，こうした負担を減らしていく必要があり，そのため FIT 制度では導入から 20 年（住宅用太陽光発電は 10 年）経つと買い取り価格が下落する（卒 FIT）ようになっています。

また，FIT 制度の下では固定価格での買い取りのため，再生可能エネルギー発電事業者は電気の需要と供給のバランスを意識する必要はありませんでした。しかし今後は，火力等他の電源と同様に需供バランスを踏まえた発電を行っていかなければなりません。そのため 2022 年 4 月から「FIP（Feed-in Premium）制度」が導入されました。FIP 制度では，固定価格ではなく，再生可能エネルギー発電事業者が卸市場などで売電したときに，市場価格に一定のプレミアム（補助額）を上乗せします（**図表 12－2**）。

FIP 制度では，再生可能エネルギー発電事業者はプレミアム分をもらうことで再生可能エネルギーに投資するインセンティブを保ちながら，電力の需供バランスと市場価格を意識しながら発電・売電することになります。

図表 12－2 ▶▶▶ FIT 制度と FIP 制度

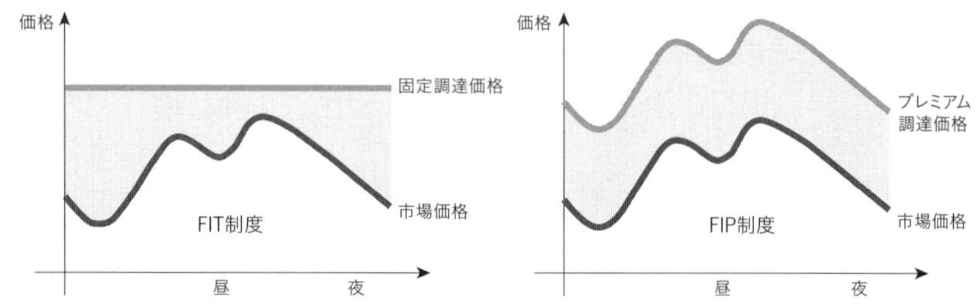

出所：経済産業省・資源エネルギー庁［2022］「令和 3 年度エネルギーに関する年次報告（エネルギー白書 2022）」をもとに筆者加筆。

2.3 今後の再生可能エネルギーの主力電源—洋上風力発電—

風力発電は，再生可能エネルギーの導入で先行するヨーロッパ諸国では主力ともいえる発電方式ですが，日本での導入状況は太陽光発電等と比べてあまり芳しくありません（2021 年末で累積導入量 458.1 万 kW）。日本で導入が進まないのは，風力発電の適地が欧州等に比べて少なく，また台風が発生しやすい地域であることや，また建設に際し環境アセスメントに 2～3 年かかるなどの要因があげられます。

これに対し今後の再生可能エネルギーの主力電源として期待されているのが洋上風力発電です。洋上風力発電は近年，欧州を中心に全世界で導入が進んでおり，全世界での導入量は 2018 年の 23GW から 2040 年には 562GW に拡大すると見込まれています。日本は世界第 6 位の海岸線を有していることもあり，洋上風力発電の大量導入やそれによるコスト低減が見込め，メンテナンス等による地域への経済波及効果にも大きな期待が寄せられています。

2019 年には「海洋再生可能エネルギー発電設備の整備に係る海域の利用の促進に関する法律」が施行され，同法の要件に適合した区域を促進区域として指定し，公募により選定された事業者は，区域内で最大 30 年間の占用許可が受けられます。2021 年時点で，長崎県五島市沖，秋田県能代市・三種町及び男鹿市沖，秋田県由利本荘市沖（北側・南側），千葉県銚子市沖，秋田県八峰町・能代市沖の 5 区域が促進地域として指定され事業者の公募が始まっています。

2.4 地方活性化策としての再生可能エネルギー

これまで太陽光や自然の風力，豊かな森林といった地域資源は，農業や林業で活用する以外には，経済的価値はあまりありませんでした。しかし，FITやFIPなどの制度が整備され，地方の豊かな自然環境＝地域資源は，新しい経済的価値を持ち始めています。

日本が豊富な賦存量を持つ木質バイオマスは，カーボンニュートラルなエネルギー源です。人口約3,500人，町面積の約9割を森林が占める北海道下川町では，2000年代に入って「持続可能な地域社会の実現」を掲げ，バイオマスボイラーの導入による森林資源の活用に取り組んできました。2017年には，第1回「ジャパンSDGs（持続可能な開発目標）アワード」において総理大臣賞を受賞しています。また近年では同町への移住者も増加しており，直近5年間で100人近くの移住者が来ています。

しかし，バイオマス発電の普及に伴って，燃料である未利用材の不足や価格の高騰といった問題も出始めています。今後は森林資源の持続可能性を考慮した原料配分を行っていくことが求められています。

これまで地方の中山間地や半島部，離島部は，地理的制約から製造業の立地が難しく，農林水産業や観光業以外の地域活性化手段は限られていました。しかし，再生可能エネルギーの利用拡大は，地方の豊かな自然環境という地域資源に新たな経済的価値を与えつつあります。また洋上風力発電などでは，長期的なメンテナンス作業等も必要になることから立地する地域での雇用創発効果も期待されます。そのため，再生可能エネルギーは，条件不利地域にとって，経済効果や雇用増加をもたらす新たな産業となりうるポテンシャルを秘めています。

3 電気自動車（EV）

3.1 100年に一度の大変革—自動車のEV化—

前節で述べたように近年，世界で広まるカーボンニュートラル目標実現のための手段として再生可能エネルギーとともに注目を集めているのが自動車のEV（電気自動車）化です。自動車自体は100年超の歴史があり一見新産業とはいいがたいですが，近年のEVシフトの世界的な動きは，100年近く内燃機関を中心に発展してきた自動車産業の一大変革であり，非常に大きな経済的インパクトを与えることから，産業振興政策の新たな対象となる新産業であるといえます。

EV（電気自動車）といっても，バッテリー式電気自動車（BEV），プラグインハイブリッド車（PHEV），ハイブリッド車（HEV），燃料電池車（FCV）などさまざまな方式があり，そのためこれらの電気自動車をまとめてxEVと呼ぶこともあります。

2020年以降，主要各国ではEVシフトを推し進める旨の発表が相次ぎました。EUは2021年7月に温室効果ガスを削減するための包括的パッケージ「Fit For 55」を発表し，2035年に内燃機関を搭載した乗用車の販売を禁止することを発表しました。また，アメリカも2030年までに新車（乗用車と小型トラック）の50%以上をEV（PHEV含む）とFCVとする目標を発表しました。日本でも2030年代なかばまでに新車販売（乗用車）の100%をEV（PHEVとHEV，FCV含む）とする目標を掲げています。そして中国も2035年をめどに新車販売のすべてを環境対応車にするとしており，50%をEV，残りの50%をHV等にするとしています。

一方で，これらの政策目標が実際に達成されるのかについては，十分な電力や充電インフラの確保といった面から疑問も呈されています。またトヨタ自動車社長の豊田章男氏が指摘しているように，自動車のEV化によって本当に産業全体としての二酸化炭素の排出量が削減されるのか，また自動車産業がエンジンという多数の部品が使用される重要なパーツを失っても現在の雇用水準を維持できるのか，といった問題も指摘されています。

3.2 EVシフトする世界の自動車メーカー

2021年の世界のEVの新車販売台数は約460万台と2020年の約2.2倍に増え，初めてHVの販売台数を上回りました。各国の内燃機関乗用車の販売規制を受け，これまでEVに消極的とみられていたトヨタ自動車は2021年12月に2030年にBEVのグローバル販売台数を従来目標の年間200万台から年間350万台に上方修正し，EV・FCV関連で8兆円の設備投資を行うと発表しました。独フォルクスワーゲンも2022〜26年の5年間でEVなどの次世代技術に約11.4兆円を投資するとしており，またダイムラーAGは2030年までに全新車販売をBEV化し，そのために約5.2兆円を投資するとしています。ゼネラルモーターズも2020〜25年までにEVと自動運転技術に対し約4兆8千億円の投資を行うとしています。

このように世界の自動車メーカーは雪崩を打つかのようにEVへとシフトしており，EVで先行する米電気自動車メーカー・テスラの株価は2020年に時価総額でトヨタ自動車を抜き，2021年10月には時価総額で1兆ドル（約1,360兆円）を超えています。

また，2020年のEV新車販売台数（HV，PHEV，FCV含む）で136万台と世界最大規模の市需を有する中国では，従来の格安EVメーカーに加え，米テスラの上海工場製「モデル3」の販売が好調なこともあり，中大型・高級EVを販売するメーカーも増えています。最近では，佐川急便が日本国内での配送用トラックとして中国の広西汽車集団が製造する小型商用EVを7,200台導入することを決めており，中国製EVの輸出も広がりつつあります。

3.3 EV普及のカギとなるバッテリー

鈴木・栗生［2018］によると，乗用車でエンジン車とEVの初期コスト（新車販売価格）を比較すると，内燃エンジン用パワートレーンに比べて電動パワートレーンのほうが若干安価ではあるものの，EV では大容量のバッテリーが必要となり 60kWh 程度の容量を確保するとなると調達コスト２万円/kWh としてコスト面で 120 万円ほど割高になるとしています。将来的に調達コストが低下し１万円/kWh 程度になるとしても販売価格の 30％から 17％を占めるバッテリーをいかに安価に安定して確保できるのかが EV 生産のカギになるといえます（**図表 12－3**）。

現状では，日系メーカーは主として日系電池メーカーからバッテリーを取得していますが，世界的なリチウムイオンバッテリーの市場シェアを見ると 2021 年で中国 CATL が 32.6％，韓国 LG Energy Solution が 20.2％，Panasonic が 12.2％，中国 BYD が 8.9％，サムソン SDI が 4.4％となっており，中国や韓国のメーカーが市場を主導している状況です。

図表 12－3 ▶▶▶ エンジン車と EV 車の初期コストの比較

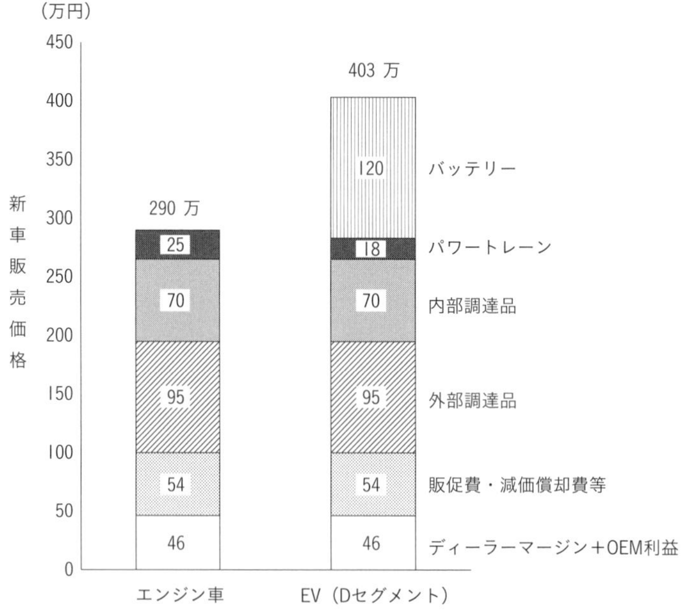

注：電池パックコストが２万円/kWh の場合。
出所：鈴木裕人・粟生真行［2018］「TOC の観点からみた電動車の優位性」『Nikkei Automotive』2018 年４月号に筆者加筆。

3.4 地域経済に大きな影響を与える自動車のEV化

これまで乗用車のEV化について話してきましたが，EV化が進むのは主として新車の乗用車であり，2030～35年になったからといって既存の内燃機関自動車が一斉になくなるわけではありません。また大型トラックや建設機械など大きな馬力を必要とするものは依然としてディーゼルエンジンが使われるものと思われます。

しかしながらこうした自動車のEV化は地域経済に非常に大きな影響を与えると考えられます。EV化によってエンジンやトランスミッション，燃料ポンプ等の燃料装置，点火プラグ等の始動装置，オイルポンプ等の潤滑装置，ラジエーター等の冷却装置，マフラー等の吸排気装置が必要なくなります。代わりにモーターや減速機，インバーター，電圧変換機，車載充電器，バッテリー等が必要になります。単純には比較できませんが，エンジン関連の備品点数は1万点に上るともいわれており，EV化によってこれらの部品を製造している下請け業者に多大な影響があることは避けられません。今後の動向が注目されます。

4 医療機器産業

4.1 成長続く医療機器市場と日本のものづくり

医療機器は，世界的な市場の拡大が確実視されている分野です。日本の医療機器市場は，拡大を続けています。薬事工業生産動態統計調査によると，2020年は，3兆9,354億円と過去最高水準に達しました。しかし，現在の国内売上額に占める欧米等からの輸入品の割合は，67.0%と約7割を占めており，輸入超過の状況が続いています。

医療機器は，副作用や機能障害が生じた場合，人の生命や健康に重大な影響を与えることから，**製造物責任**（product liability）が重く，価格よりも性能・品質が重視される**高付加価値製品**です。また，医療機器は，MRI や CT といった画像診断用装置や医用放射線装置などの高価で複雑な大型装置から，心臓のペースメーカーのような小型電子機器，注射針のような使い捨てのものまで多種多様です。診療科ごとに市場が細分化されているため，分野をまたぐ寡占的大企業は存在せず，典型的な**多品種少量生産**になっています。

多くの企業は，特定の製品分野に特化しています。日本には，消化器内視鏡のオリンパス，カテーテルや人工心肺装置のテルモ，脳波計の日本光電，人工腎臓のニプロなど，世界で高い市場シェアを持つメーカーがあります。

日本の医療機器産業は，国際競争力の面で課題を抱えています。日本企業は診断系医療機器（内視鏡，CT，MRI 等）で強みを持つものの，市場の 6 割を占め，また伸び率も高い治療系医療機器（カテーテル，ペースメーカー等）市場では欧米企業が強く，輸入率も 6～8 割程度となっています。しかし，その製品特性は，職人的技能と高度な生産技術による多品種少量生産を得意とする日本のものづくり中小企業にうってつけの分野です。そのため，国や各地の自治体では，地域のものづくり中小企業との親和性が高い医療機器を次世代の主導産業とするべく振興・育成を行っています。

4.2 医療機器産業が集積する静岡県

薬事工業生産動態統計調査によると，2020 年の都道府県別医療機器生産額のトップ 3 は，静岡県 3,654 億円，栃木県 2,266 億円，福島県 2,013 億円です。最も生産額の多い静岡県には，テルモの生産拠点をはじめ医療機器や医薬品産業が集積しています。また，栃木県には，キヤノンメディカルシステムズや歯科医療製品のナカニシ，縫合針のマニーなどの生産拠点が立地しており，福島県には，オリンパスの内視鏡の製造拠点があります。

静岡県では，2001 年に「富士山麓先端健康産業集積構想（ファルマバレープロジェクト）」を策定し，医療関連産業を自動車などの機械産業に続く基幹産業にすることを目標に，中小企業支援や研究人材の育成，国内外からの企業誘致に取り組んできました。2012 年には，「ふじのくに先端医療総合特区」として地域活性化総合特区の認定を受けました。

4.3 医療機器クラスターの形成

日本の医療機器産業が十分な国際競争力を持ちえていない理由の1つとして，法的規制の問題があります。医療機器は生命・人体に重大な影響を与えるため，薬機法によって品目ごとに安全性の確認，承認を受けなければなりません。この審査に長い時間がかかることが医療機器開発を阻害しています。また，医療現場の課題やニーズといった情報がものづくり中小企業に十分届いていないといった問題もあります。こうした問題を解消するために政府では，医療現場とものづくり企業をつなぐための「医工連携イノベーション推進事業」などの支援策を実施しています。

日本には機械工業の中小企業集積が数多くあります。その多くは下請け企業であり，取引先の大手企業の海外移転による影響で仕事量が減少しています。そのため国内の各地では，既存の中小企業集積を活用して，新たに医療機器クラスターを形成しようとの動きが活発化しています（**図表 12－4**）。ものづくり中小企業と地元の大学，行政機関・公的支援機関，医療機器メーカーの連携（産学官連携）による医療機器クラスターの形成は，地域産業集積の活性化手段として，今後の成果が期待されています。

5 航空機産業

5.1 航空機産業の特徴

航空機は，数十万～数百万点の部品から構成され，さまざまな素材が使用される**総合産業**として，広範な**産業連関**を持っています。航空機は，高度な安全性や信頼性を求められるため，各種の部品や機体組立に対し，厳格な品質管理，製品品質，**国際認証取得**が要求されます。新規の機体開発には，膨

図表 12－4 ▶▶▶国内の主な医療機器クラスター

No.	医療機器クラスターの名称	概要
1	あおもり産業総合支援センター・医療機器ビジネス研究会	機械金属系，組立系，素材系，ソフト系などモノづくり企業が参画
2	いわて医療機器事業化研究会	機械金属系，組立系，素材系，ソフト系などモノづくり企業が参画
3	秋田メディカルインダストリ・ネットワーク	機械金属系，組立系，素材系，ソフト系などモノづくり企業が参画
4	置賜メディカルテクノ・ネット	機械金属系，組立系企業が参画
5	みやぎ医療・健康機器市場・技術研究会（みやぎ高度電子機械産業振興協議会）	医療・健康機器，半導体・太陽電池製造装置，エネルギー・デバイス等
6	TOHOKU ものづくりコリドー	医療・福祉機器を目指す企業データベース（東北全域）
7	仙台フィンランド健康福祉センター	高齢福祉機器関連・フィンランドと提携，インキュベーション施設など
8	うつくしま次世代医療産業集積プロジェクト	企業・関連機器データベースを構築，郡山市で医療機器展開催
9	とちぎ医療機器産業振興協議会	機械金属系，組立系，素材系，ソフト系などモノづくり企業が参画
10	鹿沼商工会議所　鹿沼ものづくり技術研究会	機械金属系，組立系，素材系，ソフト系などモノづくり企業が参画
11	いばらき成長産業振興協議会　健康・医療機器研究会	機械金属系，組立系，素材系，ソフト系などモノづくり企業が参画
12	さいたま市医療機器研究会	機械金属系主要 14 社の企業を紹介
13	（一財）首都圏産業活性化協会「医療機器デバイス研究会」（TAMA 産業活性化協会）	機械金属系，組立系，素材系，ソフト系などモノづくり企業が参画
14	横浜医工連携プロジェクト（横浜・神奈川バイオビジネス・ネットワーク）	既存の医療・医療機器関連企業 67 社，バイオ系が多い
15	（財）上田繊維科学振興会（AREC：浅間リサーチエクステンションセンター）	機械金属系，組立系，素材系などモノづくり企業が参画
16	新潟県医療機器インダストリアルボード	機械金属系，組立系，素材系などモノづくり企業が参画
17	ほくりく健康創造クラスター	免疫・メタボ等の基礎研究，検査装置の開発など
18	はままつ次世代光・健康医療産業創出拠点事業（浜松地域イノベーション推進機構）	JST 地域産学官共同拠点整備事業
19	三遠南信クラスター推進会議　健康医療産業クラスタープロジェクト	機械金属系，組立系，素材系など企業検索用データベースを構築
20	東三河産業創出協議会	モノづくり企業を対象にした医療機器関連企業見学など勉強会
21	岐阜県南部エリア	高度医療機器の開発など
22	みえメディカルバレープロジェクト	福祉用具開発，医療機器研究開発，三重大学など
23	京都市医工薬産学公連携支援プロジェクト	オスカー認定制度，医療機器開発支援
24	大阪商工会議所・次世代医療システム産業化フォーラム	大手企業参加，医療機器・バイオ機器の共同開発
25	神戸医療産業都市	高度医療系，研究開発型企業，ものづくり企業（大阪商工会議所など）
26	メディカルネット岡山	共同受注グループ，他に，メディカルテクノおかやま（研究会）
27	やまぐち医療関連成長戦略推進協議会	企業，大学，医療機関，産業支援機関等が連携したネットワーク形成
28	東九州メディカルバレー構想	大分県（80 社制度），宮崎県（60 社程度）の 2 県連携によるクラスター

出所：北嶋守［2015］「医療機器クラスターを軸とした中小企業の新事業展開」一般財団法人機械振興協会『機械経済研究』No.46。

大な研究開発費と開発期間を要します。そのため航空機は，高額な（ボーイングB787で150～180億円/機）**高付加価値製品**です。航空機産業は，医療機器産業と同様，高い品質や高度な加工，厳格な品質管理，複合材などの素材関連技術を持つ日本のものづくり企業にとって，親和性の高い分野です。

多額の研究開発費を必要とし，投資回収期間の長い航空機開発では，開発した機体が売れなければ，開発企業は倒産の危機に陥るほど投資リスクは高くなっています。そのため，近年では**国際共同開発**が主流になっています。また，経営基盤の安定化のため，M&A（Mergers and Acquisitions：合併と買収）が進んでおり，大型旅客機では，米ボーイングと欧エアバスの2社，100席以下の中小型機ではカナダのボンバルディアとブラジルのエンブラエルの2社のみという**寡占構造市場**になっています（東京大学航空イノベーション研究会・鈴木真二・岡野まさ子編［2012］）。

5.2 日本の航空機産業の現状

日本は，終戦後GHQにより航空機の開発・製造が禁止され，航空機メーカーは解体されました。1952年に航空機開発・生産が解禁されたものの，すでに技術者やエンジニアは散逸し，日本の航空機産業は大きく立ち遅れました。戦後の日本の航空機産業を下支えしてきたのは，戦闘機などの国内ライセンス生産による防衛需要です。政府では，航空機産業の国内製造基盤維持のために，あえて完成品輸入より割高な国内ライセンス生産を選択してきました。

民間機では，1962年に戦後初の国産旅客機であるYS-11を開発し，182機を生産し75機は輸出されました。しかし，大幅な事業赤字を抱え，1974年，生産は終了しました。その後，日本企業は，国際共同開発事業にシフトし，民間旅客機の部品・部材の開発・製造で成果を積み重ねてきました。

日本航空宇宙工業会によると，航空機産業の売上高は，近年増加傾向にあります。2019年度で1兆6,625億円（うち民間75.6%，防衛24.4%）に達しました。しかし，その規模は，自動車産業の30分の1程度です。世界的にみると，米国の 12 分の 1，英・独・仏の 3 分の 1 程度にすぎません。

ボーイングやエアバス（プライム企業）は，**サプライヤー**企業に，**モジュール**単位で開発・製造を外注しています。プライム企業は，全体システムの開発設計と最終組立を行います。この生産システムは，自動車の生産システムを参考にした生産システムです。コスト削減と開発・生産の投資リスク分散を目的としています。

日本企業は，主にモジュールや部品・部材の受注・生産部分において，民間航空機の製造に携わっています。B787 のケースでは，日本企業（三菱重工，川崎重工，スバル）は，全体の 35％を担当しています。この比率は，ボーイング本体とほぼ同じ比率です。

5.3 需要増加が期待される中小型機

近年，航空機には騒音低減などの環境適合性が強く求められており，原油価格の高騰が航空会社（エアライン）の経営を圧迫したため，燃費効率向上に対する要求も強くなっています。そのため，今後は，ボーイング B747 やエアバス A380 のような大型機ではなく，B787，A350，B737 や A320 などの中小型機の需要が高まると見込まれています。

2019 年当時，世界の旅客需要はアジア太平洋地域を中心に年率約 5％で伸びており，それに伴って旅客機も今後 20 年間で約 3.5 万機（約 6 兆ドル）の需要が見込まれていました。しかしながら新型コロナウイルス感染症の世界的パンデミックによって旅客需要が激減し，航空機需要も壊滅的な打撃を受けました。旅客需要が 2019 年水準に回復するには 2024 年までかかると予測されています。

また，今後は航空機分野においても脱炭素の取り組みが本格化すると見込まれており，新素材の導入による軽量化や持続可能な航空燃料（SAF）の導入，ジェットエンジンの電動化等の取り組みが必要になってくるといわれています。

5.4 期待されるものづくり中小企業の参入

航空機産業は，機体は愛知県と岐阜県，栃木県，エンジンは東京都，福島県，愛知県，兵庫県に集中しています。愛知県は，日本の航空機産業の中心地です。三菱重工の航空機部門は，愛知県豊山町（名古屋空港）にあります。川崎重工は，岐阜県各務原市に，スバルは，栃木県宇都宮市に航空宇宙部門の拠点があります。両社とも，愛知県に航空機向け部品工場を置いています。川崎重工は，神戸市にジェットエンジン生産拠点を配置しています。

その他の航空機関連の部品出荷額（**図表 12－5**）も，愛知，岐阜，栃木，兵庫が上位になっています。また，航空機エンジン部品では，IHI の航空宇宙部門の製造拠点がある東京，福島，長野が上位に位置しています。

自動車メーカーのホンダは，小型ジェット機のホンダジェットの開発生産をすべてアメリカで行っています。

愛知県を中心とした東海地域では，近年の航空機部品の需要増加を受けて，航空機部品市場に参入する中小企業が増えています。航空機部品産業に参入するには，JISQ9100 や Nadcap（航空宇宙産業における特殊工程作業に対する国際的な認証制度）の認証取得を必要とします。各地の自治体は，中小企業によるこれらの認証取得を支援しています。

中小企業にとって，航空機産業への参入は，新規事業の開拓であり，新しい大きなビジネスチャンスになるでしょう。

6 地方再生のカギとなる新産業

本章では 4 つの産業を取り上げました。これ以外にも，今後日本で成長が期待されている新産業は多数あります。2012 年のノーベル生理学・医学賞を受賞した山中伸弥京都大学教授の iPS 細胞に代表される再生医療もその 1 つです。

近年，欧米諸国に比べて遅れが目立っていたドローンを活用したビジネス

図表 12－5 ▶▶▶航空機関連の出荷額（2019 年：従業者 4 人以上の事業所）

航空機用エンジンの部分品・取付具・附属品			その他の航空機部分品・補助装置		
都道府県	出荷額（百万円）	事業所数	都道府県	出荷額（百万円）	事業所数
東京都	408,662	14	愛知県	410,360	31
福島県	218,944	6	栃木県	140,093	14
兵庫県	211,761	10	岐阜県	98,958	21
広島県	94,060	4	兵庫県	64,490	10
愛知県	80,742	6	神奈川県	34,119	14
長野県	6,855	6	東京都	16,970	20
埼玉県	6,785	5	京都府	15,862	3
神奈川県	4,115	4	三重県	10,353	3
栃木県	4,020	3	静岡県	5,271	8
			長野県	5,199	15
その他	43,644	15	その他	29,032	72
全国計	1,079,588	73	全国計	830,707	211

出所：経済産業省「工業統計表（品目編）」をもとに筆者作成。

についても注目が集まっています。日本政府は航空法の改正により 2022 年度中にも住宅地上空での無人飛行を解禁し，ドローンビジネスの本命とされる配送サービスを中心に 2025 年には市場規模が 6,500 億円を超えると見込まれています。楽天グループは三重県志摩市の離島・間崎島と本土との間でドローンを使った宅配ビジネスの実証実験を行っており，また豊田通商では，長崎県五島市の福江島で米国ベンチャー企業の高速ドローンを使った医薬品の配達サービスを始めています。こうしたドローンによる宅配ビジネスは，まずは離島や山間部などの地方圏からスタートすると考えられます。

また，福島県南相馬市が 2020 年 3 月に立ち上げた「福島ロボットテストフィールド（RTF）」には，現在，ロボットやドローンに関する先端的スタートアップ企業が 20 社ほど入居し新たなドローン開発の拠点になるとともに東日本大震災後の地域振興の担い手ともなっています。

炭素繊維に代表される新素材も日本が強みを持っている分野です。最近では，ポスト炭素繊維として，炭素繊維より安価で鉄よりも強く軽い木材繊維を原料とした CNF（セルロースナノファイバー）の実用化に向けた取り組みも始まりました。経済産業省は，CNFを2030年に1兆円規模の市場に育てる目標を掲げています。CNFの製造を担うのは，古くから地方に立地している製紙会社の工場です。新産業は，大都市から生まれるとは限りません。製紙業という古い産業の地方工場が，新たな技術開発によって，新製品・新産業の拠点として生まれ変わる可能性もあります。新産業の育成は，地方再生のカギになりうるのです。

Working 調べてみよう

皆さんの住んでいる都道府県や市町村では，今後，どのような産業を振興しようとしているのでしょうか。県や市のホームページで調べてみましょう。

▶▶▶さらに学びたい人のために

●森川潤［2021］『グリーンジャイアント―脱炭素ビジネスが世界経済を動かす』文春新書。

近年，次々とエネルギー部門を中心に新たなグリーンジャイアントと呼ぶべき新興企業が成長しています。気候変動対策は，単なる一時的なファッションではなく，これからはカーボンニュートラルを制する企業・産業が世界の経済を制していくことが説明されています。

参考文献

●経済産業省・資源エネルギー庁［2022］『令和3年度エネルギーに関する年次報告（エネルギー白書2022)』。
●経済産業省・蓄電池産業戦略検討官民協議会［2022］『中間とりまとめ（2022年4月22日)』。
●鈴木裕人・粟生真行［2018］「TOCの観点からみた電動車の優位性」『Nikkei Automotive』2018年4月号。
●東京大学航空イノベーション研究会・鈴木真二・岡野まさ子編［2012］『現代航空論』東京大学出版会。
●中西孝樹［2020］『自動車 新常態（ニューノーマル）CASE/MaaSの新たな覇者』日本経済新聞出版。
●本橋恵一［2021］『電力・ガス業界の動向とカラクリがよーくわかる本（第6版）2050年，カーボンニュートラルに向け大転換！』秀和システム。
●「特集 EV&電池 異次元の加速」『週刊エコノミスト』2022年1月18日号。

第13章 地方分権による地域再生

Learning Points

▶政府は国から地方へ権限と財源を移譲する地方分権を進めています。東京一極集中，地方の人口減少の一因は，中央集権体制にあるからです。

▶国の権限を地方へ移譲するためには，市町村と都道府県の事務能力を強化する必要があります。そこで，道州制の導入も検討されています。

▶地方創生政策は，地方の人口流出の抑制と地方の産業競争力の強化を目的としています。

Key Words

地方分権　三位一体の改革　市町村合併　道州制　地方創生

1 地方分権の動向

1.1 地方分権と中央集権

「地方分権を進める必要がある」という意見をよく耳にします。**地方分権**とは何を意味しているのでしょうか。また，なぜ地方分権を進める必要があるのでしょうか。

日本の地方自治制度では，中央政府である国に対して，地域における行政を実施する組織として，地方公共団体が設置されています。地方公共団体とは，都道府県，市町村，特別区や一部事務組合などです。

地方自治法には，国と地方公共団体の役割分担に関する条文があります（第1条の2）。現在の法律における国の役割は，①国際社会における国家としての存立にかかわる事務，②全国的に統一して定めることが望ましい国民の諸活動若しくは地方自治に関する基本的な準則に関する事務，③全国的な規模で若しくは全国的な視点に立って行わなければならない施策及び事業の実施とし，住民に身近な行政はできる限り地方公共団体に委ねるとしています。

国と地方の役割分担のあり方において，地方の役割を大きくするのは地方分権，国の役割を大きくするのは**中央集権**です。上記の条文は2000年に改正されており，国の役割を限定した内容となっています。

1.2 地方自治制度の変遷

1.2.1 江戸時代の地方自治制度

江戸時代の地方自治制度は，幕藩体制と呼ばれています。中央政府である幕府に対して，各地に地方政府である藩を設置していました。幕府は参勤交代や改易などの制度を通じて，各藩を監視，統治していました。しかし，藩内の行政については，各藩に委ねられていました。政策を決めたり，税金を徴収したりするのは藩の権限でした。江戸時代は地方分権が進んでいたといえます。各藩における地域の実情に合わせた政策の実施によって，地域ごとに独自の文化や産業が発展しました。

1.2.2 明治維新と中央集権化

明治維新後，政府は「富国強兵」「殖産興業」をスローガンとして，欧米諸国へのキャッチアップを目指しました。

キャッチアップの段階では，中央集権的なシステムのほうが効率的です。国が決めた方針を地方に命令できるため，政策の実行速度が速まるためです。また全国画一的に，制度の構築やインフラを整備するのにも適しています。戦後の経済成長においても，中央集権型のシステムが機能しました。

1.2.3 中央集権の行き詰まり

1980年頃から，中央集権による弊害が目立つようになりました。まず，中央政府が事業の許認可に強い権限を持っていると，民間企業は許認可を得るため，政府と交渉する必要があります。交渉は本社が担当するので，本社機能を政府に近接して立地させようとします。これが**東京一極集中**をもたらす１つの要因となっています。政治機能の集中が本社機能の集中につながり，一極集中を生み出すという論理は，堺屋太一やマイケル・Ｅ・ポーターなど，多くの論者によって指摘されています。

第２に，政府が予算の配分を決める強い権限を持っていると，地方は政府からの予算に依存し，独自の政策を実行しにくくなります。特に，公共事業の予算額は大きいため，地方はその獲得に全力を注ぎます。これが必要性の低い，非効率的な公共事業につながり，国や自治体の財政を悪化させます。

第３に，地方のニーズに合った政策を実施しにくくなります。豊かになると，地方によってニーズは異なってくるため，全国一律に対応するのは困難になります。

1.3 地方分権一括法

地方分権一括法は，2000年に施行されました。地方自治に関係する475本の法律を一括改正・廃止する法律です。主な内容は以下のとおりです。

第１に，先述の国と地方の役割分担の明確化です。国が担うべき事務の限定によって明確化し，それ以外の事務は地方が担うべきとしました。

第２に，**機関委任事務**の廃止です。機関委任事務とは，地方公共団体の長などを国の機関とみなして事務を行わせる制度です。本来，国が行うべき事務を，地方公共団体に担当させてきました。しかし，国が包括的な指揮監督権を持っていたため，国と地方公共団体の間に上下関係をもたらしました。地方公共団体は，国の画一的な基準に従う必要もあり，住民のニーズに応えにくいという問題もありました。

そこで機関委任事務を廃止し，直接執行事務，自治事務，法定受託事務に分類しました。直接執行事務は，国が直接執行する事務です。自治事務は，地方公共団体が自らの責任と権限で行う事務です。法定受託事務は，法律に基づいて，国が地方公共団体に委託する事務です。法定受託事務は，国が地方に委託するという点では機関委任事務と変わっていませんが，法律・政令に明文化された事務のみを対象とするようになりました。

第３に，国の関与のあり方の見直しです。関与とは，国が地方公共団体の行う事務に対して関わる制度です（都道府県から市町村に対しての場合もあります)。従来は，地方公共団体の事務に対して，国が強く関与してきたため，地方の独自性は制限されてきました。

地方分権一括法では，関与のあり方について，①助言・勧告，②資料提出の要求，③是正の要求，④同意，⑤許可・認可・承認，⑥指示，⑦代執行，⑧協議という基本類型を提示しました。また，国の関与は極力小さくし，自治事務に対しては，個別に法律を制定しない限り，上記の①，②，③，⑧の関与しか認められなくなりました。

このほか，国が持っていた事業の許認可権など各種の権限を都道府県や市町村に移譲し，地方分権を進めました。

Column 政令指定都市と中核市

日本では大都市に関する特例として，政令指定都市と中核市の制度があります。通常，市になる要件は人口５万人以上です。

中核市は市のうち，人口20万人以上（以前は30万人以上）で，申出を行った都市が指定されます。2022年現在，62市が中核市に指定されています。

政令指定都市は，人口50万人以上の都市を対象としています。実際には，国の裁量により，100万人以上を要件としてきました。後述の市町村合併の過程において，70万人以上に緩和され，2022年現在，20市が指定されています。

政令指定都市や中核市に指定されると，都道府県が実施する事務の一部を，市で実施できるようになります。政令指定都市は，都道府県のほとんどの事務を実施できるほか，区の設置も可能となります。

地方分権を推進するため，国から移譲される権限の受け皿となる組織として，政令指定都市と中核市の制度充実が議論されています。

2 地方財政システムと三位一体の改革

2.1 日本の地方財政システム

地方分権を進めるには，国の権限を地方に移譲するだけでは不十分です。必要な財源がなければ，権限の行使はできません。

日本の地方財政システムは，国が**地方交付税**と**国庫支出金**によって，地方公共団体の財源不足を補塡するしくみです。

地方交付税は，地方公共団体の収入とすべき税金を国が徴収し，地方公共団体間の財源の格差を調整し，財源を保障する制度です。財政力の弱い団体には地方交付税を多く配分，財政力の強い団体には少なく配分し，団体間の財源の均衡化を図ります。また，国税の一定割合（2020年度からは，所得税・法人税の33.1%，酒税の50%，消費税の19.5%，地方法人税の全額）を地方交付税の原資と法律で定め，地方の財源を確保しています。地方交付税は，使途を限定しない一般財源です。

国庫支出金は，3種類に分類されます。①国庫負担金は，地方公共団体の事務のうち，義務教育や生活保護，災害復旧など，国の利害に関係する事務の費用を，国が全部または一部負担します。②国庫委託金は，国会議員の選挙や国の統計調査など，国の事務を地方に委託する場合に，国がその費用を負担します。③国庫補助金は，インフラ整備など特定の政策の推進や，地方公共団体の財政を援助するために，地方公共団体に対して交付します。国庫支出金は使途を限定しています。

地方交付税や国庫支出金は，全国くまなく一定水準の行政サービスの提供を実現しました。一方で，無駄なあるいは画一的な事業の増加，国との調整に時間や人員を要するといった問題も生み出しました。

地方交付税の不交付団体となっている都道府県は，東京都のみであり，市町村でも53件しかありません（2021年度）。財政力の著しい不均衡という，根本的な問題を解決しなければ，地方の自律的な行政運営は困難です。

2.1.1 ふるさと納税制度

近年では，ふるさと納税制度の拡充が進んでいます。住民が，都道府県・市区町村に対して寄付をすると，一定金額が所得税・住民税から控除される制度です。生まれ故郷など，居住地以外にも寄付できるので，人口の多い大都市圏から地方圏への，税源移転の効果を持っています。2020年度の寄付額は，6,725億円に達しました。

企業版のふるさと納税制度である地方創生応援税制も2016年度から開始されました。企業が地方公共団体に寄付をすると，法人税・法人住民税・法人事業税の税額が控除される制度です。

2.2 三位一体の改革

2001年に成立した小泉内閣は，聖域なき構造改革を政策の中心的課題としました。内閣府の経済財政諮問会議は，構造改革の方向性を示した「今後の経済財政運営及び経済社会の構造改革に関する基本方針」，いわゆる「骨太の方針」を策定しました。そのなかで，地方交付税と国庫支出金の削減，地方税の充実を進め，個性ある地域の発展を目指すという方針が示されました。3つの改革を一体的に進めるため，**三位一体の改革**と呼ばれています。

政府は2004年度から2006年度の3年間で，国庫支出金を約4.7兆円，地方交付税を約5.1兆円削減しました。一方，国税である所得税から地方税である個人住民税への税源移譲が実施され，地方税は約3兆円増加しました。地方の自主財源の増加によって，地方分権を前進させるとともに，国の支出の削減により，国家財政の悪化に歯止めをかけました。

しかし，国庫支出金の削減においては，義務教育や児童手当に関する費用など，地方の裁量の余地が少ない事業でも，国の支出を削減しました。また，地方公共団体間に財政力の格差があるため，地方交付税の削減は，財政の不均衡をもたらし，一部の地方公共団体は財政を悪化させました。

3 市町村合併と道州制

3.1 市町村合併の動向

地方分権を進めるためには，国が担っていた機能を都道府県や市町村によって担えるようにする必要があります。しかし，小規模な市町村では，人員や財政の都合から事務能力に限界があります。そこで，小規模な市町村を再編して事務能力を高めるために，**市町村合併**を進めてきました。日本ではこれまで三度の大きな市町村合併の動きがありました。

3.1.1 明治の大合併

明治維新により近代国家の仲間入りを目指した日本は，中央集権的な行政制度への改革を進めていきます。富国強兵，殖産興業を実現するためには，地方行政においても，教育，徴税，戸籍管理，貧困救済など，新たな事務を実施する必要がありました。江戸時代には，集落を基本単位として相互扶助的に行政サービスが供給されていましたが，新たな事務に対応するためには，全国一律の行政組織の整備が求められました。

1872 年の大区小区制，1878 年の郡区町村編制法など，試行錯誤を経て，1888 年に市制町村制が制定されました。現在の市町村制度のはじまりです。

市町村を新たな事務を実施するのに適した規模とするため，旧来の町村の合併を進めました。内務大臣によって示された「町村合併標準提示」では，300～500 戸（小学校 1 校の区域に相当）を町村の標準規模としました。これにより，71,314 あった町村は，15,859 の市町村に再編されました。この町村合併を**明治の大合併**と呼んでいます。

3.1.2 昭和の大合併

戦後になると，民主主義国家への転換を図るため，地方行政制度も一新されました。市町村の新しい役割として，中学校，警察，消防，社会福祉，保健衛生などの事務遂行が必要とされました。市町村をこれに見合う規模とするため，1953年に町村合併促進法，1956年には新市町村建設促進法が施行されました。町村合併促進法では，概ね8千人以上の住民（中学校1校の区域に相当）を町村の標準規模としています。

この結果，9,868あった市町村は，1961年には3,472にまで再編されました。この間の市町村合併を**昭和の大合併**と呼んでいます。

3.1.3 平成の大合併

2000年の地方分権一括法では，市町村の合併の特例に関する法律（**合併特例法**）も改正されました。これに伴う合併を**平成の大合併**と呼んでいます。

合併特例法は，1965年に施行された法律です。もともとは合併を希望する市町村における合併の円滑化が目的であり，合併を推進する法律ではありませんでした。しかし1995年の改正において，合併の際の特例措置を設けるなど，合併を推進する法律へとその目的を変化させ，2000年の改正では特例措置がさらに拡充されました。

主な特例措置として，①地方交付税の算定替の拡充，②合併特例債の創設，③市となる要件の緩和などがあります。

地方交付税の算定替とは，市町村に交付される地方交付税交付金の金額を合併した市町村に対して有利なように配分する制度です。地方交付税は，財政の均衡化を目的としていますので，合併して規模の大きくなった市町村には，合併前の合計額よりも少なく配分されます。これでは合併を阻害しますので，合併後10年間は合併していない状況で算定された金額を交付し，その後5年間段階的に削減し，最終的に本来の金額に収束させます。これにより，合併した市町村の財政運営の円滑化を図るしくみです。

合併特例債とは，合併後必要となる事業について，合併後10年間に限り，特別に起こすことができる地方債です。対象となる事業費の95%に充当でき，その元利償還金の70%を地方交付税の基準財政需要額に算入できます。公共施設の整備費など，合併後のまちづくりに必要となる費用を，国に7割程度肩代わりしてもらえます。

市となる要件の緩和とは，合併した町村に限って，市となるハードルを下げる措置です。通常，市になるためには，人口5万人以上で，市街地の居住比率や商工業など都市的業態の従業者比率についても一定の条件があります。合併した町村の場合には，人口3万人以上という要件のみで，市となります。

これらの特例措置により，合併すると行財政運営が円滑に進められるようにする一方で，三位一体の改革による地方交付税の削減があったため，平成の大合併は，アメとムチによる合併推進であったといわれています。

2005年には合併特例法が改正され，合併算定替の期間は5年間継続，その後5年間段階的削減に縮小され，合併特例債は廃止されました。一方，都道府県は合併すべき市町村の組み合わせを示した市町村合併推進構想を策定するものとされました。さらにこの構想に基づいて，都道府県知事は市町村に対して，合併協議会を設置するように勧告することができるようになりました。いわばアメの部分が縮小され，ムチの部分が強化されたわけです。

2010年には合併特例法が再改正されます。政権交代の影響もあり，合併の推進から円滑化へと目的が変更され，国や都道府県による推進規定も削除されました。ここで平成の大合併は，ひと区切りついたことになります。

平成の大合併の結果，1999年に3,219あった市町村は，2005年度末には1,821，2010年度末には1,727にまで減少しました。

3.2 市町村合併の効果と弊害

3.2.1 平成の大合併の背景

平成の大合併も，過去二度の大合併と同様，国や都道府県から市町村への権限移譲に対応するため，市町村が受け皿となる能力を高める合併です。

生活圏の拡大も，市町村合併を必要とする1つの要因です。交通機関の発達によって，私たちの生活する範囲は大きく広がりました。市町村の枠組みを越えて通勤，通学し，買い物や病院へ行くことは珍しくありません。生活圏と市町村の枠組み（行政圏）に乖離が生じると，受益と負担の関係から，不公平感を生じさせます。税金を支払う市町村と，行政サービスを受ける市町村は同じであるほうが，公平と考えられます。

少子高齢化等に伴う財政状況の悪化も，市町村合併を促進する要因となります。合併により行財政の効率化を進め，厳しい財政状況の下でも，一定水準の行政サービスを維持するためです。

3.2.2 市町村合併の効果

総務省がとりまとめた平成の大合併に関する報告書では，市町村合併の効果として以下の４点をあげています。

第１に，住民サービス提供体制の充実強化です。合併による規模の拡大によって，企画財政や保健衛生などの部局に専門職員の配置が可能となり，従来できなかった高度な行政サービスを提供できるようになりました。

第２に，少子高齢化への対応です。行財政基盤の強化を活かして，少子化対策，高齢化対策，障害者福祉などの福祉サービスの強化が図られました。

第３に，広域的なまちづくりへの対応です。行政圏と生活圏の一体化によって，受益と負担の関係の適正化，公共施設の効率的配置を進めました。

最後に，行財政の効率化です。重複する部門の削減や，出先機関の整理などによって，住民サービスの水準を維持しつつ，職員数を削減しています。また，首長（市町村長）や議会議員も削減されており，平成の大合併の期間に約２万１千人減少しています。

3.2.3 市町村合併の課題

一方で，平成の大合併には否定的な評価もあります。

まず，周辺部の衰退です。旧市町村役場の閉鎖により関連する雇用が失われ，役場近辺の店舗の閉鎖などから街の活気が失われていきます。多くの場合，旧役場には支所を配置して役場の機能を維持しようとしていますが，行財政の効率化を進める以上，公務員の削減は避けられません。

次に，住民の声が届きにくくなったことです。市町村の規模の拡大に伴って，人口当たりの議員数は減少します。小規模な町村と大規模な市の合併の場合には，町村部の議員定数は小さくなります。

第3に，住民サービスの水準低下です。専門的なサービスの提供が図られる一方で，住民サービスの廃止や利用料の引き上げを実施した自治体もあります。特に，敬老祝金や高齢者向けの公共施設の利用料金割引制度は，合併後の市町村では，継続しない事例もみられます。

最後に，地域の伝統，文化の継承の問題です。伝統的な地名の喪失や，合併を契機として，祭りの継承が困難となる事例もあります。

最近では，地域審議会や自治会などを基盤とした新たなコミュニティ組織を設置するなどの方法により，住民自治の体制を強化する動きが出てきています。住民自らが地域の課題を解決しながら，合併による効果を最大限に活かして，地域の自律性を高める取り組みが求められています。

3.3 道州制

3.3.1 道州制とは

市町村合併が進んだ結果，国と市町村の中間に位置する都道府県の役割についても，見直すべきであるという意見があります。

都道府県には，大きく3つの役割があります。①広域的な事務やプロジェクトの実施，②市町村間の連絡調整，③市町村の補完，指導です。市町村合併によって，②と③については，都道府県の役割は縮小しつつあります。一方で①については，地方分権を進めていくうえで，より重要となっています。

道州制とは，都道府県に代わる広域的な自治体として，道州を設置しようとする考え方です。その背景には，地方自治体が国の権限の受け皿となるためには，現行の都道府県よりも広域的な自治体を設置するほうが効率的であるという議論があります。大前研一のように，現在の日本が抱える行政課題に対しての，最適な統治機構の単位として道州制を提唱する論者もいます。

道州制には，①単純に都道府県を合併し，広域的な管轄範囲を持つ道州を設置する，②道州に自主的な財政運営の権限を与える，③立法権も道州に与え連邦制とする，という3つの形態が考えられます。

第28次地方制度調査会は，2006年に「道州制のあり方に関する答申」を行い，道州制の導入が適当であるという結論を示しました。そこでは，①都道府県に代わり道州を設置し，道州と市町村の2層制とする，②都道府県の事務は大幅に市町村に移譲し，国（特に地方支分部局）の事務はできる限り道州に移譲する，③道州議会の議員，首長は直接選挙で選ぶ，④国からの税源移譲，地方税の充実を図り，財政調整制度を別途検討する，などの基本設計を示しました。また，道州の区域例として，9，11，13道州の3つの例を提示しました。しかし，具体的な道州制の議論は，進んでいません。

3.3.2 道州制実現に向けた課題

道州制を実施するためには，検討すべき課題が残されています。

第1に，道州の区割りです。地方制度調査会の答申は，社会経済的・地理的・歴史的・文化的条件を勘案して3つの例を提示しました。道州の区割りは，財政運営に直結します。人口や企業の多い道州は，豊富な税収を確保でき，円滑に財政運営できますが，少ない道州は，厳しい財政運営となります。

第2に，州都（役所の所在地）の位置です。市町村合併と同様に，州都に行政機能が集中することで，周辺部の衰退が懸念されます。道州の区割りによって，適切な州都の位置は異なるため，議論は複雑となります。

第3に，道州の役割（権限）です。国，道州，市町村の役割分担を見直す必要があります。また，国の出先機関をどうするかも課題です。

こうした課題を克服し，道州制を実現していくためには，国民の理解も必要となります。道州制について，さらなる国民的な議論が望まれます。

4 地方創生戦略

4.1 議論の背景

安倍内閣は**地方創生**を最重要課題と位置づけ，2014年にその司令塔となるまち・ひと・しごと創生本部を内閣に設置しました。地方創生とは，地方における雇用創出による人口減少の克服，自律的で持続的な社会の創生です。

議論のきっかけとなったのは，増田寛也元岩手県知事を中心とする日本創成会議が公表した消滅可能性都市のリストでした。消滅可能性都市とは，2010年から2040年までの間に，20～39歳の女性人口が5割以下に減少し，人口の再生産が困難になると見込まれる市区町村です。全国で896の自治体が，消滅可能性都市として公表されました。

4.2 地方創生の目標

まち・ひと・しごと創生本部は，まち・ひと・しごと創生長期ビジョンと総合戦略を策定しました。長期ビジョンでは，①「東京一極集中」を是正する，②若い世代の就労・結婚・子育ての希望を実現する，③地域の特性に即した地域課題を解決する，を基本的視点としています。出生率が回復し，2060年に人口1億人を確保できるとともに，生産性の向上を実現すれば，2050年代の実質経済成長率は1.5～2%程度を維持できるとしています。

また，総合戦略では政策の基本目標として，次の4点をあげています。

第1に，「地方における安定した雇用を創出する」です。2020年までの5年間に，地方における若者の雇用を30万人分創出するとともに，正規雇用者の比率を他の世代と同水準まで向上させるとしています。

第2に，「地方への新しいひとの流れをつくる」です。2020年の東京圏から地方への転出を，2013年比で4万人増加，逆に地方から東京圏への転入を6万人減少させ，東京圏と地方の人口転出入を均衡させるとしています。

第3に，「若い世代の結婚・出産・子育ての希望をかなえる」です。安心して結婚・妊娠・出産・子育てできる社会を達成していると考える人の比率を40％以上にするとしています（2013年度は19.4％）。

第4に，「時代に合った地域をつくり，安心な暮らしを守るとともに，地域と地域を連携する」です。目標値は，地方公共団体が作成する地方版総合戦略をもとに定められます。

4.3 地方創生の現状

以上の目標を実現するため，移住相談窓口の整備や新規就農への支援，地域中小企業のイノベーション促進など，総合戦略に基づいたさまざまな政策が実施されてきました。地方版総合戦略も，ほぼすべての地方公共団体で策定されました。しかし，結果だけを見ると，いわゆるアベノミクスの効果もあって雇用は増加しましたが，人口の東京一極集中はむしろ加速しました。出生数も大きく減少しています。

こうした状況を受けて，2020年には第2期まち・ひと・しごと創生総合戦略が策定されました。関係人口，society5.0，SDGsといった新たな視点からの政策も導入されています。ただし，課題の大きさに対して，政策規模が小さく見える点は否定できません。

2021年には岸田内閣の誕生に伴って，デジタル田園都市国家構想が提唱されました。①デジタル基盤の整備，②デジタル人材の育成・確保，③地方の課題を解決するためのデジタル実装，④誰一人取り残されないための取組という四本柱の施策展開が検討されています。日本は諸外国と比較して，デジタル化への対応は遅れています。中心地との距離が遠く，人口が減少している地方こそ，経済発展におけるデジタル技術活用の余地は大きいはずです。迅速な政策の実行が求められています。

新型コロナウイルスの影響で，景気低迷に加えて出産を控える動きも見られるなど，問題はより深刻になっています。一方で，テレワークの導入や地方移住の動きが拡大するなど，問題解決の糸口も見え始めています。こうした動きを定着させることができるかどうか，地方創生は正念場を迎えています。地方自らによる課題の認識と戦略の構築が重要です。

そのためには，地方分権をさらに推進し，地方の権限を強化していく必要があります。また，近年，地方議会選挙の投票率は低下したままです。住民が地方自治に関心を持たなければ，地方分権は効果を発揮できません。

Working　調べてみよう

1. 内閣府の地方分権改革に関するウェブサイトでは，特色のある改革として多くの事例を紹介しています。改革の内容について調べてみましょう。

2. 皆さんの住んでいる都道府県では，平成の大合併で市町村の数がどのように変化したか調べてみましょう。

Discussion　議論しよう

総務省の『令和４年版　地方財政白書』では，市町村の規模別にみた財政状況に関する各種統計を掲載しています。本章の地方分権の議論を参考にしながら，望ましい市町村の規模について考えてみましょう。

▶▶▶さらに学びたい人のために

●西尾勝［2007］『地方分権改革』東京大学出版会。

地方分権推進委員会や地方制度調査会の議論を主導した著者による，地方分権改革の推進過程が解説された著作です。

●内閣官房・内閣府総合サイト　地方創生　https://www.chisou.go.jp/sousei/

地方創生に関する政策だけでなく，審議過程の検討資料なども掲示されています。

参考文献

●北村亘［2013］『政令指定都市―百万都市から都構想へ』中央公論新社。
●佐々木信夫［2002］『市町村合併』筑摩書房。
●神野直彦［2002］『地域再生の経済学―豊かさを問い直す』中央公論新社。
●総務省編［2022］『令和４年版　地方財政白書』日経印刷。
●増田寛也編［2014］『地方消滅―東京一極集中が招く人口急減』中央公論新社。
●総務省「広域行政・市町村合併」 https://www.soumu.go.jp/kouiki/kouiki.html
●内閣府「地方分権改革」 https://www.cao.go.jp/bunken-suishin/index.html

第14章 地域のグローバル化

Learning Points

- ▶人口減少・高齢化に伴い，国内の農林水産物・食品需要は減少していますが，輸出は増加しています。地方の農村や漁村においても，農林水産物・食品の海外市場開拓を念頭に置いた地域戦略が求められています。
- ▶コロナ禍で一時激減しましたが，近年外国人観光客数は増加傾向にあります。留学生，外国人研修生や外国人労働者，外資系企業，国際会議・国際展示会，国際スポーツ大会の誘致も地域政策のテーマとなりました。
- ▶地方のグローバル化を促進するには，HP の多言語化，国際水準の競技場，国際会議場・展示場や CIQ 対応可能な地方の港湾，空港の整備，国際航路・国際線拡充，VISA の緩和が必要です。

Key Words

空港・港湾　農林水産物・食品の輸出　国際会議　外国人観光客
広域国際交流圏

1 グローバル化の進展

1.1 日本の貿易

日本の貿易額（輸出＋輸入）は，1970 年の 13 兆 8 千億円から 2021 年には，167 兆 8 千億円へと 12.2 倍になりました。1 ドル 360 円であった 1970 年と比較すると，1995 年 4 月に記録した 79 円 75 銭よりは円安になっているとはいえ，ドル換算ではこの間約 40 倍に拡大したことになります（貨物重量では 2 倍強です）。

日本の貿易額，貿易依存度（貿易額 /GDP）は，上昇傾向にありますが，

IMFの統計によると，2020年の日本の貿易依存度は25％で，世界184位（207カ国・地域中）と低い水準にあります。人口の少ない小国・地域は，国内で生産を完結できないため，貿易依存度は高くなります。世界1位の香港は300％，世界2位のシンガポールは200％を超えています。ヨーロッパの小国であるオランダやベルギーも100％を上回っています。

1960年代の日本からの主な輸出品目は，船，鉄鋼，繊維，ラジオ，玩具でした。2020年の主な輸出品目は，自動車，半導体を含む電子部品，自動車部品，鉄鋼，半導体製造装置になりました。日本の産業構造の変化は，輸出品目の変化にも反映されています。

資源価格の高騰もあり，日本の輸入品1位は鉱物性燃料（原油，LNG，石炭）ですが，半導体，通信機，自動車，工作機械，医薬品の輸入も増えています。日本は，原材料を輸入して工業製品を輸出する垂直貿易から，自動車，半導体，通信機，医薬品のような似通った工業製品を相互に貿易する**水平貿易**へと移行してきています。ただし，医薬品と医療機器については，近年貿易赤字額が増大しており，これらの産業の国際競争力強化は，産業政策の重要課題となっています。地域政策としても，バイオクラスターや医療機器産業クラスターの形成が課題です（第12章を参照）。

2008年までは，日本の輸出相手国1位はアメリカでした。その後は中国となっています。2020年の主要貿易相手国は，中国，アメリカ，韓国，台湾です。近年急速に発展してきたアジアの国・地域との貿易額増加が顕著です。貿易相手国が遠距離の欧米から近距離の中国，韓国，台湾へとシフトしてきたため，地方の工場で生産した製品や農林水産物を，地方の港湾や空港から直接輸出できるチャンスが高まってきました。

1.2 港湾，空港別貿易額

航空輸送はスピードが速いため，輸送時間を短縮できます。しかし，輸送コストは高いため，主にフランスのワイン，ボジュレーヌーボーのような季節性のある商品，緊急性のある商品（ワクチンなど）や半導体のように軽くて小さくて高価な貨物の輸送に利用されてきました。航空輸送は輸送中の揺れが少ない（輸送品質が高い）ため，航空機による半導体製造装置の輸出も増えています。輸入ではスマートフォンなどの通信機，医薬品，そして金（航空輸送の方が盗難・紛失の危険性が少ない）の輸入も増えています。

重量ベースでみると，貿易貨物の99.8％は船で運ばれています。貿易額でみるか，貨物重量でみるか，あるいはコンテナ貨物量でみるかによって，港湾，空港の重要性やランキングは変動します。

コンテナは，物流に革命をもたらした発明です。異なる商品をコンテナという箱につめて輸送することで，港のガントリークレーン，トレーラートラックや鉄道輸送での効率的な一貫輸送が可能となりました（マルク・レビンソン著，村井章子訳［2019］『コンテナ物語―世界を変えたのは「箱」の発明だった（改定増補版）』日経BPは，コンテナ革命について書かれたおもしろい本です）。かつてはモノの輸送に対しては，物流という用語が一般的に使用されてきましたが，近年はロジスティクス（もともとは軍で使用されていた兵站という意味です）や**サプライチェーン**という用語も使用されるようになりました。

2021年の日本の港湾・空港別貿易額1位は，成田国際空港（以下成田空港）の28兆9千億円でした。みなさんにとっては，空港が貿易額1位というのは意外に思われるかもしれません。貿易額でいえば，日本の貿易の約17％は，成田空港経由なのです。航空貨物の貿易品の重量はわずか0.2％ですので，いかに高価な品目が航空貨物として輸出入されているかがわかると思います。成田空港の貿易額は1980年と比較すると，2020年には輸出額で5.5倍，輸入額で6.6倍になりました。貨物専用機と比べると，旅客機で使用できる貨物スペースは狭くなっています。成田空港には貨物専用機も就航しています。

2位は，国連「世界都市化予測（2021）」で世界最大の人口を擁する都市とされた，東京（人口3,750万人）に最も近接した東京港（18兆7千億円）です。3位は自動車，機械，航空機部品の輸出が多い名古屋港（17兆8千億円）です。4位は横浜港（12兆2千億円），5位は関西国際空港（9兆9千億円）です。6位は大阪港（9兆8千億円），7位は神戸港（9兆5千億円）で，上位7位までの港湾・空港はすべて3大都市圏に位置しており，全国の貿易額の約64％を占めています。

貿易黒字国であった日本も2011年以降，輸入額が輸出額を上回る貿易赤字になる年が増えています。2021年は原子力発電所の一部稼働停止，ワクチン輸入の増加，原油等の資源価格の急騰に円安も加わり，5兆4千億円の貿易赤字を記録しました。

横浜港，名古屋港，神戸港を含むほとんどの港湾で，輸入貨物の重量>輸出貨物の重量となっています。そのため，日本の港湾の多くは輸出貨物（とくに輸出コンテナ貨物）不足に陥っています。

上位の7空港・港湾に三大都市圏内に位置している9位の千葉港，10位の川崎港，11位の清水港（静岡県），12位の三河港（愛知県），13位の四日市港（三重県），14位の中部国際空港（愛知県）を加えると，日本の貿易額の73.3％を占めます（2021年）。

外貿（国際輸送）と内貿（国内輸送）を合わせた港湾取扱貨物量（2019年）でみると，1位名古屋港，2位千葉港，3位横浜港，4位苫小牧港（北海道），5位北九州港（福岡県）です。このように重量ベースのランキングでは，鉄鉱石，石炭，原油，穀物，自動車，機械など，重い貨物を多く取り扱う港湾が上位にきます。

輸出額に限定すれば，2010年以降全国1位は名古屋港で，成田空港は2位でしたが，2021年はコロナ禍に伴う海上輸送の混乱とコロナワクチンの緊急輸入もあり，成田空港が僅差で1位となりました。東京湾内にある東京港＋横浜港＋川崎港を合算して京浜港とすれば，貿易額全国1位は，輸出，輸入ともに京浜港になります。

地方の空港･港湾で最も貿易額が多いのは，8位の博多港（福岡県）ですが，上位の港湾・空港とは大きな差があります。博多港は，貿易額7位の神戸港と比較すると約46％の水準です（2021年）。3大都市圏や**太平洋ベルト地帯**から離れた遠隔地の港湾の中で，貿易港としての重要な役割を果たしているのは，24位の鹿児島港，28位の仙台塩釜港（宮城県），29位の苫小牧港（北海道), 37位の新潟港です。

1.3 コンテナ貨物

コンテナは, 20フィートコンテナに換算して計算します。街中で見かけるトレーラートラックに積載されているやや細長のコンテナは, 40フィートコンテナです。コンテナ数は20フィートコンテナ換算するため, TEU (twenty-foot equivalent unit) という単位を使用します。40フィートコンテナ1個は, 2TEUに換算します。海外ではサイズの大きな45フィートコンテナも使用されるようになりましたが, 日本では道路交通法の規制があり, 45フィートコンテナはほとんど使用されていません。

外貿コンテナ個数では, 1位東京港426万TEU, 2位横浜港241万TEU, 3位名古屋港230万TEU, 4位大阪港206万TEU, 5位神戸港204万TEUです (2020年速報値)。貿易額は, 原料価格の高騰・急落や為替の動向によって大きく変動します。貿易の動向を確認するには, 貿易額だけでなく, 重量やコンテナ個数を合わせて調べることが大切です。石炭, 石油, 鉄鉱石, 穀物, 乗用車等を除くと, ほとんどの貨物は, コンテナで輸送されていますので, 港湾のコンテナ取扱量に注目が集まるようになっています。

2020年の世界コンテナ取扱個数ランキング1位は, 上海港 (4,350万TEU), 2位シンガポール (3,687万TEU), 3位寧波－船山 (中国), 4位深圳 (中国), 5位広州 (中国), 6位青島 (中国), 7位釜山 (韓国) の順です。中国の港湾の伸長が目立っています。1999年に世界14位だった東京港は, 2020年に44位にまでランクを下げました。神戸港は1970年代には世界2位でしたが, 2020年には71位となっています。

日本1位の東京港のコンテナ貨物量ですら, 上海港のわずか9.8%にすぎません。東京港や横浜港からヨーロッパに向かう大型コンテナ船の寄港数が減少し, ハブ港である釜山港で積み替えるコンテナ個数が増えています。日本海側の港では, 小型のコンテナ船で釜山港にコンテナを運ぶようになっており, 釜山港で積み替えて欧米などへと輸出されるようになっています。陸送コストの高い日本では，地方の港湾のグローバル化（特に釜山航路）が急速に進展しました。

大型コンテナ船が港に寄港しなくなることを,「抜港」といいます。東京港，横浜港，神戸港などの日本の主要港湾ですら,「抜港」問題に苦しんでいます。その理由は，地方のコンテナ貨物を集められないこともあり，日本の主要港湾のコンテナ貨物量が相対的に少ないこと，コンテナ船のサイズが大型化し，寄港地が限定されるようになっていることなどがあります。

1.4 国際旅客数の増加

1.4.1 世界で増加する国際線旅客数

成田空港の国際線旅客数は2019年に3,670万人に達しましたが，2021年にはコロナ禍の影響を受け，1978年の開港以来最低の189万人となりました。それに対して，貨物量は過去最高の259万tになりました。

コロナ禍以前の2019年の成田空港の旅客数（国内線を含む）は，世界50位でした。東京国際空港（以下羽田空港）は，国内線の旅客数が多いため，世界ランキングは5位です。1位はアトランタ空港（アメリカ），2位は北京首都国際空港，3位はロサンゼルス空港，4位はドバイ国際空港でした。

世界の国際線旅客数は，1986年の約2億人から2019年には約19億人へと約10倍に増加しました。3大都市圏に含まれない地方では，国際線旅客数急増という変化を地域発展の起爆剤として活用できていません。

1.4.2 日本の空港の国際線旅客数

2019年に国際線旅客数上位の空港は，1位成田空港3,477万人，2位関西空港2,483万人，3位羽田空港1,854万人，4位中部国際空港678万人です。

地方の空港で国際線旅客数が多いのは，5位の福岡空港640万人，そして6位新千歳空港（北海道）387万人，7位那覇空港368万人です。東京から離れた西の福岡空港，北の新千歳空港，南の那覇空港で国際線旅客数が多くなっています。地方中枢都市や広域中心都市と呼ばれることの多い札幌市，仙台市，広島市，福岡市ですが，空港の国際線旅客数には大きな差があります。仙台空港は39万人，広島空港は35万人にとどまっており，鹿児島空港の41万人よりも少なくなっています。

地方の空港で鹿児島空港に次いで国際線旅客数の多い空港は，高松空港34万人，静岡空港32万人，北九州空港30万人，岡山空港30万人です。沖縄県の石垣空港は10万人ですが，鹿児島県の奄美空港は0人でした。石垣島の人口は増加傾向にありますが，奄美群島の人口は減少傾向にあります。

外国人観光客の増加を地域の活性化につなげるためには，まずは地方空港への国際路線の誘致と増便が求められます。世界的に格安航空会社LCC（Low Cost Carrier）の国際便が増えていますし，小型機のビジネスジェットやプライベートジェット機で移動する経営者や富裕層も増加していますので，国際線ターミナルの開設とCIQ（税関，輸出入管理，検疫所）体制を整備すれば，地方に直接外国人観光客を誘致できます。

1.4.3 港湾の国際旅客数

2019年の外航の乗降人数上位の港は，博多港161万人，那覇港135万人，長崎港109万人，石垣港58万人，平良港（沖縄県宮古島）52万人，鹿児島港52万人となり，上位6港は7位横浜港43万人，10位大阪港26万人，11位神戸港23万人，24位東京港6万人を上回りました。12位は山口県の下関港22万人ですが，関釜フェリーという下関と釜山港との国際フェリーが寄与しています（クルーズ船の寄港もあります）。韓国，中国，台湾に近いという地理的優位性が港湾の国際旅客数には反映されています。

博多港は，釜山港とのフェリーやJR九州の高速船ビートルⅡ世（2022年に就航30周年）に加え，2019年に全国2位の寄港回数となったクルーズ船のよる入国者も増加しています。クルーズ船による日本への入国者数は，2013年の17万人から2017年には253万人にまで急増しました。

1.4.4 クルーズ船の経済効果と課題

2019年のクルーズ船の寄港回数は2,866回，訪日クルーズ旅客数は215万人で3年連続200万人を超えました。港別別では，那覇港260回，博多港229回，横浜港188回，長崎港183回，石垣港148回，平良港（沖縄県宮古島）147回でした。日本人の利用が多い横浜港を除くと，韓国，中国，台湾に近い沖縄県と北部九州の港が上位を占めています。こちらもコロナ禍の影響を受け，2020年，2021年には激減しました。

クルーズ船については，停泊中の発電による大気汚染や排水による環境汚染，さらには一度に多くの外国人観光客が入国することによってもたらされる，混雑や交通渋滞などの**観光公害（オーバーツーリズム）**が世界的に問題となっています。また，クルーズ船の経済効果についても疑念の声があります。

クルーズ船による観光を持続可能な観光，そして地域の経済発展に結びつけるためには，陸上電力を利用して，停泊中はディーゼルエンジンを停止する，排水を海洋投棄させない，訪問地での飲食，体験，購買の行動を促進する（お金を使わずに観光をする「ゼロドルツーリズム」からの脱却）など，国，地方自治体，地元観光業界，クルーズ船社による話し合いが大切です。

クルーズ船については，確かに問題もありますが，空港から離れた港町や空港のない離島や半島であっても外国人観光客を誘致できます。宿泊しませんので，大型のホテルがなくとも外国人観光客は来訪できます。超大型クルーズ船ではなく，中小型のクルーズ船やアレックス・カー氏らも提言している富裕層が使用している大型ヨットを誘致することも考えられます。

クルーズ船は時速30km程度の速度で夜間移動して別の寄港地に行きますので，例えば愛媛県の松山港と奄美大島の名瀬港といった離れた地方の港湾・観光地との広域連携という新しい政策課題への対応も求められます。

2 農林水産物・食品の輸出

2.1 農林水産物・食品の輸出増加

日本からの農林水産物・食品の輸出額は，2012年の4,497億円から2021年の1兆2,382億円にまで増加しました（**図表 14－1** 参照）。輸出先上位の国・地域は，1位中国（2,224億円），2位香港（2,190億円），3位アメリカ（1,683億円），4位台湾（1,245億円）です。2006年日本政府は，年間輸出額1兆円という目標を立てましたが，目標値をクリアしました。

国内の農業保護や米の価格維持に注力してきた農林水産省ですが，2030年に輸出額を5兆年とする野心的な目標値を掲げています。2019年の「農林水産物及び食品の輸出の促進に関する法律」に基づき，2020年には「農林水産物・食品輸出本部」が設置されました。2022年5月には「改正農林

図表 14－1 ▶▶▶農林水産物・食品輸出額の推移

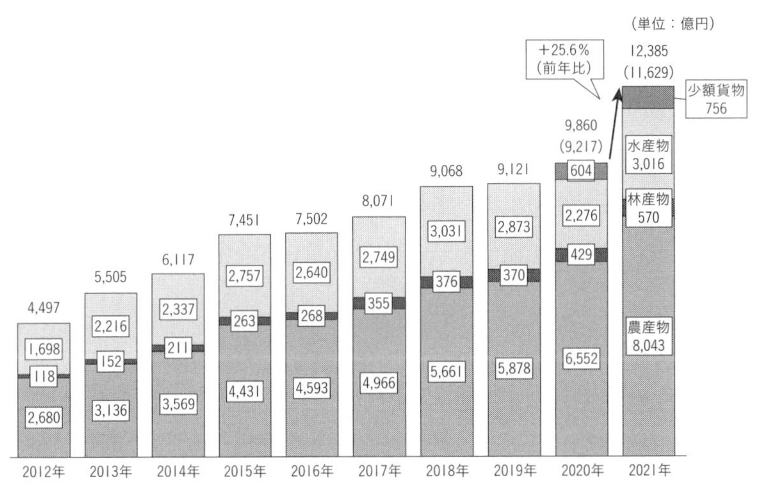

資料：財務省「貿易統計」をもとに農林水産省作成。
注：2020年の（9,217）は少額貨物及び木製家具を含まない数値。
2021年の（11,629）は少額貨物を含まない数値。
出所：農林水産省輸出・国際局。https://www.maff.go.jp/j/press/yusyutu_kokusai/kikaku/attach/pdf/220204-3.pdf

水産物・食品輸出促進法」が制定され，輸出を促進するため，関連団体の活動を支援することとなりました。

地理的近接性（生鮮食品の輸出にとっては輸送時間が重要になります），2,190億円という香港の輸入額，そして人口と経済成長率からみて，中国への農林水産物・食品の輸出のポテンシャルはかなり高いと思われます。

人口減少と高齢化の進展は，国内の，特に人口減少率の高い地方の食料需要を減少させています。日本人の米の1人当たり消費量は，1962年度の118kgをピークとして減り続けており，2018年度は53.5kg，2020年度には50.8kgにまで減少しました。人口減少・高齢化に加えて，米から小麦（うどん，パン，パスタ，ピザなど）や肉類へのシフト（食の欧風化）も，米の消費量減少に拍車をかけています。農林水産省によると，日本全体の米の需要は，2014年頃から年間約10万tずつ減少しています。

米の生産を維持するには，米粉の活用に加え，米の輸出を増やす必要があります。米の輸出量は，2014年の4,515tから2021年の22,833tにまで4倍以上に急増しています。しかし，毎年10万tの国内需要の減少を補塡するほどのインパクトはまだありません。2021年水準の5倍から10倍以上に輸出を増やさない限り，米の国内生産水準を維持できません。

米の輸出の大幅な増加を実現するには，輸出相手国の価格や品質に対するニーズ，農薬や病害虫についての規制の調査，生産者の意識改革と対応力の構築，相手国の認めた農薬の使用，農協，輸出商社や物流事業者との連携，冷蔵・冷凍による国際物流ルートの確立，病害虫対策，冷蔵・冷凍倉庫や燻蒸施設の建設など，サプライチェーン全体のレベルアップが必要です。

実は，2022年6月時点で中国政府が認可した日本国内の精米工場は，北海道，神奈川県，兵庫県にある3工場のみです。中国政府認可の燻蒸倉庫は，徐々に増えていますが，それでも全国に5カ所（北海道，山形県，兵庫県，熊本県八代市に2カ所）しかありません。地域政策という範囲を逸脱しているとも考えられますが，日本政府と中国政府との国際交渉が進展しない限り，中国への米の輸出量を劇的に増加させることは不可能です。

2.2 農林水産物・食品輸出の課題

日本政府の目標であった輸出額1兆円の達成は，日本の農業政策としても地域政策としても一定の評価を与えることができます。しかし，単純に喜んでばかりはいられません。農林水産物・食品という括りのなかに，日本国内の原料としては水しか使用していないビール，ウイスキー，清涼飲料水も含まれているからです。

日本産ウイスキーは，海外で高い評価を受けるようになり，輸出額は急増しています。2021年のウイスキーの輸出額は462億円でした。しかし，長年ジャパニーズウイスキーの定義が曖昧であったこと（ようやく業界団体の自主規制として，輸入原酒を瓶詰した製品はジャパニーズウイスキーとしては認めないことになりましたが），ウイスキーの原料となる麦芽や穀類の多くを輸入に依存しているため，国内産の原料は水，瓶，ラベル，熟成用の樽（ミズナラが多いようです）だけとなってしまいます。

それに対して，日本酒は，原料として国産の酒米（皆さんが食べる食用の米を使うこともありますが，通常は醸造用のお米を使用します）を使用しています。最近，地域ごとに特色ある酒米の栽培が広がっており，ヨーロッパのワインのように，地域の風土（**テロワール**）を活かした，個性的で高品質な吟醸酒の醸造が行われるようになりました。日本国内の日本酒の需要は減少傾向なのですが，酒米の使用量の多い吟醸酒の生産及び輸出が増加したため，酒米生産には底打ちの兆しがみられます。

2.2.1 急増する食料輸入額

第2の問題は，円安と穀物や木材，海外の食品の価格高騰によって，輸入額も増加しており，農林水産物・食品の貿易赤字額が増加している点です。中国からの輸入額は1兆3,214億円にも達しており，中国への輸出額2,233億円の6倍です。アメリカからの輸入額1兆8,681億円と輸出額の1,683億円を比較すると11倍近くになります。

農林水産物・食品全体の輸入額は，2016年の8兆5480億円から2021年には10兆1,656億円にまで拡大しており，貿易赤字額は8兆978億円から9兆27億円に増加しました。経済発展には，輸入品を国産品に代替していく輸入代替が重要です。輸出に加えて，輸入品を国産品に代替していく戦略も大切です。日本産レモンは，広島県と愛媛県で約7割生産されています。重量ベースでのレモンの国産化率は，まだ1割程度にすぎません。農林水産物の輸入代替の促進も政策課題の1つです。

2.3 地理的表示（GI）

日本もEUにならって，2015年6月より「地理的表示（GI）」を導入しました。GIは，地域の食文化を守り，海外にマーケティングする戦略です。イタリアの「スローフード」，「アグリツーリズモ」は，地域の豊かな食文化を基盤としています。日本の農作物も，ブランド化，輸出化，食文化を組み合わせて，付加価値を高めなければなりません。

3 外国人観光客

3.1 国際観光後進国からの脱却

観光庁の統計によると，2012年の入国旅行者数の国別ランキングでは，日本は入国旅行者数836万人で，世界33位，アジアで8位でした。

しかし，**図表14－2**からわかるように，2013年以降，訪日外国人旅行者数は，増加しており，2019年に3,188万人にまで増加しました。3,188万人は世界ランキングでは12位，アジアでは中国，タイに次いで3位でした。8,940万人のフランスや8,351万人のスペインには及びませんが，日本には陸路で海外から入国することができません。陸路でアクセスできない国・地域としては世界1位といえます。

スイスの世界経済フォーラムは，2021年の旅行・観光の魅力度ランキン

図表 14－2 ▶▶▶訪日外国人旅行者数・出国日本人の推移

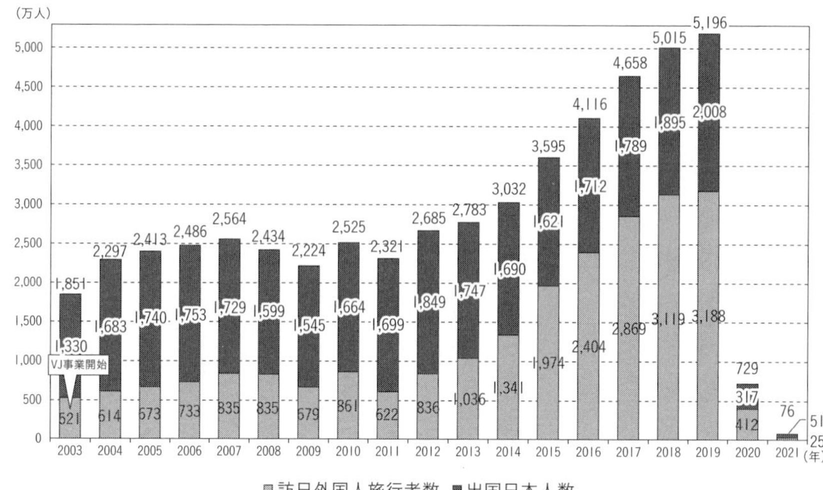

出所：日本政府観光局。https://www.mlit.go.jp/kankocho/siryou/toukei/in_out.html

グで日本を1位としました（117カ国・地域中）。2位はアメリカ，3位はスペインです。交通インフラ，文化，自然，観光資源が高く評価されました。

2016年3月に「明日の日本を支える観光ビジョン」で示された目標は，2020年に4,000万人，2030年に6,000万人でした。2020年の目標はコロナ禍もあり，達成できませんでした。2030年の目標達成も難しそうです。しかし，日本各地に整備された空港や港湾，清潔で安全な社会，長期のデフレによる物価の安さと円安もあり，外国人観光客が将来増加していくことはまちがいありません。国連世界観光機関（UNWTO）は，2019年水準に戻るのは2024年頃だと予測しています。

世界的に観光公害やオーバーツーリズムが問題になっています。短期間に外国人観光客が増加することが望ましいというわけではありません。しかし，日本人の人口が減少していくなかで，地方の観光業界の持続可能性を考えると，外国人観光客の受け入れは避けられません。2019年の宿泊者数でみると，日本人4億8,027万泊に対して，外国人は1億1,566万泊となっています。

3.2 都道府県別外国人宿泊者数

外国人観光客は，東京（2,935万泊），大阪府（1,793万泊），京都（1,203万泊）に多く宿泊しており，国際便（実は羽田便の多さも貢献しています）の多い北海道（881万泊）や，国際便に加え港からの入国者も多い沖縄県（775万泊），福岡県（426万泊）には外国人が多く宿泊していますが，高知県，山口県，島根県，福井県，秋田県には10万人泊程度しか宿泊していません。

訪日外国人観光客の多くが，羽田，成田，関空から日本に入国し，東京，富士山，京都，大阪のゴールデンルートの観光ルートに集中しているからです。地方の魅力ある観光地への外国人観光客誘致は地域政策の課題です。

3.3 外国人観光客の受け入れに向けて

飛騨高山市のHPは11言語，散策マップは10言語で作成されています。自治体国際化協会は，飛騨高山市のバリアフリーの街づくりは，外国人観光客にも優しい街として機能したと指摘しています。

海外との航空路線やクルーズ船の誘致はもとより，外国人向けの食事の提供（ビーガンや宗教上等の理由で食べられない食材があります），クレジットカードでの支払いなど，多面的なグローバル対応が求められています。

また，MICEと呼ばれている国際会議や国際展示会の開催や誘致，国際スポーツ大会の開催も課題です。さらにDX時代には，日本で仕事とバケーションを組み合わせたワーケーションを楽しむ外国人も増えてきます。長期滞在型の宿泊施設への転換や，Wi-Fi環境の整備，仕事しやすいデスクや椅子の設置は，日本人の長期滞在者の誘致にとっても効果的です。

4 広域国際交流圏

1998年の戦後5番目の国土計画に，「国境を越えた地域間競争や地域間連携に対応するとともに，全国の各地域が，世界に広く開かれ，独自性のある国際的役割を担い，東京等大都市に依存しない自立的な国際交流活動を可能とする，国土に複数の地域的まとまりからなる『広域国際交流圏』を形成する」（『21世紀の国土のグランドデザイン』大蔵省印刷局，15頁）という記述が登場しました。

本来，「国土（National Land）」は，日本という領域を対象としており，国土計画は，日本国内における都市，産業，人口，文化，インフラの配置についての計画のはずです。しかし，「国土」をグローバルという視点から捉え直してみると，地方における新しい発展の機会や役割が見えてきたのです。

Column 小さな世界都市マルメ

マルメは，ストックホルム，ヨーテボリに次ぐ，人口30万人のスウェーデン第3の都市です。学生数2万4,000人のマルメ大学のほかに，大マルメ都市圏内には，有名なルンド大学もあります。

マルメは，スウェーデンで最初に工業化した都市ですが，造船業や建設資材工業の衰退に直面し，人口は減少していきました。そのマルメを大きく変化させる契機となったのは，1995年から工事が開始され，2000年に完成した，デンマークの首都にあるコペンハーゲン空港との間に結ばれた，オーレソン・リンクという橋（一部海底トンネル）です。全長は16kmです。今では，マルメをコペンハーゲン都市圏の一部だとみる見方すらあります。コペンハーゲン空港へのアクセスも整備されました。マルメには，港湾もあり，北欧最大の自動車輸入港です。

マルメの人口の40%以上（25%はムスリム系）は，移民または移民の子孫であり，スウェーデンの最南端都市は，174の国の150の言語が使用されるという，きわめてグローバルな都市となっています。歴史的建造物や美術館もあり，演劇，スポーツも盛んな都市です。コペンハーゲンへの通勤圏ですが，マルメにも大学と連携した製薬，IT系企業の集積が進んでいます。

辺境に位置している古い工業都市マルメは，グローバル化によって，国土の先端都市として，新しい発展軌道に乗ったのです。

4.1 美しい小さな世界都市

人，モノ，情報の国際流動だけでなく，場所（place）としてのグローバルな魅力も重要です。ヨーロッパの都市は，パリ，ベルリンだけでなく，地方の都市も美しいと思うのは，私だけではないと思います（佐野敬彦［2008］『ヨーロッパの都市はなぜ美しいのか』平凡社）。

美しい小都市，芸術・文化の香りのする都市，自然環境と調和した田園風景。これら place の魅力は，海外からの観光客をも引きつけ，食文化をグローバルなものにします。歴史的，文化的，芸術的，学術的，食文化の魅力を高めることは，先進国となった日本の地域発展の新しい方向性です。

4.2 平和の果実

本章でみてきた北部九州や沖縄県のグローバル化の進展は，日本と韓国，中国との政治的関係改善を基盤としています。北海道の羅臼町（世界遺産の知床があります）や根室市と北方領土，日本最北端の稚内市とロシアのサハリン島，新潟県などの日本海側の県とロシアのウラジオストックや北朝鮮の羅津港との貿易や国際交流が実現すれば，北海道の辺境地域や日本海側の県のグローバル化による新しい発展の道筋や戦略も見えてくるはずです。1991年，新潟県や富山県の対岸に位置する豆満江（ロシア・中国・北朝鮮の3カ国にまたがるエリア）を開発するという計画が国連開発計画（UNDP）から提唱され，環日本海経済研究所（新潟県）などでも調査研究が行われましたが，計画は進捗しませんでした。国同士の関係だけでなく，地方自治体や地方の組織による近隣諸国の都市や地域との連携や協力関係の構築も，グローバル時代における地域政策の課題です。

ヨーロッパの小都市が美しい小さな世界都市になりえたのは，それらの都市が有する文化や歴史的景観だけではなく，EU 統合，EU の拡大によるものです。辺境の小都市の発展は，ヨーロッパの平和の果実であることはまちがいありません。

Working　調べてみよう

1. **バンクーバー，ミュンヘン，ストラスブール，ジョホールバル，ベトナムのハイフォンやバベット，カンボジアのポイペトなど，国境線に近い都市のグローバル化について，調べてみましょう。**
2. **『数字で見る港湾』のデータをもとにして，東京湾，大阪湾，伊勢湾以外の地方の港湾の貨物量の推移，シェアの変化について調べてみましょう。**

Discussion　議論しよう

1 **世界的な観光地では，外国人観光客急増によるオーバーツーリズムが問題となっています。観光公害をできるだけ少なくしながら，外国人観光客を受け入れ，地域の持続的発展につなげていくにはどのようにしたらいいと考えますか。**

▶▶▶さらに学びたい人のために

●国土交通省［2022］『数字でみる港湾　2022』日本港湾協会と国土交通省航空局［2022］『数字でみる航空　2022』航空振興財団。

港湾についての基本情報は，『数字でみる港湾』に載っています。日本港湾協会港湾政策研究所のHPからも港湾に関するデータを入手できます。

●『数字でみる航空』は，航空会社名，航空貨物の推移，地方空港別の国内線・国際線旅客，離着陸回数などのデータをまとめています。

参考文献

●内田日出海［2009］『物語ストラスブールの歴史―国家の辺境，ヨーロッパの中核』中公新書。
●久保隆行［2018］『都市・地域のグローバル競争戦略』時事通信社。
●国土庁地方振興局編［1992］『地方都市の世界化戦略』大蔵省印刷局。
●藤原直樹編著［2021］『地域創造の国際戦略』学芸出版社。
●山﨑朗・久保隆行［2015］『東京飛ばしの地方創生』時事通信社。

第15章 EUの地域政策

Learning Points

▶経済水準の低い加盟国が増加するにつれて，EU域内の地域間格差は，拡大してきました。EUの地域政策の基本理念は，域内の地域間格差の是正です。ユーロという共通通貨を持ちながらも，国，宗教，民族，言語の異なるEUでは，国家間や地域間の格差は，大きな政治問題になります。

▶EUの地域政策は，国家間のインフラの統合，「低開発地域」や衰退地域への企業誘致から，イノベーション政策へと重心を移してきています。特に注目されているのは，スマート・スペシャリゼーションです。

Key Words

EU　地域間格差　構造政策　イノベーション　スマート・スペシャリゼーション

1 EUの地域問題

EUの地域政策には，域内のインフラ整備・統合や構造基金の設立と活用などの政策があります。いずれの政策の目的も，EU域内の地域間格差の是正です。EUは，加盟国から集めた資金をもとに構造基金を設置し，それを活用して各種のプログラムを実施してきました。

1.1 EUの拡大に伴う地域間格差の拡大

EU域内の地域間格差は，加盟国が増加するにつれて，拡大してきました。地域間格差には，所得などの経済的な格差だけでなく，医療・福祉・教育水準の格差もあります。しかし，最も大きな問題と認識されている地域間格差は，1人当たりGDPの格差です。経済の格差と医療・福祉・教育の格差は密接に関連しているからです。

1.2 EUの拡大

EUは，1952年にフランス，イタリア，西ドイツ，オランダ，ベルギー，ルクセンブルクの6カ国によって設立された，欧州石炭鉄鋼共同体（ECSC）を起源としています。1958年には，欧州経済共同体（EEC）と欧州原子力共同体（Euratom）も設立されました。EUの前身である欧州共同体（EC）は，これら3つの組織を統合したものです。1967年時点のEC加盟国は，ECSCに加盟していた6カ国だけでした。

EU（欧州連合）の成立に至る経緯は複雑です（**図表 15－1**）。1993年のマーストリヒト条約によって，EUは誕生します。これまでに成立していた経済同盟に加え，法律分野（警察・刑事司法協力という）や政治分野（共通外交・安全保障政策という）における協力・統合も実現します。これらの3つの分野での協力は，「3つの柱構造」と呼ばれました。2009年発効のリス

図表 15－1 ▶▶▶欧州統合に関する年表

発効年等	条約等	出来事
1952	パリ条約	欧州石炭鉄鋼共同体（ECSC）成立
1958	ローマ条約	欧州原子力共同体（Euratom），欧州経済共同体（EEC）成立
1967	ブリュッセル条約	ECSC，EEC，Euratomがまとまり欧州諸共同体（EC）になる
1987	単一議定書	欧州政治協力が始まる
1993	マーストリヒト条約	欧州連合EUが誕生し，EC，司法・内務協力，欧州政治協力がEUの3つの柱構造になる。またEECが欧州共同体に変化した
1999	アムステルダム条約	欧州共同体の管轄分野の拡大や共通外交・安全保障政策を行うことが決められた
2003	ニース条約	ECSCが欧州共同体に統合された
2009	リスボン条約	3つの柱が統合され欧州連合になった
2020		イギリスの離脱

出所：中村［2015］をもとに筆者作成。

ボン条約の締結によって，「3つの柱」もEUに統合されました。

EC に最初に加盟した6カ国にも，国内の地域間格差がありましたし，加盟国間の経済格差も存在していました。しかし当時は，国内の地域間格差は，加盟国ごとに対処すべき問題であるとされ，統一的な地域政策は，政策テーマにはなりませんでした。特に，イタリアの南北間の地域間格差は，当時から国内の政治問題となっていました（竹内啓一「イタリアの『南部問題』と地域政策」川島哲郎・鴨澤巌編［1988］『現代世界の地域政策』大明堂）。

ヨーロッパ統合が始まる1950，60年代は，ヨーロッパにおける戦後復興期です。各国は高い経済成長を達成しましたが，国内の地域間格差は，拡大しました。この時期，石炭から石油へのエネルギー転換があり，各地の産炭地域は衰退し，失業問題が発生しました。ヨーロッパ各国において，国内の衰退地域や低開発地域にどう対応すべきか，議論されるようになります。

1973年，イギリス，アイルランド，デンマークがECに加盟しました。イギリス，デンマークは，すでに裕福な先進国でした。しかし，イギリス国内には，衰退した工業都市や炭鉱都市，ロンドン都市圏への一極集中といった地域間問題が存在していました（H・アームストロング＆J・テイラー［1991］『地域振興の経済学』晃洋書房）。また，アイルランドは農業国であり，他の加盟国と比較して，1人当たりGDPは低く，EC圏内での地域間格差に対する認識は徐々に高まっていきます。ただ，アイルランドの人口は，当時300万人程度にすぎず，支援対象となる地域の人口は，多くありませんでした。

しかし，1981年にギリシャ，1986年にスペインとポルトガルが加盟すると（「南方拡大」と呼びます）状況は一変します。ギリシャ，ポルトガル，そしてすでに加盟国だったイタリア南部では，地域的な失業問題が深刻でした。南ヨーロッパの国々の加盟によって，1人当たりGDPがEC平均の75％以下の地域（「**低開発地域**」と呼ばれています）に住む人口は，10％から20％に増加しました。そのため，「低開発地域」を多く抱える新規加盟国政府などから，EC域内の経済的格差是正に対する声は高まっていきます。

地域間格差を増大させつつも，ECはさらに加盟国を増やし，地理的拡大を続けます。スウェーデン，フィンランド，オーストリアが加盟した「北方拡大」では，新規加盟国は裕福な国でしたので，地域間格差は問題になりませんでした。それに対して，東欧諸国が加盟した「**東方拡大**」では，西ヨーロッパ諸国と比較して経済水準の低い国々が加盟したため，EU 域内の地域間格差はさらに拡大しました。

また，2020 年にイギリスが脱退し，そのほかの国においても反 EU の政党の勢いが増すなど，不安定な状態となっています。EU 内の地域間格差はその背景の 1 つでもあります。逆にトルコや旧ユーゴスラビアの一部の国家，黒海周辺の国家が加盟を目指しており，それが実現した場合はより大きな地域格差が生まれます。

1.3 現在の EU の概況と地域格差

EU は現在，27 カ国からなる「政治・経済統合体」です。EU の公用語は 24 もあります。共通通貨は，ユーロです。面積は，日本の 11 倍の 423 万 km^2 です。2020 年の人口は 4 億 4,721 万人，2020 年の GDP は，16 兆 33 億

図表 15－2 ▶▶▶主な経済組織の世界に占める割合

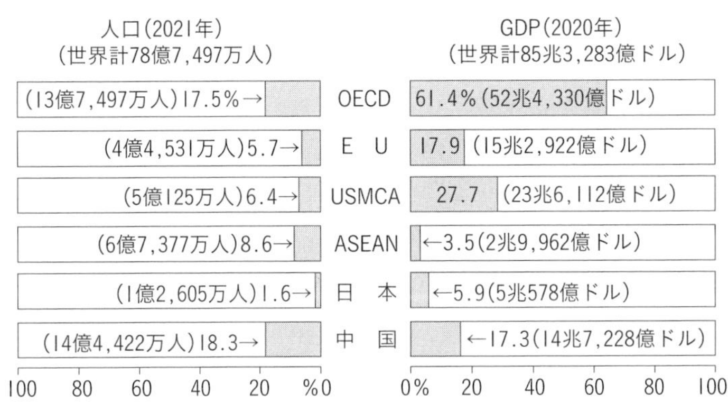

注：人口は国連 “World Population Prospects”（2019 年版）による 2021 年中位推計人口。GDP（国内総生産）は国連 “National Accounts Main Aggregates Database” による 2021 年 12 月更新データ。各経済組織加盟国の合計が世界計に占める割合を試算したもの。経済組織の加盟国は 2022 年 3 月末現在で，25, 26 頁の解説を参照。EU はイギリス離脱後のデータ。中国には香港，マカオ，台湾を含まず。

出所：矢野恒太記念会［2022］『日本国勢図会　2022/23』26 頁。

ドルです（**図表 15－2**）。EU の GDP は，日本の約 4 倍，アメリカとほぼ同じで，世界最大の単一市場の 1 つです。

EU 加盟国の増加は，EU 域内の地域間格差を拡大しました。EUROSTAT（EU の統計）によれば，2021 年の EU 平均を 100 とすると，ルクセンブルクの 1 人当たり GDP は，EU 最高の 311 です。逆に，最低のブルガリアは，24 にすぎません。加盟が検討されている旧ユーゴスラビア諸国には，20 程度の国もあります。

経済活動や人口の EU 中心部への集中という地理的不均等も問題です。EU 域内の経済活動の活発な地域は，バナナに形が似ているので「**ブルーバナナ**」と呼ばれています。人口の 4 割，GDP の 5 割は，フランス北東部，イタリア北部，ドイツ北部に囲まれた地域（EU の中心部）の周辺に集中しています。

地域間格差は，1 人当たり GDP だけではありません。2021 年の EU 平均の就業率は 74.0％です。最も高いスウェーデンは 82.8％ですが，最も低いイタリアとギリシャは 62.9％にとどまっています。ドイツの旧産炭地域などの失業率も高くなっています。また，医療・福祉・教育の水準や IT の普及度も，国や地域ごとに格差があります。

統一市場，統一通貨，域内移動の自由という理念のもとに，面積や加盟国を拡大し，EU を世界的な共同市場に統合する過程は，EU 域内の格差拡大の過程でもありました。

2 EU の地域政策の歴史

EU の地域政策の起源は，1975 年の **ERDF**（**ヨーロッパ地域開発基金**）の創設とされていますが，それ以前にも地域政策は実施されていました（辻悟一［2002］『EU の地域政策』世界思想社）。

2.1 黎明期の地域政策

EU の前身である ECSC も，地域政策を実施しました。労働需要に労働者が適応できるよう支援する「再適応支援策」と企業の事業転換を促す「再転換支援措置」です。これらの支援策は，石炭から石油へのエネルギー転換の時代において，労働者の職業訓練と労働者の再雇用，企業の事業転換に貢献しました。1958 年には，欧州投資銀行（EIB）も設立され，「低開発地域」に対して，政策的な投資も行われています。

1950 年代から 60 年代にかけての地域政策は，労働政策や企業政策（事業転換支援）として実施されました。低開発地域への支援策も行われましたが，ECSC として共通した地域政策は実施されていません。ただ，EU の前身となった EEC の設立に関する文書であるローマ条約は，域内の格差を縮小し，調和のとれた発展を目指すと明記しています。

2.2 ERDF の創設と初期の地域政策

1970 年頃より，通貨統合の議論が開始されます。関税同盟から共通通貨による共同市場の形成への移行にとって，地域間格差の存在は，その障害と認識されるようになります。アイルランドは農業国でしたし，イタリアも南北間の地域格差が大きかったため，地域間格差の是正を要求しました。この問題に対処する機関として，1975 年，ERDF が創設されます。

ERDF は，加盟国より資金を集め，その資金を「低開発地域」や衰退地域に投資しました。創設時の基金は，インフラや工業へ投資されました。しかし，ERDF の予算規模，EC 予算に占める割合は，小さいものでした。1975 年時点の ERDF の総額は，2.50 億 ECU（ECU は当時の欧州通貨単位）であり，EC 予算の約 14%でした。地域格差是正に向けられたその他の補助金を合わせても，加盟国の GDP 総額の 0.078%にすぎませんでした。この時期の地域政策は，富める地域から貧しい地域への富の移動によるもので，資金の使い途は，加盟国の意向に左右され，EC 共通の政策とはいえませんでした。

ECの地域政策は，1984年に変更されます。変更のポイントは，政策間の調整を行うこと，EC主体の政策への出資を増やすことの2点です。この頃からECの地域政策は，ECが主体的に行う政策となりました。

これらの時期のECの地域政策は，ECの政策全体からみれば小さいものでしたが，それ以降の地域政策の基礎となりました。

2.3 第1期の構造基金プログラム

1980年代頃より，スペインなどの加盟によって，域内の地域格差の拡大が予想されました。貧しい地域に住む人口の増加も確実であり，地域間格差是正に関する政治的圧力も高まりました。

ヨーロッパの統合が進むにつれ，地域間格差の是正は，以前よりも重要な政策課題となります。そのため1988年，地域政策は修正されました。この時期から，「構造的な格差」（加盟国間にもともとある経済的な格差）の是正を目指すことになったため，EUの地域政策は，**構造政策**（Structural policy）と名づけられました。構造基金（Structural Fund）は，構造政策を実施するための基金です。

この時期の構造基金プログラムは，5つの重点目的（図表15－3）を設定しました。ERDFによって出資された目的項目は，目的の1，2，5bです。これらは，富の再配分による経済格差是正を目的とした地域政策といえます。

図表15－3 ▶▶▶ 第1期の構造基金プログラム

目的1	低開発地域の地域開発
目的2	産業衰退地域の転換
目的3	失業の改善
目的4	若年層の就業促進
目的5a	農業構造の調整
目的5b	農村地域の開発

出所：辻［2002］をもとに筆者作成。

「パートナーシップの原則」の導入も，この時期の修正の特徴です。資金を活用して地域政策を行う場合，国や地域だけでなく，ローカルな主体との綿密な協議を必要とするという原則です。政策の「整合性」も留意されています。加盟国それぞれの経済政策との「整合性」を重視するという意味です。

構造基金による政策は，1988 年から実施されます。低開発地域や衰退地域は，EC の統一的基準に基づいて指定されました。ギリシャ，アイルランド，ポルトガルは，国全体が目的 1 に指定されました。また，ドイツの旧産炭地域のような低開発地域・衰退地域も支援対象地域となりました。

この時期には，「共同体イニシアチブ」と呼ばれる EC 独自のプログラムも盛んに行われました。この政策実施期間は，1993 年までの 6 年間でしたが，構造基金プログラムは，EC の地域政策の基礎となりました。初めて EC の基準で支援地域を決め，EC の予算によって政策を実施したからです。

2.4 第 2・3 期の構造基金プログラム

1992 年にマーストリヒト条約が成立し，EU が創設されます。通貨同盟の実現も，明確な目標となりました。マーストリヒト条約では，EU の経済的・社会的結束の強化が明記されました。通貨同盟の実現とともに，地域間格差是正は，EU にとって重要な政策課題になります。

1994 年以降の構造基金プログラム（第 2 期）は，基本的には，それ以前の地域政策と共通しています。変更点は，第 1 期の目的項目に，「人口密度が低い地域の開発」が追加されたことです。

2000 年からの第 3 期プログラムでは，原則に関する変更はありませんでしたが，目的項目は 6 項目から 3 項目に統合されました。共同体イニシアチブの数も整理されました（**図表 15－4**）。このプログラムは，2000 年から 2006 年まで実施されました。

目的 1 と 2 は，第 1，2 期の目的と変わりありません。**図表 15－4** の中のアルファベットで示されている項目が共同体イニシアチブであり，EU が独自に行っている項目です。Interreg は，国境地域の自治体が行う共同プロ

図表 15－4 ▶▶▶第 3 期の構造基金プログラム

目的 1	低開発地の地域開発
目的 2	産業衰退地域の転換
目的 3	教育，職業訓練，雇用に対する支援
Interreg	国境を越えた協力への支援
Leader	農村開発
Equal	労働に関する不平等への対応
Urban	持続可能な都市開発

出所：辻［2002］をもとに筆者作成。

ジェクトへの援助であり，Urban は産炭地域や旧来の工業地域を対象とした，衰退地域や衰退都市による持続可能な地域開発への援助です。このように国家を越えた対策が必要とされる問題には，EU が自ら関わるようになりました。

2.5 東方拡大以降の構造基金プログラム

2007 年以降の構造基金プログラムは，それまでのプログラムとは大きく変わります。以前のプログラムは，ヨーロッパの先進的な地域から低開発地域への富の移動が中心でした。しかし，「東方拡大」により，GDP が西欧各国に比べて小さいような国々が加盟し，地域格差はさらに拡大すると予想されたため，新しい枠組みが考案されました。

EU は，2000 年にリスボン戦略という宣言を出します。その宣言には，2010 年までに，ヨーロッパ経済を世界で最も競争力のある知識経済にするという目標が明記されています。この宣言を受け，イノベーションや地域の競争力といったキーワードを前面に打ち出したプログラムへと移行します。

目的項目は，3 つに絞られました。目的 1 は，「収斂」で，低開発地域や発展の遅れた国への支援です。「東方拡大」で加盟した東欧諸国の多くが指定を受けています。目的 2 は,「地域の競争力と雇用」です。新しい目的 2 は，これまでの目的 2（経済衰退地域支援）と目的 3（職業支援など）を統合したものです。この項目では，ERDF によってイノベーションを促進し，地

図表 15－5 ▶▶▶第5期の構造基金プログラム

1	研究開発の強化とイノベーション	7	持続可能な交通インフラの整備
2	ICTへのアクセスや利用の向上	8	持続可能で質の高い雇用の促進
3	中小企業の競争力の強化	9	社会的包括・貧困との戦い
4	低炭素社会への移行	10	教育や訓練への投資
5	気候変動への対応	11	行政の効率化
6	環境保護		

出所：EUのウェブサイトをもとに筆者作成。

域の競争力強化を目指しています。目的3は，それまでのInterregと同様，国境を越えた協力への支援です。

2014年からの構造基金プログラムは，目標として「成長と雇用への投資」と「ヨーロッパ地域連携」を掲げ，11のテーマ（**図表 15－5**）を重点的に支援するとしました。「成長と雇用への投資」に関する地域指定は，後進地域（1人当たりGDPがEU平均の75%未満），移行地域（同じく75%以上～90%未満），中進地域（同じく90%以上）に区分されました。

2021～2027年のプログラムでは目的が，よりスマートでより競争力のあるヨーロッパ，よりグリーンで低炭素なヨーロッパへの移行，より結合されたヨーロッパ，よりソーシャルでインクルーシブなヨーロッパ，すべての種類の領域における持続可能で統合された開発を行うことにより実現される市民に近いヨーロッパの5つに再編成されました（**図表 15－6**）。

3　EUの地域政策のしくみ

EUの地域政策はEUが行う投資において中心的な位置づけを持っています。そしてEUのすべての地域や都市を対象として，雇用創出，競争力強化，経済成長，持続可能な発展，そして，EU市民のQOL（quality of life）の向上を支援する政策とされています。

それらを実現するために，EUは，加盟国からの出資によって成り立って

図表 15－6 ▶▶▶第 2021 ～ 2027 期の構造基金プログラムの地域区分

注：中進地域は薄い斜線，移行地域は濃い斜線，後進地域は黒で表している。また島嶼部などは省略している。
出所：EU の資料（https://ec.europa.eu/regional_policy/sources/graph/poster2021/eu27.pdf）をもとに筆者作成。

いる予算の約３分の１（2021 ～ 2027 年のプログラムにおける数値）を，地域政策のために出資します。出資には，欧州地域開発基金 ERDF，結束基金 CF，そして欧州社会基金 ESF+ の３つの形態があります。また 2021 年のプログラムから公正な移行基金 Just Transition Fund が加わりました。これは環境変動への対応により不利益を被る人口や地域への支援を目的とした基金です。プロジェクトは，これらの基金の組み合わせにより実行されます。

またプロジェクトの決定過程は以下のようになります。まず，欧州委員会と欧州議会が予算の支出の対象を決定します。この段階で決定されるのは基本方針で，プロジェクトの詳細は，EU と加盟国との間の交渉によって決定されます。加盟国は，国ごとに異なる戦略（「パートナーシップ・アグリーメント」）やプログラムリストを提出し，それらをもとに EU との交渉によって，プログラムを洗練化します。最終的に決定されたプログラムは，その国や地域の当局によって実行され，市民や労働者，地域企業がその恩恵を受けます。なお，EU の地域政策の期間は通常，6 年程度です。

3.1 4 つの原則

EU の地域政策には，4 つの原則があります。「集中」，「プログラミング」，「パートナーシップ」，「追加性」です。「集中」は，地域やテーマを取捨選択し，選択した地域とテーマに集中的に資金を投資するということです。2021年からのプログラムでは，資金の 70%は，後進地域へ投資されています。その投資も，より競争力があり，よりスマートで，よりグリーンなヨーロッパというテーマに集中されています。

「プログラミング」は，個々の事業への投資ではなく，複数年にわたる国のプログラムへ投資するという意味です。「パートナーシップ」は，EU，国，そして，国より小さい地域などのプロジェクトに関わる主体すべてが協力し，政策を実現させるという意味です。「追加性」は，EU の予算は，国家の予算の代替ではなく，追加的な予算であることを指しています。

3.2 オペレーショナル・プログラム

EU の承認を受け，予算が確定したのち，地域政策はどのように実施されるのでしょうか。フランス，ミディ・ピレネーの例でみてみましょう。ミディ・ピレネーは，フランス南西部にある州です。エアバスの生産を行う組立工場があり，航空宇宙産業の盛んな地域です。

EU の地域政策を実行する主体は，州のような，国よりも下位の政治主体である地域（厳密にいえば，NUTS と呼ばれる地域単位）です。各地域の主体は，EU の決定に基づき，オペレーショナル・プログラム，つまり何を実行するかというプログラムを組み立て，それを EU と交渉しつつ，詳細を決定していきます。その際には，EU の定めたテーマに従います。

EU は，2014 年からイノベーションの促進に力を入れるようになりました。

それぞれのプログラムも，イノベーションを重視しています。2014年から始まったミディ・ピレネーのプログラムでは，「イノベーションと研究を重視」し，「雇用を改善」し，「環境の変化に対応」するとしています。その実現のために，ミディ・ピレネーは，11の「軸」（**図表 15－7**）を用意し，それに従って政策を実行しています。

ミディ・ピレネーのEUの地域政策オペレーショナル・プログラムの「軸1」は，「イノベーションを刺激する」ということです。そのため，中小企業と研究機関との共同でのR&Dに集中的に投資がなされています。特に，ミディ・ピレネーに存在する組み込みシステム（飛行機に搭載するシステム）の開発など，当地の強みとされる分野に集中的に投資がなされ，企業や研究機関は，このプログラムで支援されています。また，イノベーションを促進するためのインフラの整備や，産業クラスターにも投資されています。

なお，これらのプロジェクトに関しては，EUと国が予算を出し合い，政策を行います。ちなみにミディ・ピレネーの予算に関しては，EUが4億4,378万ユーロ，フランス側が7億8,610万ユーロを拠出しています。

図表 15－7 ▶▶▶ミディ・ピレネーにおけるオペレーショナル・プログラム

1	イノベーションを刺激する
2	企業の競争力を強化する
3	地域のITの状況を改善する
4	高等教育の拡大による雇用の改善
5	持続可能な雇用へのアクセスの改善
6	NEETへの対応
7	雇用の創出と求人数の増加
8	エネルギー変化への対応
9	環境保護と生物多様性の維持
10	恵まれていない街区の改善
11	ガロンヌ川の整備

出所：EUの資料をもとに筆者作成。

4 EUの地域政策の新たな方向性
スマート・スペシャリゼーション

4.1 スマート・スペシャリゼーションとは何か

スマート・スペシャリゼーションとは，「新たな期待を持てる分野を発見し，その分野の資源や強みを地域に集中，集積させることを通じて新しい専門性をつくり出すこと」（Foray, D.［2015］*Smart Specialisation: Opportunities and Challenges for Regional Innovation Policy*）です。スマート・スペシャリゼーションは，地域産業構造の高度化を促進する政策です。

観光業の開発やIT技術の向上は，スマート・スペシャリゼーションには該当しません。ですが，観光業にIT技術を導入し，新たな雇用や技術が発生したとすれば，それはスマート・スペシャリゼーションです。つまり，複数の分野を横断した形で，新たな産業や分野を見出し，その地域の新たな専門性の形成を目指すのです。

その実現には，新しい技術，人材，資源，そして政府や自治体の支援も必要です。なぜなら，こうした専門性が偶然に発生することもありますが，政府や自治体が適切なマッチングや方向性を示すことによって，地域産業が複合化，高度化する可能性は高まるからです。ですので，スマート・スペシャリゼーションで重要なのは，戦略の立案です。

4.2 S3プラットフォーム

EUは，このスマート・スペシャリゼーションを積極的に政策に取り入れています。イノベーションに関しても，ただ単に流行している分野に投資をするのではなく，地域の特性を十分把握したうえで，選択的な投資を行います。そこで重要になってくるのがスマート・スペシャリゼーションです。

EUは，S3プラットフォーム（Smart Specialisation Platform）を構築し，地域政策の1つの柱にしています。EUにおいてスマート・スペシャリゼーションは，地域に根ざしており，投資先の選択を行い，ステークホルダーを巻き込んだアントレプレナーの発見プロセス（Entrepreneurial Discovery Process）に基づき，イノベーションに関する広い視野を持ち，健全な監視・評価システムを持つ，としています。

イノベーションは複雑なプロセスですが，スマート・スペシャリゼーションという概念の導入によって，より効率的にイノベーションを促進できますし，投資目的も明確となります。

またこうした「よりスマートな」という方向性は，2021年からの構造政策の目的の1つである，「よりスマートでより競争力のあるヨーロッパ」に表れています。

4.3 EU地域政策の課題

EUの地域政策の新たな方向性としてスマート・スペシャリゼーションのほかに，「よりグリーンに」，つまり環境問題への対応が強く打ち出されています。また社会問題や恵まれない地域の人々の包摂も新たな方向性として指摘できます。

世界経済フォーラムのThe Networked Readiness Index 2020によると，テクノロジー分野のランキングで世界2位の国はスウェーデンであり，3位オランダ，5位デンマーク，6位ルクセンブルク，7位ドイツですが，イタリアは30位，ギリシャは39位，EU最低のルーマニアは46位と，テクノロジー分野にも大きな格差があります（日本は21位です）。失業率でみても，ドイツは，2021年に3.6%ですが，スペインは14.8%，ギリシャは14.7%です。

EU拡大につれて，これまで支援の対象であった西ヨーロッパ諸国の低開発地域は，支援対象から外されました。地域の1人当たりGDPがEU全体の75%以下の地域を「低開発地域」であるというルールを適用すると，例えばドイツの産炭地域は，ドイツの1人当たりGDPが高いために，低開発地域から除外されてしまいます。国内的には地域間格差や地域問題があっても，EU 的には問題地域とはみなされません。

また，低開発地域への投資は，発展地域への投資によって得られた成長を犠牲にした可能性も否定できません。成長地域への集中投資か地域間格差の是正のための低開発地域への投資かという，地域政策の古典的な命題がよみがえってきています。イノベーション政策への移行についても，人材，研究大学，研究所，先端的な企業の少ない衰退地域での新事業，新産業の育成というイノベーション政策は，容易ではありません。

ここ数年の出来事はEU の地域政策の限界を示しているようにも思えます。2009 年のギリシャ危機に端を発するEU の問題は，EU の地域政策が想定した効力を発揮しなかったことに，その原因の一端があるかもしれません。

EU の現状について，国家間の差異がEU の問題をこじれさせているとする論調が増えてきています。強固な経済基盤を有するドイツを中心としたヨーロッパの北の諸国と，放漫な経済を特徴とする南欧諸国，貧しい東欧諸国の統合には限界がきているという論調（木村［2013］）も目立っています。シリアなどからの難民も，裕福なドイツを目指しており，EU の理念の 1 つでもあった，EU 域内の自由の移動も制限されようとしています。

移民問題を中心としたさまざまな不満が重なり，イギリスは 2020 年にEU を離脱しました。

しかし逆の方向性も現れています。ウクライナ危機に前後してロシアの影響から脱却する方向を選んだウクライナ，モルドバ，ジョージアなどがEU に接近する姿勢を見せています。EU では結束と解体の双方の動きが複雑に絡み合っていますが，今後の情勢により地域政策にも大きな影響があるでしょう。

国家間の思惑が異なり，地域間格差も拡大している状況において，EU の地域政策の方向性は揺らぎ始めているのが現状です。政策の手法としても，地域格差の是正を富の再配分によって地域間格差の是正を行うのか，イノベーション政策によってポテンシャルの高い地域を伸ばすのか，EU の地域政策は，歴史的な分岐点に直面しています。

Working 調べてみよう

EU のどこかの地域を選んで，どのような政策にどれだけの予算が出ているか調べてみましょう。

Discussion 議論しよう

皆さんの住んでいる地域で，スマート・スペシャリゼーションを起こすとしたら，どのような産業が適しているでしょうか。皆さんで議論してみましょう。

▶▶▶さらに学びたい人のために

EU の地域政策についてより詳しく知りたい人には，国土交通省国土政策局が EU の地域政策をまとめたウェブサイト（http://www.mlit.go.jp/kokudokeikaku/international/spw/general/eu/）を参考にしてください。また EU 経済についての概説書や教科書には地域政策についての記述があります。本田雅子・山本いづみ編著［2022］『EU 経済入門（第 2 版）』（文眞堂）や田中素香・長部重康・久保広正・岩田健治［2022］『現代ヨーロッパ経済（第 6 版）』（有斐閣）が参考になります。

参考文献

●木村正人［2013］『EU 崩壊』新潮社。
●辻悟一［2002］『EU の地域政策』世界思想社。
●中村民雄［2015］『EU とはなにか―国家ではない未来の形』信山社。
● EU の地域政策のウェブサイト（英語）
http://ec.europa.eu/regional_policy/en/

▷▷▷さらに理解を深めたい人のために

各章の章末で紹介した文献以外に，本書の全体の議論に関わる文献や，古典的な理論を論じている文献を，以下に記しています。本書の学習を終えた後に，さらに理解を深めたいときに読んでみてください。

- 新雅史［2012］『商店街はなぜ滅びるのか―社会・政治・経済史から探る再生の道』光文社。
- 石丸修平［2020］『超成長都市「福岡」の秘密―世界が注目するイノベーションの仕組み』日本経済新聞出版。
- 伊藤達也・小田宏信・加藤幸治編著［2020］『経済地理学への招待』ミネルヴァ書房。
- 宇都宮浄人・多田実編著［2022］『まちづくりの統計学―政策づくりのためのデータの見方・使い方』学芸出版社。
- 大石久和［2012］『国土と日本人―災害大国の生き方』中央公論社。
- 小田切徳美［2022］『新しい地域をつくる―持続的農村発展論』岩波書店。
- 木下斉［2016］『地方創生大全』東洋経済新報社。
- 佐藤泰裕［2014］『都市・地域経済学への招待状』有斐閣。
- デービッド・アトキンソン［2015］『新・観光立国論』東洋経済新報社。
- 中澤高志［2021］『経済地理学とは何か―批判的立地論入門』旬報社。
- 林宜嗣・山鹿久木・林亮輔・林勇貴［2018］『地域政策の経済学』日本評論社。
- 林宜嗣・林亮輔編著［2021］『地域データ分析入門―すぐに役立つEBPM実践ガイドブック』日本評論社。
- 半澤誠司・武者忠彦・近藤章夫・濱田博之編［2015］『地域分析ハンドブック―Excelによる図表づくりの道具箱』ナカニシヤ出版。
- 藤原直樹［2018］『グローバル化時代の地方自治体産業政策』追手門学院大学出版会。
- 松永安光・徳田光弘編著［2017］『世界の地方創生―辺境のスタートアップたち』学芸出版社。
- 宮崎雅人［2021］『地域衰退』岩波書店。

索　引

英数

あ

か

さ

た

な

は

ま

や

ら

▶著者紹介

山﨑 朗（やまさき　あきら）　　**第1, 6, 14章**

1981年京都大学工学部卒業。1986年九州大学大学院経済学研究科博士課程修了。博士（経済学）。九州大学助手，フェリス女学院大学講師，滋賀大学助教授，九州大学教授を経て，2005年より中央大学経済学部教授。著書に『地域産業のイノベーションシステム』（編著，学芸出版社，2019年），『地域創生のデザイン』（編著，中央経済社，2015年），『日本の国土計画と地域開発』（東洋経済新報社，1998年）など。

杉浦 勝章（すぎうら　かつあき）　　**第2, 7, 11, 13章**

1997年九州大学経済学部退学。2002年九州大学大学院経済学研究科博士後期課程単位取得退学。2004年同課程修了。博士（経済学）。九州大学助手，九州経済調査協会研究員，下関市立大学経済学部准教授を経て，2021年より同大学教授，2022年より副学長。著書に『日本経済地理読本（第9版）』（共著，東洋経済新報社，2014年）など。

山本 匡毅（やまもと　まさき）　　**第4, 8, 9章**

1999年神奈川大学法学部卒業。2005年中央大学大学院経済学研究科博士後期課程修了。博士（経済学）。ひょうご震災記念21世紀研究機構地域政策研究所主任研究員，福岡アジア都市研究所研究主査，機械振興協会経済研究所研究員，山形大学人文学部准教授，相模女子大学人間社会学部准教授，高崎経済大学地域政策学部教授を経て，2024年より成城大学社会イノベーション学部教授。主な著書に『地域創生のデザイン』（共著，中央経済社，2014年），『図説日本の都市問題』（共著，古今書院，2016年），『地域産業のイノベーションシステム』（共著，学芸出版社，2019年）など。

豆本 一茂（とうもと　かずしげ）　第3, 10, 12章

1992年富山大学経済学部卒業。1997年九州大学大学院経済学研究科博士後期課程単位取得退学。九州大学助手，九州大学ベンチャービジネスラボラトリー非常勤研究員，財団法人九州経済調査協会を経て，2012年より阪南大学経済学部専任講師，准教授を経て，2018年より同大教授。著書に『地域産業の再生と雇用・人材』（共著，日本評論社，2006年）など。

田村 大樹（たむら　だいじゅ）　第5章

1991年九州大学経済学部卒業。1996年九州大学大学院経済学研究科博士後期課程単位取得退学。1999年同課程修了。博士（経済学）。北九州市立大学（旧名北九州大学）経済学部，講師，助教授を経て，2007年より同大学教授。著書に『空間的情報流と地域構造』（原書房，2004年）など。

岡部 遊志（おかべ　ゆうし）　第15章

2008年東京大学教養学部卒業。2013年東京大学大学院総合文化研究科博士課程修了。明治学院大学非常勤講師，都留文科大学非常勤講師，帝京大学経済学部講師を経て，2023年より奈良県立大学地域創造学部准教授。論文に「フランスにおける多層的政府間関係と競争力重視の地域政策―フランシュ・コンテ地域圏を事例として」『地理学評論』第85巻第3号（2012年5月），「フランスにおける航空宇宙産業クラスターと地域間連携―ミディ・ピレネー地域圏を事例として」経済地理学会『経済地理学年報』第61巻第2号（2015年6月）など。

地域政策（第2版）

2016年3月30日　第1版第1刷発行
2022年3月5日　第1版第11刷発行
2023年1月1日　第2版第1刷発行
2024年11月25日　第2版第5刷発行

著　者　山　﨑　　朗
杉　浦　勝　章
山　本　匡　毅
豆　本　一　茂
田　村　大　樹
岡　部　遊　志

発行者　山　本　　継
発行所　㈱中央経済社
発売元　㈱中央経済グループパブリッシング
〒101-0051　東京都千代田区神田神保町1-35
電　話　03(3293)3371（編集代表）
03(3293)3381（営業代表）
https://www.chuokeizai.co.jp
印刷／文唱堂印刷㈱
製本／誠　製　本㈱

ISBN 978-4-502-44671-9 C3033